HEYNE ‹

Das Buch

Wie oft stecken wir in permanenten Selbstzweifeln und schädlichen Gewohnheiten fest? Was können wir tun, um diese
körperlich und seelisch krankmachenden Muster zu durchbrechen? Die Erfolgsautorin Sandra Anne Taylor gibt uns dafür
den Schlüssel an die Hand: Ihre ebenso einfache wie wirksame
Methode – eine Kombination aus energetischer Berührungs-
heilung und Affirmation – lässt negative Blockaden erkennen,
löst sie auf und ersetzt sie durch gesunde und befreiende Energien. Der individuelle Code für ein Leben in innerer Kraft und
Freude, jederzeit und überall anwendbar!

Die Autorin

Sandra Anne Taylor ist eine international bekannte Referentin
und Lebensberaterin. Mit der von ihr entwickelten Methode
Quantum Life Coaching behandelt sie in ihrer psychologischen
Praxis seit über 25 Jahren Menschen mit Angstzuständen,
Depressionen und Suchtproblemen. Die Bücher der *New-York-
Times*-Bestsellerautorin wurden in 25 Sprachen übersetzt.
www.sandrataylor.net

SANDRA ANNE TAYLOR

Breakthrough

Lass los, was dich krank macht

Aus dem Englischen übersetzt
von Manfred Miethe

WILHELM HEYNE VERLAG
MÜNCHEN

Der Verlag weist ausdrücklich darauf hin, dass im Text enthaltene externe Links vom Verlag nur bis zum Zeitpunkt der Buchveröffentlichung eingesehen werden konnten. Auf spätere Veränderungen hat der Verlag keinerlei Einfluss. Eine Haftung des Verlags ist daher ausgeschlossen.

Verlagsgruppe Random House FSC®-N001967

Taschenbucherstausgabe 04/2016

Copyright © 2014 Sandra Anne Taylor
Copyright © 2016 dieser Ausgabe by Wilhelm Heyne Verlag, München,
in der Verlagsgruppe Random House GmbH,
Neumarkter Straße 28, 81673 München
Alle Rechte sind vorbehalten. Printed in Germany
Redaktion: Katrin Ingrisch
Umschlaggestaltung: Guter Punkt, München
Umschlagmotiv: © kalawin / istock / thinkstock
Illustrationen: © Joanna Van Rensselaer
Satz: Vornehm Mediengestaltung GmbH, München
Druck und Bindung: GGP Media GmbH, Pößneck
ISBN 978-3-453-70284-4

www.heyne.de

Dieses Buch widme ich meinen lieben Freundinnen
Candace B. Pert und Michele Jacob.
Ich vermisse euch beide so sehr!

INHALT

Die Stimme im Traum

»Wenn der Traumzustand naht, liege nicht unwissend
da wie ein Leichnam. Tritt ein in die natürliche Sphäre
beständiger Aufmerksamkeit. Erkenne deine Träume
und verwandle die Illusion in Erleuchtung.«

Tibetisch-buddhistisches Gebet

Aufgrund der Art und Weise, wie diese Informationen zu mir
gekommen sind, hat sich dieses Buch für mich als ein außerordentlich spannendes und äußerst persönliches Projekt
zugleich herausgestellt. Auch wenn manch einer es vielleicht
verrückt oder nur schwer zu glauben finden mag, so bin ich
doch fest entschlossen, das gesamte Erlebnis absolut ehrlich
mit Ihnen zu teilen.

Es ist nämlich tatsächlich so, dass ich die spezifischen
Informationen über die Decodierungs- und Codierungstechniken in einem Traum erhielt. Nun mögen manche sagen,
die Informationen wurden »gechannelt«, oder andere, dass
sich die Informationen nach den fünfundzwanzig Jahren,
in denen ich mich mit der Quantenphysik und den Neurowissenschaften beschäftigt habe, auf irgendeine Weise in
meinem Unterbewusstsein verdichtet haben. Ich selbst bin
der Auffassung, dass sie ein Geschenk des Geistes sind, auch
wenn ich nicht weiß, woher genau sie kommen. Vielleicht

von einem Geistführer, einem Engel der Heilung oder vom göttlichen Bewusstsein selbst – diese Informationen habe ich zumindest aber großzügigerweise geschenkt bekommen. Ich werde vielleicht nie erfahren, wer es war, aber ich werde für immer dankbar sein: sowohl für die Veränderungen, die diese Technik in meinem Leben bewirkt hat, als auch für die erstaunlichen Verwandlungen, die ich bei anderen beobachtet habe. Und nun möchte ich sowohl die Informationen als auch das Erlebnis mit Ihnen teilen – auch wenn dies aufgrund ihrer andersartigen Natur doch etwas gewagt zu sein scheint.

Große Träume

Vor etwas über zwei Jahren arbeitete ich mit einer Klientin namens Peggy, die Schwierigkeiten hatte, gewisse alte Muster des Selbstzweifels und der Selbstkritik zu durchbrechen. Selbstverständlich wirkte sich dies auf ihr persönliches Glück aus, aber es beeinflusste auch ihre Karriere. Wir hatten Affirmationen und Meditationen mit sehr guten Ergebnissen in verschiedenen Bereichen ihres Lebens angewendet. Aber immer wenn es darum ging, Vertrauen in ihre Karrieremöglichkeiten zu haben, lief sie gegen eine Wand. Peggy war bei unseren Sitzungen immer sehr angespannt, weil sie permanent das Gefühl hatte, dass die anderen sie für unfähig und unzulänglich hielten.

Ich dachte häufig an sie und hatte den starken Wunsch, ihre Trauer und Frustration zu lindern. Als ich eines Abends einschlief, merkte ich, dass ich wieder an sie dachte. Ich sagte (zu niemandem im Besonderen): »Es muss etwas geben, das ich übersehen habe. Es muss etwas ganz Einfaches geben, das sie tun kann, um diesen quälenden Selbstzweifel zu überwinden.«

In jener Nacht hatte ich einen Traum, der so klar war, als würde ich mich im Wachzustand befinden. Zwar sah ich niemanden, aber ich hörte eine männliche Stimme zu mir sprechen und mir Schritt für Schritt genaue Anweisungen für den Decodierungs- und Codierungsprozess geben, den ich in diesem Buch beschreibe. Die Stimme war kräftig und doch sanft – liebevoll, aber doch bestimmt –, belehrend und mitfühlend zugleich. Sie beschrieb genau, wie die beiden Prozesse aussehen und wie die Sätze formuliert werden sollten. Am Ende des Traums sagte die Stimme: »Benutze diese Informationen für dich selbst. Aber gib sie auch an Peggy weiter – und an alle anderen.«

Als ich aufwachte, schrieb ich sofort alles auf, was ich im Traum erfahren hatte. Der Prozess erschien mir zu simpel, um wirksam sein zu können, aber ich schrieb ihn dennoch ganz detailliert und Schritt für Schritt auf. Und ich tat, was mir gesagt worden war: Ich benutzte ihn für mich selbst, und ich lehrte ihn Peggy. Heute ist sie ein anderer Mensch, und die ausführliche Geschichte ihrer tiefgreifenden Verwandlung wird später im Buch noch erzählt werden.

In den zwei Jahren, die seit diesem Traum vergangen sind, habe ich die Technik vielen Klienten und Seminarteilnehmern beigebracht. Auch bei mir selbst konnte ich sie mit erstaunlichen Ergebnissen anwenden. Es ist wirklich verblüffend, um wie viel glücklicher ich bin, seit ich angefangen habe, diesen Prozess regelmäßig anzuwenden. Ich war schon immer ziemlich glücklich, aber wie so viele andere Menschen habe auch ich gemerkt, dass mein Glückszustand selbst von kleinsten Dingen beeinflusst werden kann. Heute wende ich den Codierungsprozess an, wenn ich gestresst bin, unter Zeitdruck stehe, mir Sorgen wegen der Kinder mache oder einfach aufgrund des Leidens in der Welt traurig bin. Wenn mich solche Dinge aus meiner Mitte bringen, wende ich einfach den Codierungsprozess an. Und obwohl sich meine äußeren Sorgen dann vielleicht nicht geändert haben mögen, so doch ganz gewiss mein Bewusstsein und meine Emotionen.

Vorschau

Dieses Buch ist in fünf Teile untergliedert, und die Reihenfolge der einzelnen Kapitel ist so gestaltet, dass Sie erst die Hintergründe der Codierungstechnik verstehen und sich dann auf die eigentliche Arbeit vorbereiten können.

Teil I handelt von persönlichen Erfahrungen, die die Macht der Codierungstechnik veranschaulichen. Zudem werden hier die Wissenschaft des Geistes und die hinter dem Prozess wirkende Energie erforscht. Dieser Hintergrund ist wichtig, weil er die entscheidenden Prinzipien von Veränderung und energetischer Umwandlung beschreibt.

Teil II besteht aus einer detaillierten Beschreibung der vier Schritte, die notwendig sind, um den Quantum-Breakthrough-Code zu initiieren. Da dies ein entscheidender Teil des Vorbereitungsprozesses ist, sollten Sie die Vorschläge befolgen, die hier dargelegt werden.

Teil III besteht aus dem eigentlichen Quantum-Breakthrough-Code. Diese Technik kombiniert die Decodierungs- und die Codierungsprozesse, die sich in der Position der Finger etwas voneinander unterscheiden. (Die Bilder, die diese Positionen zeigen, finden Sie in den Kapiteln 8 und 9.) Sie finden hier auch einige beispielhafte Formulierungen, mit denen Sie beginnen können. Zudem beantwortet dieser Teil die am häufigsten gestellten Fragen in Bezug auf diese Technik und enthält Vorschläge, wie Sie diesen Prozess anwenden können, um sich ein glückliches, erfülltes Leben zu erschaffen.

Teil IV, die sieben Breakthrough-Kräfte, führt Sie noch tiefer in den Prozess hinein. In ihm werden die dynamischen Kräfte erforscht, die uns immer zur Verfügung stehen, die aber bei unserem Streben nach Glück häufig übersehen werden. Aber jede dieser Kräfte kann uns in unserem Bemühen unglaublich unterstützen.

Dieser Teil erforscht zudem die Blockaden, die viele Menschen in ihren immer gleichen, alten Frustrationen gefangen halten. Dies ist für den Decodierungsteil des Prozesses unerlässlich. In jedem Kapitel biete ich Ihnen Codierungs-Punkte an, also Vorschläge für Formulierungen, die während des Prozesses eingesetzt werden können.

Das Buch schließt mit Teil V, der Ihnen helfen wird, mit diesem neuen Werkzeug voranzuschreiten und dauerhaften Erfolg in Ihrem Leben zu verwirklichen.

Der Glücksfaktor

Nun werden Sie sich wohl allmählich fragen, was die Codierungstechnik überhaupt ist. Dieser tiefgehende, lebensverändernde Prozess besteht im Grunde nur aus einer simplen Technik, die eine bestimmte Handhaltung benutzt, bei der die Fingerspitzen gegen die Stirn gelegt und richtungweisende Sätze aufgesagt werden. Das mag Ihnen zu einfach erscheinen, aber hinter der Methode stecken Zielgerichtetheit und Sinn. Der Breakthrough-Code hilft Ihnen, unerwünschte Muster abzulegen und neue energetische Richtungen einzuschlagen. In seiner Essenz reorganisiert der Code Ihr inneres Wesen auf gesunde, bewusste Weise.

Dieses Buch hilft Ihnen, die Blockaden in Ihrem Leben ein für alle Mal zu durchbrechen. Daher besteht der erste Schritt darin, die alten, starren Muster zu identifizieren, die bisher verhindert haben, dass Sie vorankommen. Alle selbstzerstörerischen Muster, die aufgedeckt werden können, können auch gelöscht werden. Dann können Sie ein erfolgreiches, glückliches Leben führen, das auf einem neuen Bewusstsein aufbaut und Ihnen Freiheit, Freude und Selbstermächtigung beschert.

Die meisten Menschen leben in einem unbewussten Reaktionsmodus, der von einigen, tief in uns verborgenen Codes gesteuert wird, derer wir uns nicht einmal bewusst sind. Folglich erleben wir immer wieder dieselben problematischen Emotionen, projizieren dieselbe Energie und erzielen dieselben Ergebnisse. Daher ist es wichtig herauszufinden, worin diese verborgenen Codes bestehen und wie sie unser Leben beeinflussen.

Begeben Sie sich also mit mir auf eine ehrliche Entdeckungsreise. Finden Sie heraus, was Sie aufhält und wie Sie einen neuen Code der Freiheit, des Glücks und der Selbstermächtigung etablieren können, der zu Ihrer zentralen Lebenseinstellung wird. Glück und Freiheit sind lebendige Bestandteile Ihrer energetischen Verbindung zum Universum. Dies ist ein weiterer Grund, warum der Codierungsprozess so wichtig ist. Die eigene Energie zu verstehen und zu begreifen, wie sie ihren Widerhall in der Welt findet, ist ein äußerst befreiender Prozess. Alles ändert sich, wenn Sie diesen Prozess absichtsvoll und zielgerichtet steuern – und der Gebrauch der Codierungstechnik ist eine sehr zielgerichtete Aktivität.

Jedes Mal, wenn Sie Glück einprogrammieren und eine Veränderung Ihres Bewusstseins spüren, wechseln Sie in einen stärkeren magnetischen Resonanzmodus mit anderen

Menschen, Situationen und Ihrer Umwelt. Wenn Sie Verhaftung, Angst und Negativität löschen, erschaffen Sie einen neuen Code, der klar und lebendig ist, der Sie ungehindert durchströmt und von Ihnen aus in das große Feld der Möglichkeiten hinausfließt, das die Heimstatt von Synchronizität und bisher ungeahnten Segnungen ist.

Es ist sinnvoll, diesen Prozess in Ihr tägliches Leben zu integrieren. Zwar haben verschiedene Menschen schon nach ein paar Wochen von lebensverändernden Erfolgen berichtet, aber idealerweise machen Sie die Codierungstechnik zu einem festen Bestandteil Ihres normalen Tagesablaufs. Wenn Sie die alten Codes des Denkens und Fühlens verändern, kann aus Nervosität innerer Friede entstehen und aus Unzufriedenheit Freude. Und wer wollte nicht am liebsten ewig in diesem Zustand leben?

Es gibt einen ganz konkreten Plan für die Elemente dieses Buches. Die Wirksamkeit der Technik an sich ist schon beeindruckend, aber es wird noch beeindruckender, wenn sie sich diesem Prozess ganzheitlich nähern. Sie sollten es sich wert sein, Zeit und Energie hinein zu investieren. Schließlich geht es um Ihr Leben, Ihr Glück und Ihre Freiheit. Befolgen Sie das Rezept, und Sie werden entzückt sein, welches Festmahl Ihnen aufgetischt wird.

Ihr inneres Kraftwerk

Sie haben sehr machtvolle Breakthrough-Kräfte in sich, die – wenn sie erweckt werden – Ihre Wirklichkeit auf dramatische Weise verändern können. Diese wunderbaren energetischen Muster sind bereits während des gesamten Verlaufs Ihrer persönlichen Geschichte und Ihres ewigen Lebens vorhanden gewesen. Jede dieser Kräfte erzeugt starke, konzentrierte persönliche und universelle Energien, und jede von ihnen kann aktiviert werden, um tiefe innere Freude auszulösen.

Jede der sieben Breakthrough-Kräfte, die in Teil IV beschrieben werden, entspricht einem Ihrer Hauptenergiezentren – oder Chakras –, und jede einzelne bewirkt tiefgreifende Heilung und trägt eine unglaubliche Macht und befreiende Codes in sich, die bisher noch nicht freigeschaltet wurden. Um diese Kräfte vollständig zu erwecken, ist es wichtig, jeden dieser machtvollen Quantenfaktoren in dreierlei Hinsicht zu erforschen:

Der Einfluss der Breakthrough-Kräfte

1. Die Macht der Kraft: Was sie ist und auf welche Weise ihr Erwachen Ihr Leben bereichern kann.

2. Die Zünder dieser mächtigen Kraft: Dies sind Aktivitäten, die die Manifestierung dieser strahlenden Schwingungen beschleunigen können. Wenn Sie Ihr Leben bewusst leben, erstrahlen die Schöpfungen Ihres Bewusstseins in einem neuen, helleren Licht.

3. Die Reaktionsmuster und negativen Codes, die diese Kraft blockieren können: Diese verhindern, dass Sie glücklich sind, und verschließen die Energiezentren, in denen die Kräfte beheimatet sind. Es ist wichtig, mit sich selbst in Bezug auf die negativen Gewohnheiten, die Sie sich im Laufe Ihres Lebens angeeignet haben, ehrlich und offen zu sein. Indem Sie die ungesunden inneren Muster löschen, die Ihnen so sehr zu schaffen machen, werden Sie in die Lage versetzt, endlich auch die unerwünschten äußeren Blockaden zu durchbrechen, die verhindern, dass Sie sich weiterentwickeln können.

Es ist *Ihr* Leben, und nur Sie können etwas daran ändern. Wenn es irgendetwas gibt, das Sie ändern möchten, dann sollten Sie jetzt die Initiative ergreifen. Sie gelangen von hier aus sowieso in die Zukunft, also können Sie die Gegenwart auch genauso gut dazu nutzen, die Schritte zu machen, die in die von Ihnen gewünschte Richtung führen.

Ihr Code-Tagebuch

Lassen Sie sich von der Schlichtheit des Codierungsprozesses nicht täuschen: Dies ist ein sehr ernsthaftes Unterfangen, das Ihr ganzes Leben umkrempeln wird. Wie bei jeder Reise ist es nützlich, erst einmal zu bestimmen, wo Sie sich im Augenblick befinden und wohin die Reise gehen soll. Es wird Ihnen helfen, wenn Sie während des Prozesses Tagebuch führen.

Dieses Buch hier ist so aufgebaut, dass es Ihnen dabei hilft, Ihre jetzigen Muster zu erforschen und die Richtung zu bestimmen, die Sie einschlagen möchten. Es ist von unermesslichem Wert, ein Tagebuch zu führen, in dem Sie Ihre Reaktionen auf das in den einzelnen Kapiteln vorgestellte Material festhalten und Ihren Eindruck der Decodierungs- und Codierungspraktiken niederschreiben können. Hier sind einige Vorschläge, wie Sie dabei vorgehen können:

- Wenn Sie über die Breakthrough-Kräfte lesen, schreiben Sie einige Affirmationen und Intentionen auf, um deren Macht in Ihr Leben zu integrieren.
- Schreiben Sie auf, wie Sie jede einzelne Kraft aktivieren können. Erstellen Sie einen Plan, damit Sie die betreffenden Aktivitäten nach und nach jeden Tag etwas mehr in Ihren Alltag einbinden können.

- Wenn Sie über die Reaktionsmuster lesen, schreiben Sie diejenigen auf, die Sie in sich selbst erkennen. Nehmen Sie sich fest vor, selbst die am tiefsten sitzenden oder schwierigsten Reaktionsmuster zu löschen.
- Wenn Sie die als Codierungspunkte bezeichneten Abschnitte lesen, achten Sie darauf, welche Aussagen den stärksten Widerhall in Ihnen finden. Unterstreichen Sie diese im Buch, oder schreiben Sie sie in Ihr Tagebuch. Sie können diese Sätze – oder Variationen davon – auch als Affirmationen benutzen, bis Sie sich mit den in den Kapiteln 8 und 9 vorgestellten Techniken und Handpositionen vertraut gemacht haben.

Es ist auch wichtig, in Ihrem Tagebuch alle unangenehmen Emotionen zum Ausdruck zu bringen, die auftauchen mögen, selbst wenn diese mit einem weit entfernten Ereignis aus der Vergangenheit in Zusammenhang stehen sollten. Viele unserer negativen Codes haben ihren Ursprung in äußerst traumatischen Ereignissen. Die Codierungstechnik ist nicht dazu gedacht, diese zu ignorieren oder zu leugnen. Benutzen Sie Ihr Tagebuch und wenn Sie herausfinden, dass Sie sich mit etwas tief Verborgenem beschäftigen müssen, suchen Sie Hilfe bei einer Fachperson: einer, die zu Ihnen passt und Ihren Entwicklungsprozess fördert.

Das Gewebe weben

Ein Teil des in diesem Buch enthaltenen Materials bezieht sich auf energetische und physikalische Prinzipien, auf die ich hier aber nicht weiter eingehen möchte, weil ich der Meinung bin, dass der Codierungs- und Decodierungsprozess das

Schlüsselelement ist, auch wenn dieser natürlich untrennbar mit der Wissenschaft der Energie verbunden ist. Wenn Sie mehr über Phasenverschränkung, Vernetzung, angrenzende Möglichkeiten und Bewusstseinsschöpfung lesen möchten, die ich in diesem Buch kurz erwähne, bitte ich Sie, meine Bücher *Quantum Success* und *Secrets of Success* zu lesen.[1] In diesen Büchern beschäftige ich mich weitaus ausführlicher mit der Wissenschaft der Energie und des Bewusstseins.

Tatsächlich hat das Puzzle des Lebens so viele Teile, dass ich, je mehr ich es studiere, immer wieder von Neuem entdecke, wie viel ich noch zu lernen habe. Und obwohl die Grundlage dieses Buches – der Prozess der Codierungstechnik – nicht durch Studieren erlangt wurde, habe ich in Erfahrung gebracht, dass es in der Physik und den Neurowissenschaften Prinzipien gibt, die diese wunderbare Technik stützen.

Das Energiesystem des Menschen ist unendlich komplex. Seit Jahrzehnten studiere ich die Energie des Geistes, das Chakra-System und die Meridiane. Es ist an der Zeit, mich nun einmal ganz besonders bei jemandem dafür zu bedanken, dass sie mir immer ein solcher Segen, ein unerschöpflicher Quell des Rats, der Inspiration und Unterstützung gewesen ist: Donna Eden, die Autorin von *Energy Medicine*, einem Buch, das ich wärmstens empfehle.[2] Donna ist auf

1 Sandra Anne Taylor: *Quantum Success. The Astounding Science of Wealth and Happiness.* Hay House, London 2006. Deutsch: *Geheimnisse des Erfolgs: Die erstaunliche Gesetzmäßigkeit hinter Wohlstand und Glück.* Goldmann, München 2009.

– *Secrets of Success. The Science and Spirit of Real Prosperity.* Hay House, London 2008.

2 Donna Eden / David Feinstein: *Energy Medicine. How to Use Your Body's Energies for Optimum Health and Vitality.* Piatkus Books, London 2008.

diesem Gebiet eine Pionierin und hat ein System körperlicher Heilung entwickelt, das in seinem Ansatz sowohl elegant als auch umfassend ist. Sie lehrte mich einmal eine einfache Methode, um mir bei meinen gelegentlich auftretenden Bronchialproblemen zu helfen. Die Methode ist so einfach, dass ich häufig vergesse, sie anzuwenden, aber wenn ich mich endlich daran erinnere, verschwinden die Atemprobleme jedes Mal sofort.

Es ist komisch, aber die Codierungstechnik löst ähnliche Reaktionen aus. Sie ist so einfach, dass die Leute häufig vergessen, sie anzuwenden. Aber glauben Sie jetzt bitte nicht, dass sie zu einfach ist, um auch wirksam zu sein, denn genau das Gegenteil ist wahr. Wie so häufig im Leben ist es die direkteste Methode, die die besten Ergebnisse erzielt.

Vielleicht haben Sie schon einmal von EFT gehört, der *Emotional Freedom Technique*, die auf dem Beklopfen bestimmter Punkte und dem gleichzeitigen Aussprechen bestimmter Sätze beruht. Obwohl diese Methode der in diesem Buch beschriebenen Codierungstechnik ähnelt, ist diese Ähnlichkeit weder beabsichtigt, noch basiert meine Technik auf ihr. Ich möchte auch Donnas Ehemann David Feinstein danken, dem Autor von *The Mythic Path* und *The Promise of Energy Psychology*.[3] David erzählte mir zuerst von EFT, und ich kann Ihnen auch seine Bücher nur wärmstens ans Herz legen.

3   David Feinstein: *The Mythic Path: Discovering the Guiding Stories of Your Past – Creating a Vision for Your Future.* Jeremy Tarcher, Los Angeles 1997.

David Feinstein / Donna Eden / Gary Craig: *The Promise of Energy Psychology. Revolutionary Tools for Dramatic Personal Change.* Jeremy Tarcher, Los Angeles 2005. Deutsch: *Klopf die Sorgen weg! Emotionale Befreiung durch EFT und Energetische Psychologie.* Rowohlt, Reinbek 2007.

Viele Heilpraktiker und andere Therapeuten arbeiten daran, Reaktionsmuster zu heilen. Darren Weissman übte auf diesem Gebiet den größten Einfluss auf mich aus. Er half mir nicht nur bei der physischen Repräsentierung meiner eigenen Reaktionsmuster, er lehrte mich auch sehr viel darüber, wie sich diese mit jeden Aspekt des Lebens verweben. Ich empfehle seine Bücher *The Power of Infinite Love and Gratitude* und *Awakening to the Secret Code of Your Mind*.[4]

Interessanterweise haben manche Leute die Codierungstechnik als eine Form der Selbsthypnose bezeichnet, und es mag wohl sein, dass dieses Element dort hineinspielt. Allerdings ist meine Technik ihrem Wesen nach viel energetischer, weil sie die Nervenbahnen involviert, die Hirnhälften ins Gleichgewicht bringt und dazu beiträgt, Alphawellen im Gehirn zu erzeugen, was sowohl entspannend und gleichzeitig kreativ ist.

Für mich ist es besonders interessant, dass der Prozess zu einer mehr vom Herzen aus gesteuerten Einstellung gegenüber dem Leben führt, obwohl er sich energetisch auf das Gehirn konzentriert.

Von meinem Herzen zu Ihrem

Alle Ähnlichkeiten mit anderen Techniken sind entweder zufällig oder möglicherweise auch vom Geist gewollt. Tatsächlich behaupte ich nicht, dass ich diese Technik

---

4   Darren Weissman: *The Power of Infinite Love and Gratitude. An Evolutionary Journey to Awakening Your Spirit.* Hay House, London 2007.

– *Awakening to the Secret Code of Your Mind. Your Mind's Journey to Inner Peace.* Hay House, London 2010.

entwickelt habe. Ich bin nur die Botschafterin, und mir wurde aufgetragen, Ihnen davon zu erzählen. Aus den Ergebnissen zu schließen, die ich an mir selbst beobachtet habe und die mir andere mitgeteilt haben, ist es wirklich wichtig, diese Informationen mit Ihnen zu teilen.

Alle Fallbeispiele in diesem Buch sind wahr, auch wenn ich die Namen natürlich geändert habe, um die Privatsphäre der Betroffenen zu schützen. Verschiedene Arten problematischer Muster sind durch die Anwendung dieser Technik umgekehrt worden – vom Umgang mit Suchtverhalten, wie Nikotin- oder Esssucht, bis hin zur Auflösung von Ängsten und Phobien, wie die Angst vorm Reden in der Öffentlichkeit oder Autofahren. Alle Beispiele sind sehr beeindruckend, und ich beglückwünsche und danke allen Menschen, die mir ihre Erlebnisse mitgeteilt und die notwendigen Schritte unternommen haben, um solche bedeutsamen Veränderungen in ihrem Leben vorzunehmen.

Es berührt mich besonders, den tiefgreifenden inneren Wandel mitzuerleben, den diese Menschen durchgemacht haben. Sie waren in der Lage, Selbstvertrauen zu entwickeln, obwohl sie vorher keines hatten; sie haben das wahre Glück gefunden, das sich ihnen ein Leben lang entzogen hatte; sie haben ihr gebrochenes, blockiertes Herz geheilt und endlich wahre Liebe empfangen – sowohl von sich selbst als auch von anderen Menschen.

Diese emotionale Heilung ist der wahre Durchbruch. Sie zerschmettert die Blockaden, unter denen viele Menschen leiden, die den Schmerz zwar vergraben hatten, aber mit den Folgen leben mussten. Alte Gefühle der Verlassenheit, Angst, Zurückweisung und Feindseligkeit hinterlassen tiefsitzende Codes, die zu sehr negativen Reaktionsmustern führen. Aber trotz schwierigster Geschichten besitzen wir alle die Fähigkeit, sie schließlich doch noch zu durchbrechen und uns genau das Leben zu erschaffen, das wir uns von Herzen wünschen.

Deshalb stelle ich Ihnen hiermit nach einer mehr als zweijährigen Testphase diesen Prozess vor. Ich bitte Sie, ihn mit einem offenen Herzen auszuprobieren und niemals aufzugeben. Es interessiert mich zu erfahren, welche Ergebnisse Sie damit erzielen. Bedenken Sie bitte immer, dass Sie ein energetisches Wesen in einer energetischen Welt sind und über weitaus mehr Macht verfügen, als Sie wahrscheinlich ahnen. Beseitigen Sie Ihre Blockaden, öffnen Sie Ihr Energiefeld für den Fluss der Fülle, der uns alle umströmt, und machen Sie sich bereit hineinzuspringen.

TEIL I

Die Entdeckung der Codes

»Der Urgrund ist der Geist. Alles muss mit einer
Idee beginnen. Jedes Ereignis, jeder Zustand,
jedes Ding: Alles ist am Anfang eine Idee im Geiste.«

Robert Collier

KAPITEL 1

Die verborgene Kraft im Innern

»Hinter den Dingen liegt etwas tief Verborgenes.«

Albert Einstein zugeschrieben

Das Universum ist voller Energie. Es besteht tatsächlich sogar aus nichts anderem als Energie. Vom dichtesten, festesten Gegenstand bis hin zu Ihrem schlagenden Herzen – Ihre eigene Schwingung und die der ganzen Welt hört niemals auf. Natürlich gibt es viele verschiedene Formen von Energie, die so herumschwirren: Energie, die uns verbindet, uns beeinflusst, uns verlässt und wieder zu uns zurückkehrt. Alles ist pulsierende Schwingung, und sind die Dinge in einem natürlichen, gesunden Gleichgewicht, dann kann der eine universelle Fluss voller Synchronizitäten zwischen ihnen seinen Lauf nehmen.

Die Welt, in der wir leben, ist ein überwältigender Fluss erstaunlicher Potenziale. Manchmal scheinen die Ereignisse ganz zufällig, aber manchmal scheinen ein tieferer Sinn und eine Absicht hinter ihnen zu stehen und eine alles bewegende Kraft am Werk zu sein. In der quantenphysikalischen Welt erschafft das Bewusstsein der Menschheit die gemeinschaftliche Realität, und es ist Fakt, dass Ihr individuelles Bewusstsein auch Ihre Realität erschafft.

Aber wussten Sie auch, dass es verborgene Codes gibt, die

Ihr Bewusstsein speisen? Sie formen Ihr Leben mit der Gewalt einer außer Kontrolle geratenen Planierraupe, die Ihnen einen Weg bahnt, so dass Sie dorthin gehen müssen, wo Ihre Codes Sie sehen wollen. Wenn Ihnen der Ihr Weg nicht gefällt, müssen Sie sich die Codes anschauen und verändern, die Sie überhaupt erst auf diesen Weg gebracht haben.

Diese machtvollen inneren Einflüsse können weder geleugnet noch einfach ignoriert werden. Sie sind in unserem Unterbewusstsein, unserem Alltag und unseren automatischen Reaktionen auf die Welt einprogrammiert. Sie führen nicht nur Regie über das niemals endende Drama in Ihrem Kopf, sondern haben auch die Macht, die äußeren Umstände Ihres Schicksals zu beeinflussen.

Selbst in diesem Moment durchströmt ein tiefer, nachhaltiger Code Ihr ganzes Leben, ohne dass Sie auch nur eine Ahnung davon hätten. Abhängig von der Art seines Inhalts kann er die Quelle wundervoller Erlebnisse sein oder aber Ihre Wünsche blockieren und Ihre Versuche sabotieren, glücklich zu sein. Sie können die Signale Ihrer Codes entdecken, wenn Sie sich die äußeren Muster Ihres Lebens einmal genauer ansehen. Wenn Sie immer wieder enttäuscht werden, dann ist es sehr wahrscheinlich, dass Sie negativ programmiert sind.

Aber selbst der stärkste negative Code kann durchbrochen werden. Sie können neue, lebensbejahende Codes erschaffen, die Ihnen tiefes Glück bescheren und Ihre Träume ganz unerwartet wahr werden lassen. So war es auch bei Bob, einem Freund von mir, der eine komplette Umwandlung seines bis dato nicht gerade von Liebe erfüllten Lebens erfuhr.

Bobs erstaunliche Decodierung

Bob war ein ganz toller Mann: klug, sensibel, kommunikativ und sehr sehr großzügig. Und um dem Ganzen noch die Krone aufzusetzen, war er auch noch wohlhabend und sah gut aus. Er war einfach der Typ Mann, mit dem die meisten Frauen gerne zusammen wären. Das Problem war nur, dass er diese Frauen nicht anzog und sich von ihnen auch nicht angezogen fühlte. Nein, er verliebte sich ständig in extrem selbstsüchtige und emotional unnahbare Frauen.

Kaum zu glauben, aber wahr: Trotz allem, was Bob vorzuweisen hatte, war er mittlerweile fünfzig und noch nie wirklich geliebt worden. Bobs Mutter war immer sehr fordernd ihm gegenüber gewesen, hatte ständig etwas an ihm auszusetzen, und er hatte einen Großteil seines Lebens damit zugebracht, sich ihr unterzuordnen. Er war ein erfolgreicher Arzt geworden und hatte beträchtlichen Reichtum mit dem Erwerb und Verkauf von Grundstücken erworben. Aber ganz gleich, was Bob auch tat, er konnte es seiner Mutter nie recht machen. Ihrer Meinung nach sollte er immer noch mehr erreichen, und sie enthielt ihm ständig ihre Liebe vor.

Als Bob mit dem Medizinstudium fertig war, begann er mit einer jungen Frau auszugehen, die das Muster – und den Code – für alle folgenden Liebesbeziehungen etablieren sollte. Die junge Frau war klug und attraktiv, aber wie seine Mutter stellte auch sie große Anforderungen an ihn. Und als die Zeit gekommen war, seine eigene Praxis zu eröffnen, verlangten sowohl seine Mutter als auch seine Freundin von ihm, dass er heiraten sollte. Obwohl weder er richtige Liebe für diese Frau empfand noch sie für ihn, ging Bob den Weg des geringsten Widerstands und befolgte den Code der Unterordnung, um Liebe und Anerkennung zu bekommen.

Bobs Eheleben war oberflächlich. Er hatte drei Kinder – alles Mädchen –, die das Muster fortsetzten, dass er gegenüber Frauen immer nur der Gebende war. Im Laufe der Zeit entdeckte Bob, dass er sich in eine andere Richtung entwickelte und die tiefere Bedeutung der Dinge verstehen wollte. Er fing an, sich mit Spiritualität zu befassen, vor allem aber sehnte er sich danach, aus der Leere und Einsamkeit auszubrechen, die sein Privatleben dominierten.

Nun war Bob ein sehr kluger Mann, und als Arzt wusste er um die Verbindung zwischen Verstand, Körper und Geist. Er führte seine Arztpraxis weiter, begann aber zu meditieren und alternative Heilmethoden zu erforschen. Wollte er zu einem Seminar gehen, fragte er seine Frau immer, ob sie mitkommen wolle. Sie machte sich dann immer über ihn lustig und ließ den Töchtern gegenüber abfällige Bemerkungen über ihn fallen.

Bob ließ nichts unversucht, darunter auch Paartherapie, um die Situation zu verbessern, aber es wurde immer schlimmer. Nachdem er etliche Jahre von seiner eigenen Familie wie ein Aussätziger behandelt worden war, wurde ihm schlagartig klar, dass der nächste notwendige Schritt die Scheidung sein musste.

Irgendwann ging Bob dann auch wieder mit Frauen aus, aber ein ums andere Mal fand er sich in Beziehungen mit Frauen wieder, die selbstsüchtig und egozentrisch waren und sich ihm gegenüber respektlos verhielten. Er war liebevoll und großzügig, und die Frauen, mit denen er ausging, nutzten das aus und waren oft nur wegen seines Geldes an ihm interessiert. Und oft – besonders am Anfang – fühlte Bob sich irgendwie verpflichtet, sein Geld einzusetzen, um die Dinge am Laufen zu halten. Es überrascht nun nicht, dass seine heranwachsenden Töchter dieselbe Strategie verfolgten und nur dann Kontakt zu ihm suchten, wenn dabei etwas für sie heraussprang.

Bob sehnte sich verzweifelt nach Liebe und war bereit, so ziemlich alles zu tun, um geliebt zu werden. Und doch wusste er irgendwo tief in sich, dass er die Liebe so niemals finden würde. Tatsächlich endete jede Geschichte so, dass er ständig frustriert war, weil er sich benutzt und nicht respektiert fühlte und so ziemlich von jeder Frau in seinem Leben verletzt wurde.

Immer wieder sah ich mit an, wie er sich Hals über Kopf in schöne, aber egoistisch fordernde Frauen verliebte. Er klammerte sich immer in der Hoffnung an sie, dass sich etwas ändern würde und er eine echte Beziehung zu ihnen aufbauen könnte. Unglücklicherweise hatten die Frauen kein echtes Interesse an einer solchen Verbindung, und er war ihnen nicht besonders wichtig. Sie waren körperlich da, aber emotional abwesend und interessierten sich nicht für seine Wünsche oder Bedürfnisse.

Bob sah sein Leben wie von außen, wie etwas, das jemandem anderen zustieß. Er war auf der Suche nach Anerkennung, sehnte sich aber eigentlich nach bedingungsloser Liebe und einer echten Herzensverbindung. Das war seit seiner Kindheit das bestimmende Muster gewesen, und obwohl Bob nichts mehr wollte, als etwas zu verändern, war es seine unbewusste Überzeugung, dass alle seine Versuche, geliebt zu werden, nur im Schmerz enden konnten. Und dieser Code war dafür verantwortlich, dass sich ihm das Glück auch weiterhin entzog.

Der Code ist es!

Jedes Individuum besitzt einen einzigartigen DNS-Code. Dieser Code enthält spezifische Informationen, die zum Beispiel Haar- und Augenfarbe bestimmen, und Marker, die Hinweise auf spätere Krankheiten oder Übergewicht sein können.

Bis vor Kurzem war man davon ausgegangen, dass unser genetischer Code ein für alle Mal festgelegt ist und nicht verändert werden kann. Neuere wissenschaftliche Untersuchungen deuten aber darauf hin, dass selbst der einzigartige, scheinbar so stabile DNS-Code eines Individuums durch epigenetische Prozesse verändert werden kann. Das heißt: Wir können durch Veränderungen in unserer Umwelt und unserer Lebensweise die Richtung verändern, in die sich zum Beispiel unser körperlicher Gesundheitszustand bewegt. Was für eine überraschende und befreiende Offenbarung! Jetzt ist mir aber zudem klargeworden, dass die DNS nicht der einzige Code ist, der verändert werden kann.

Wie Bob so tragen auch Sie verborgene Codes in sich. Diese Codes haben aber nicht die Form einer Doppelhelix wie die DNS, sondern überhaupt keine materielle Form. Dennoch haben sich diese Codes tief in Ihr Wesen, Ihre Emotionen, Ihr Verhalten und Ihre Energie eingeprägt. Sie motivieren Sie, bestimmen die Richtung, die Ihr Leben nimmt, und definieren Sie – und all das, ohne dass Sie etwas davon bemerken. So mächtige Kräfte sind es wert, dass wir uns einmal etwas genauer mit ihnen beschäftigen und sehen, womit wir es zu tun haben.

Was steckt dahinter?

Das Wort Code hat viele Bedeutungen. Eine davon definiert einen Code als eine Reihe von Regeln oder Standards, an die sich Individuen oder Gruppen halten. Würde es Sie überraschen zu erfahren, dass Sie eine Reihe von Regeln oder Standards erschaffen – oder zumindest akzeptiert haben, nach denen Sie Ihr Leben ausrichten? Diese Regeln durchdringen beinahe jeden Aspekt Ihres Alltags. Das gilt für uns alle, auch für diejenigen, die Ihr Leben noch nie so gesehen haben.

Fast jeder Mensch formt ein ganzes Netz aus Reaktionen und Impulsen, das seine Entscheidungen und Verhaltensweisen bestimmt. Diese Codes werden meist früh im Leben festgelegt, oft schon vor dem siebten bzw. achten Lebensjahr. Einige davon sind ziemlich offensichtlich. Wurde Ihnen beispielsweise in Ihrer Kindheit beigebracht, niemanden beim Sprechen zu unterbrechen, wird das vermutlich einer der Codes sein, nach denen Sie leben. Die Schuhe auszuziehen, wenn Sie ein Haus betreten, ist auch solch ein Code. Das sind recht harmlose Regeln, die vermutlich keinen großen Einfluss auf Ihr Leben haben.

Hat man Ihnen aber beigebracht, dass Sie dumm oder unzulänglich sind, könnte das einen lähmenden Code erschaffen, der Ihr Leben im wahrsten Sinne des Wortes ruinieren kann. Wenn Sie eine Frau sind und gelernt haben, dass Frauen zu einer Randgruppe gehören, die in dieser Welt nur geringe Chancen hat, kann dieser tief verwurzelte Code Ihre Einstellung dem Leben gegenüber erheblich einschränken.

Diese »Richtlinien« übernehmen wir normalerweise von unseren Eltern, unserer Kultur und den Menschen in unserer näheren Umgebung. Viele davon sind über Generationen hinweg einprogrammiert worden und wurden so zu einem

Teil unseres Zellgedächtnisses und unserer emotionalen Grundverfassung. Und auch wenn sie wirklich ungesund und vollkommen unbewusst sind, nehmen wir sie doch oft bereitwillig an und leben ihre negative Dynamik aus, auch wenn sie noch so schädliche Auswirkungen haben.

Glücklicherweise muss es keine schweißtreibende Aufgabe sein, die unerwünschten Codes zu ändern, die Sie bisher angetrieben haben. Es gibt eine Reihe einfacher, aber wirksamer Techniken, die Sie im Alltag anwenden können, um Ihre Codes, Ihr Bewusstsein und Ihre Fähigkeit, glücklich zu sein, zu verändern, und Muster auf der Quantenebene zu durchbrechen, auf der grundlegendsten Schwingungsebene Ihrer Lebensenergie. Diese Veränderungen auf der Schwingungsebene bereiten dann neuen, erfüllenden Mustern im Beruf, in Beziehungen und auf dem Gebiet persönlicher Interessen den Weg und ermöglichen all die sehr realen, angenehmen Ereignisse in Ihrem Leben, nach denen Sie sich so lange gesehnt haben.

Bobs Decodierungskur

Als neugieriger, spiritueller und tatkräftiger Mann nutzte Bob viele Techniken, um seine Beziehungsmuster zu verändern. Aber erst als er den spezifischen Decodierungs- und Codierungsprozess anwandte, der in diesem Buch beschrieben wird, veränderten sich die Dinge auf signifikante Weise.

In Bobs Fall waren die energetischen Auswirkungen seiner Geschichte ganz eindeutig: Er hatte einen tief sitzenden, großenteils unbewussten Code entwickelt, demzufolge er es nicht verdient hatte, glücklich zu sein. Dieser war mit der sehr realen Erwartungshaltung vermischt, dass er in jeder

Beziehung sowieso nur ausgenutzt werden würde. Dieser Code erfüllte sein Bewusstsein, bestimmte seine Realität und bildete ungesunde Muster, die sein Leben beherrschten.

Bob war noch nicht einmal klar gewesen, dass er einen Code der Unwürdigkeit und Wertlosigkeit auslebte. Er sehnte sich nach einer echten Beziehung, aber es war seine unbewusste Überzeugung, die aufgrund des ständigen negativen Einflusses seiner Mutter entstanden war, dass das Universum ihm aufgrund seiner Wertlosigkeit keine Beziehung bescheren konnte, die auf gegenseitiger Fürsorge und Liebe basierte. Nach all seinen Erfahrungen hatte er das Gefühl, dazu verdammt zu sein, auf ewig in diesem Muster stecken zu bleiben.

Als wir seine inneren Codes erforschten, fanden wir Folgendes heraus:

Verzweiflung

Sein Leben ohne wahre Liebe erzeugte in Bob das tiefe und unstillbare Verlangen danach, einen starker Drang, der genau jene Menschen abstieß, nach denen er sich sehnte. Das ist eine Funktion der Energie der paradoxen Intention, die sich darin ausdrückt, dass man genau das abstößt, was man sich wünscht, wenn man etwas verzweifelt zu erreichen versucht. Bobs Verzweiflung war tief in ihn einprogrammiert und kam jedes Mal zum Vorschein, wenn er einer Frau begegnete, von der er dachte, sie könnte »die Richtige« sein. Aber dieser Code stieß genau die liebevollen, stabilen Frauen ab, nach denen er sich sehnte, und zog Frauen an, die so bedürftig und verzweifelt waren wie er selbst – mit einem Unterschied: Sie sehnten sich verzweifelt nach materiellem Gewinn.

Als Bob die Decodierungstechnik anwandte, um diese Verzweiflung zu löschen, wurde ihm bewusst, dass er zum ersten

Mal seit seiner Scheidung allein glücklich und in Frieden sein konnte. Er konnte mit seinen männlichen Freunden ausgehen und richtigen, entspannten Spaß haben. Vorher hatte er immer, wenn er mit seinen Freunden ausgegangen war, Ausschau nach Frauen gehalten – immer auf der Suche nach der nächsten Frau, die ihn möglicherweise lieben würde. Er war überglücklich, wie befreit er sich fühlte, weil er die Fesseln der Verzweiflung gelöst hatte. Endlich war er in der Lage, ein glückliches Leben zu führen, das nicht mehr von ständiger Sehnsucht und unstillbarem Verlangen bestimmt war.

Falsche Sicht auf Schönheit und Wert

Aufgrund seiner Erfahrungen war Bob zu der Ansicht gelangt, dass alle schönen Frauen oberflächlich und egoistisch seien. Dennoch wünschte er sich eine liebevolle Beziehung mit einer attraktiven Frau. Jetzt löschte er den falschen Glauben, dass Schönheit nur die Verpackung für egoistische Gemeinheit war. Er programmierte nicht nur die Fähigkeit ein, die Anmut und Liebenswürdigkeit aller Frauen zu sehen, denen er begegnete, sondern auch die Fähigkeit, sich zur inneren Schönheit einer Frau hingezogen zu fühlen, zu ihrem Herzen und zu ihrer Seele.

Unwürdigkeit und Selbstverurteilung

Bobs Code der Unwürdigkeit und Selbstverurteilung war ihm bereits in seiner Kindheit eingeprägt und seither bereitwillig von ihm übernommen worden. Er setzte die Technik aus Teil III dieses Buches ein, um diese Muster zu löschen, denen zufolge er sich selbst als fehlerhaft wahrnahm, was ihn folgern ließ, dass er keine Liebe verdient hätte. Er blieb am Ball, denn er war fest entschlossen, die Geschichte seines Lebens neu zu schreiben. Mit fünfzig hatte er erkannt, dass er die freie Wahl hatte, einen vollkommen neuen, gesunden und ermächtigenden Code für sich selbst zu schreiben. Und da ergriff er seine Chance.

Bob programmierte sich so, dass er Güte und auf Gegenseitigkeit beruhendes Geben und Nehmen in allen Beziehungen verdient hatte. Zudem programmierte er die Fähigkeit ein, wahre Liebe zu erkennen, und das Wissen, dass er einer gesunden Liebesbeziehung würdig war, in der er um seiner selbst willen geschätzt und von seiner Partnerin als wichtig erachtet wurde.

Zusätzlich programmierte er noch das Folgende ein:
– Die Fähigkeit, auch ohne Beziehung glücklich zu sein
– Die Fähigkeit, Frieden in seiner Beziehung zu sich selbst zu finden
– Bedingungslose Selbstakzeptanz
– Wahre Selbstliebe

Bob und ich hielten mehrere dieser Codierungssitzungen ab, und schon bald fühlte er sich in Bezug auf sich selbst und sein Leben besser. Sechs Monate, nachdem er mit diesem Prozess begonnen hatte, erzählte er mir, dass er eine ganz besondere Frau kennengelernt hatte. Sie war an denselben Dingen interessiert, mit denen er sich beschäftigte; sie war authentisch und gütig; sie war eine wunderbare Frau und sah dazu noch gut aus. Er sagte, dass er es langsam angehen lassen und nicht gleich wieder Vollgas geben würde. Er wollte nicht wieder so drängen und so verzweifelt sein wie früher.

Diese Beziehung ist mittlerweile gewachsen und erblüht. Bobs innere Codes hatten sich verändert, und das Wesen seiner Beziehungserfahrungen hatte sich komplett gewandelt. Er rief mich an, um mir zu erzählen, dass er eines Tages von der Arbeit nach Hause gekommen war und entdeckt hatte, dass seine neue Liebe das Haus geputzt und das Abendessen vorbereitet hatte. Nun mag das für viele Menschen keine große Sache sein, aber Bob erklärte mir fröhlich, dass niemand je so etwas für ihn getan hätte, ohne dafür im Gegenzug etwas zu erwarten.

Bob war endlich glücklich. Er hatte sich von seinen alten Codes befreit, die ihn immer wieder in denselben Beziehungsmustern gefangen gehalten hatten. Er hatte die Vorstellung aufgegeben, dass ihm nur eine Beziehung Freude bringen könnte; er programmierte echtes Glück aus sich selbst heraus ein und machte sich so seine innere Kraft zunutze. Dieser tief greifende Wandel in seiner Energie eröffnete ihm eine Welt neuer freudvoller Erfahrungen. Selbst seine Töchter fingen an, ihn anders zu behandeln.

Dies ist eine wahre Geschichte. Würden Sie Bob kennen, hätten auch Sie nicht geglaubt, dass ein Mensch, der in vielerlei Hinsicht so wunderbar ist, so lange solch ein Pech in der Liebe haben könnte. Nun, es hatte nichts mit Pech oder Glück zu tun, sondern mit einem sehr machtvollen verborgenen Code, den Bob sein Leben lang unwissentlich mit sich herumgetragen hatte.

Viele Menschen befinden sich in einer ganz ähnlichen Situation. Wir sind blockiert, ohne die geringste Ahnung zu haben, was wir dagegen tun könnten. Aber das Universum hat für Bob ganz neue Reaktionen auf seinen neuen Code geschaffen und dasselbe kann auch Ihnen geschehen. Was auch immer Sie gerade durchmachen, Sie können die alten Codes verändern, die Sie ausbremsen. Schon die Tatsache, dass Sie sich von diesen ungesunden Mustern befreien, besitzt einen Wert an sich und wird Ihr Leben von Grund auf verändern. Diese Befreiung wird Ihnen zu Erfüllung, Glück und Frieden verhelfen. Sie wird Ihre Lebensenergie mit der verborgenen Kraft harmonisieren, die das Universum für Sie bereithält.

KAPITEL 2

Kernreaktionen

»Durch die Wissenschaft und durch die spirituellen
Erfahrungen von Millionen von Menschen entdecken
wir unsere eigene Fähigkeit, in einem Universum
unendlicher Überraschungen grenzenlos zu erwachen.«

Marilyn Ferguson

In Ihnen ist Magie am Werke, eine energetische Form der
Magie. In diesem Moment pulsieren in Ihnen physische, mentale, emotionale, elektromagnetische und subtile Energien.
Schon das Gehirn erzeugt alle möglichen Energien, erschafft
Erfahrungen, produziert Neurotransmitter und Neuropeptide,
die unseren emotionalen Zustand beeinflussen und wiederum
von ihm beeinflusst werden. Diese energetischen Verwick-
lungen sind ziemlich bedeutend. Tatsächlich befinden sich
auf etwa sechs Quadratzentimetern Ihrer Gehirnfläche mehr
Verbindungen als es Sterne im Kosmos gibt. Sollten alle Neuronen in Ihrem Gehirn auf einmal feuern, würde dies genug
Elektrizität erzeugen, um eine Glühbirne zum Leuchten zu
bringen.

Die Kraft Ihrer energetischen Struktur könnte sehr wohl
der wichtigste Faktor der emotionalen Qualität Ihres Lebens
sein. Aber damit nicht genug: Die Energie Ihres Verstandes,
Körpers und Geistes – mit anderen Worten, Ihre Lebens-

kraft – ist sehr machtvoll und entwicklungsfähig. Sie durchströmt Sie und strahlt von Ihnen in Form von Informations- und Schwingungsfeldern aus, so dass Sie sich nicht nur mit anderen Menschen und Ihrer Umgebung verbinden und mit ihnen kommunizieren, sondern diese auch beeinflussen können. Die Konsequenzen dieser Verbindungen werden zurück in Raum und Zeit übertragen und übersetzt, so dass Sie sie erleben und beobachten können.

Stellen Sie sich vor, Sie stünden im Zentrum eines riesigen elektrischen Gitters. Sie selbst sind ein machtvoller Generator, der Schwingungen aussendet: zuerst durch die engen Beziehungen und Erfahrungen in Ihrem Leben, dann weiter durch Bekannte und sogar durch andere, denen Sie noch nie begegnet sind. Ihre Energie bewegt sich von dort aus durch das gesamte Universum. Sie besteht aus einem Strom des Lichts, der Vitalität und Information, der in die entlegensten Regionen des Weltalls projiziert wird.

Aber was geschieht, wenn es aufgrund einer energetischen Blockade direkt im Kern zu einem Stromausfall kommt? Die Energie bleibt im Zentrum Ihres Lebensenergie-Kraftwerks stecken. Es werden keine Verbindungen hergestellt, und in der Welt gehen die Lichter aus (zumindest in den betroffenen Regionen).

Ich erinnere mich noch gut an das Jahr 2003, als eine Störung in einem einzigen Kraftwerk die Stromversorgung des gesamten Nordostens der Vereinigten Staaten und von Teilen Kanadas lahmlegte. Da die Lichter mehrere Tage lang ausblieben, kam es zu einem regelrechten Sturm auf Taschenlampen, Batterien und Kerzen. Wenn so etwas geschieht, müssen die Verantwortlichen möglichst schnell die Ursache der Störung ausfindig machen, um die Stromversorgung wieder herzustellen.

Dieser Vorfall ist eine passende Metapher für die Bewegung der Energie, die in Ihnen fließt und nach außen projiziert wird. Es ist klar, dass Sie sich im Zentrum eines komplexen Netzwerkes universeller Energie befinden. Aber was befindet sich im Zentrum Ihrer Energie? Die Beantwortung dieser Frage ist wichtig, wenn Sie ein offener Kanal für die Wunder und die Schönheit der Welt sein möchten. Aber sie wird noch wichtiger, wenn Sie den Fluss des Glücks in Ihrem Leben sicherstellen möchten.

Ihr energetisches Ich

Ihr persönliches Netzwerk besteht aus Energiezentren (die auch als Chakras bezeichnet werden) und komplexen Meridianen, die aus einer Ansammlung von Punkten bestehen, die dafür sorgen, dass Ihre Lebenskraft auf eine Weise in Ihnen fließt, die Sie emotional und physisch gesund erhält. Diese Chakras und Meridiane sind wichtige Kanäle der persönlichen Strömungen Ihres Verstandes, Körpers und Geistes. Sind diese Kanäle offen und gesund, können Sie jene erstaunliche Energie zu Ihrem Vorteil nutzen: sowohl in Ihrem Privatleben als auch im Rahmen starker Intentionen, die nach außen ins Reich der Energie projiziert werden.

Es existiert ein ausgeklügeltes System der Synchronizität, das auf die klare, fließende Bewegung Ihrer Energie reagiert. Damit sich alles zu Ihrem Besten entwickeln kann, müssen Sie dafür sorgen, dass Ihre Energie fließt. Davon hängen Ihr körperlicher Gesundheitszustand, Ihr emotionales Gleichgewicht, Ihre Lebenskraft, Ihr Glück und Ihr persönlicher Erfolg ab.

Es ist so, dass sich alte Traumata, Emotionen und Überzeugungen in Ihrem Energiefeld stauen, sich in Ihrem Zellgedächtnis und in Ihrem physischen wie energetischen Körper einnisten können. Diese gestaute Energie kann den Fluss Ihrer Lebenskraft blockieren und ein Ungleichgewicht in Körper und Verstand erzeugen. Die Folge davon ist eine persönliche Resonanz, die fragmentiert, zäh oder sogar komplett blockiert ist. Staut sich Ihre innere Energie, so bleibt auch Ihr äußeres Leben stecken; nichts geht dann so richtig voran.

Blockierte Energie kann sich in hartnäckigen emotionalen Mustern wie chronischer Depression und ständigen Angstzuständen, aber auch einfach als Unzufriedenheit oder innere Unruhe manifestieren. Die Dynamik solcher negativer Muster führt dann zu den immer selben Problemen. Um nur einige der üblichen Probleme aufzuführen, die durch blockierte Energie verursacht werden können, hier ein paar Beispiele: Sie ziehen immer wieder Partner an, die bereits vergeben sind. Oder Sie finden sich ständig in beruflichen Situationen wieder, in denen Sie gestresst sind und nicht wertgeschätzt werden. Diese Negativität wird ein Teil Ihres persönlichen Codes, der Ihre emotionale Energie erzeugt und Ihr Leben bestimmt. Genau das geschah mit Bob, über den Sie schon gelesen haben. Seine Erfahrungen in Beziehungen spiegelten sein eigenes inneres Unglück wider.

Eine Landkarte der Codes

Codes sind in beinahe jeden Bereich unseres Lebens eingewoben. Es sind Informationssysteme, die unser körperliches, emotionales, zwischenmenschliches und sogar finanzielles Schicksal beeinflussen. Um diese wichtigen Einflüsse lenken zu können, ist es notwendig, alle Schichten dieses einflussreichen Netzwerkes zu erforschen.

1. Ihr persönlicher Code

Jeder Mensch besitzt einen wahrhaft einzigartigen Code, der ihn auf vielerlei Weise beschreibt und definiert. Die DNS gilt als einmaliger genetischer Code, den nur Sie besitzen. Innerhalb dieses individuellen Codes gibt es allerdings viele spezifische Codes, die unter anderem physische Merkmale bestimmen wie Haarfarbe und Größe oder auch die Anlage, bestimmte Krankheiten zu bekommen.

Die DNS ähnelt Ihrem persönlichen energetischen und emotionalen Code, der auch eine einmalige Repräsentation Ihres Selbst ist. Und innerhalb dieses umfassenden persönlichen Codes existieren unzählige spezifische Untercodes des Denkens, Verhaltens, Fühlens und der Energie, die die Muster der Vergangenheit sowie das Potenzial für die Zukunft offenbaren. Dazu gehören auch Reaktionsmuster, die codierte Triebkräfte unseres Lebens sind. Und wie bei der DNS, bei der bestimmte Gene »an- und ausgeschaltet« werden können, so können auch diese energetischen Muster durch die Entscheidungen, die wir regelmäßig treffen, und unsere täglichen Verhaltensweisen verändert werden.

2. Ihr ewiger Code

Innerhalb dieses persönlichen Codes existiert ein Teil Ihrer Identität, den es bereits vor diesem Leben gab und den es noch lange nach diesem Leben geben wird. Dies ist Ihr Seelencode, der Kern der Wahrheit und Schwingung und Träger Ihrer unsterblichen geistigen Identität. Dieser innere Code ist perfekt und friedvoll, aber zugleich auch über alle Maßen machtvoll. Wenn dieser Code in uns erwacht, welcher der zentrale Marker dessen ist, wer wir sind und wozu wir fähig sind, wendet sich unser Bewusstsein von den begrenzten negativen Codes unserer Reaktionsmuster ab und öffnet uns für alles, was uns das Universum zu bieten hat.

3. Ihr Quantum-Breakthrough-Code

Ihr Netzwerk aus physischen und energetischen Identitäten kann auf vielerlei Weise erschlossen und verändert werden, besonders durch die Technik, die ich ihnen noch erklären werde und die selbst ein Code ist. Der Prozess des Quantum-Breakthrough-Codes legt die alten unerwünschten Muster frei, die Sie stören, und schreibt Ihren Code buchstäblich auf gesündere, selbstermächtigende Weise neu. Wie der Binärcode, aus dem die Sprache eines Computers besteht, bildet diese Technik eine neue Sprache des Denkens und Reagierens aus, welche zur neuen Grundlage Ihres Lebens wird.

Es ist wichtig zu begreifen, dass diese Technik nicht nur aus einer Reihe von Affirmationen besteht. Es ist vielmehr eine Technik, die Ihre Energie verändert.

Der Breakthrough-Code ist zweigeteilt. Zuerst widmen Sie sich dem Decodierungsteil des Prozesses. Wenn Sie sich von den Reaktionen gelöst haben, die Sie in die falsche Richtung gelenkt haben, sind Sie frei, um zum zweiten Teil des Breakthrough-Codes überzugehen. Dies ist dann die Technik, die Ihnen all die wunderbaren Energien und die Breakthrough-Kräfte erschließt, die schlummernd in Ihnen verborgen liegen. Das ist der Schlüssel, der Ihnen die Tür zu wahrem Glück und echter Erfüllung öffnen wird.

Inhaltsschwere (codierte) Fragen

Zusätzlich zu den anderen Bedeutungen weist der Begriff *Code* auf verborgene Informationen hin, auf eine geheime Botschaft, die im Code verborgen liegt. Um mehr über Ihre inneren Codes herauszufinden, sollten Sie sich einen Moment Zeit nehmen, um über die folgenden Fragen nachzudenken. Wenn Sie Zeit haben, schreiben Sie die Antworten bitte in Ihr Code-Tagebuch.

– Woraus besteht Ihrer Meinung nach die geheime Information über Sie selbst, die Sie in sich tragen?
– Was denken Sie über sich selbst? (Gedanken, die Sie nicht mit anderen teilen.)
– Welche Sorgen scheinen Sie nie abschütteln zu können?
– Welche Emotionen begleiten Sie ständig durch den Tag?

Diese Fragen offenbaren die in Ihnen versteckten, verschlüsselten Botschaften, von denen viele seit Ihrer Kindheit Ihre ständigen Begleiter sind. Aber die wichtigste Frage, die Sie sich nun stellen müssen, lautet:

– Möchte ich mit diesen alten Codes weiterleben, und sollen die unerwünschten Muster in meinem Leben fortbestehen? Oder möchte ich sie durchbrechen und einen neuen Code erschaffen, der mich in eine vollkommen andere Richtung führt?

Um diese beiden Fragen geht es in diesem Buch. Wie Sie noch feststellen werden, bestimmen die Codes Ihres unterbewussten und bewussten Geistes Ihre emotionalen Erfahrungen und chemischen Reaktionen und zeitigen in vielerlei Hinsicht Ergebnisse im Außen. Wenn Ihnen nicht gefällt, was Sie erleben, wenn Sie die mentalen und emotionalen Muster ändern möchten, die Ihr Leben antreiben, verfügen Sie nun über die Möglichkeit, Ihre Codes grundlegend zu verändern.

Sie können die alten Muster durchbrechen, die Sie am Weiterkommen hindern, und sie durch wunderbare neue Codes der Freude, Energie und Begeisterung ersetzen. Wie das Leben der Ritter der Tafelrunde durch den Code der Ritterlichkeit motiviert und gelenkt wurde, so kann auch Ihr Leben von Glück erfüllt sein. Der neue Code kann Begeisterung für all die Abenteuer und Erfolge erzeugen, die noch vor Ihnen liegen.

Die Muster Ihres Lebens

Die Quantenwelt ist energetischer Natur, und Sie können sicher sein, dass die Ausstrahlung Ihrer Lebenskraft die Richtung einschlägt, die die Muster Ihres Bewusstseins ihr vorgeben – selbst wenn diese Muster unbewusst sind. Sie denken möglicherweise nicht groß über die Konsequenzen Ihrer Denkmuster und Ihres Lebensstils nach, aber Ihr Bewusstsein erschafft dennoch Ihre Realität. Diese Erkenntnis kann sehr befreiend sein, denn wenn die ungesunden Muster aufgegeben und gesunde Muster aktiviert werden, können machtvolle persönliche Kräfte mobilisiert werden. Ihr Leben wird dann glücklicher und ruhiger, und folglich kann Ihr Bewusstsein weitaus bessere Ergebnisse erzielen.

Der erste Schritt zur Veränderung besteht darin zu erforschen, was unter der Oberfläche der spontanen, zumeist unbewusst ablaufenden Gewohnheiten geschieht, die wir als Reaktionsmuster bezeichnen. Viele davon sind ungesund und nur schwer zugänglich. Aber ob Sie sie nun erforschen wollen oder nicht, es ist wichtig zu wissen, dass sie die Hauptauslöser der negativen Emotionen sind, die verhindern, dass Sie sich weiterentwickeln. Tatsache ist, dass Sie jeden Tag mit Ihren Reaktionsmustern leben. In ihnen lassen sich Ihre dominanten Energien und inneren Codes finden.

Diese hartnäckigen Gewohnheiten haben in aller Stille eine starke Dynamik entwickelt, die Ihr Leben bestimmt. Obwohl ihre Ursachen häufig in Ihrer Geschichte begründet liegen, zeigen sie sich doch in jedem Aspekt Ihres gegenwärtigen Lebens: in Ihren Verhaltensweisen, in Ihrer Selbstwahrnehmung und in dem Gefühl, machtlos oder machtvoll zu sein.

Diese energetische Wahrheit gilt für uns alle. Unsere spontanen Reaktionen auf die Mitmenschen und Situationen in unserem Leben werden schließlich zu tief verwurzelten Gewohnheiten, die unsere häufigsten Reaktionen bestimmen und zu einer Häufung von schwierigen Erfahrungen führen. So kann zum Beispiel ein altes berufliches Versagen zu einer chronischen Erwartungshaltung werden, die in Bezug auf den Beruf zu Depressionen oder sogar Hoffnungslosigkeit führt. Ihr emotionales Elend färbt nicht nur auf Ihr ganzes Leben ab, sondern trübt auch die Möglichkeit beruflichen Erfolgs, den Sie sich so sehr wünschen.

Aber Sie können einen Quantensprung machen, um die alten negativen Muster zu durchbrechen und die Breakthrough-Kräfte zu aktivieren, die die Qualität Ihres Lebens verändern werden. Es geht hier nicht nur um positives Denken, auch wenn das sicherlich hilft, sondern um einen energetischen Prozess, der Ihnen hilft, Ihre hartnäckigen Reaktionsmuster zu durchbrechen. Mit der Zeit werden Sie Glück als neues Reaktionsmuster etabliert haben, und diese neue angenehme Resonanz wird Ihnen das einbringen, wonach Sie sich sehnen.

Es geht aber nicht nur darum, Besseres für sich zu wollen. Es geht um den Wunsch, sich von den Codes der Lügen und Einschränkungen zu befreien, die sich in Ihrem Leben eingenistet haben. Indem Sie sich vom Gewicht dieser gewohnheitsmäßigen Verzerrungen befreien, erlangen Sie endlich die Freiheit, Sie selbst zu sein. Eine solche tiefe Freiheit und Authentizität wird den Kern Ihres Bewusstseins grundlegend verändern und unglaubliches Glück und freudvolle Energie in Ihr Leben bringen.

Wie reagieren Sie?

Die bewussten und unbewussten Muster, die Ihre persönliche emotionale Realität erschaffen, kann man am ehesten daraus ersehen, wie Sie auf die Menschen und Erlebnisse in Ihrem Leben reagieren. Stellen Sie sich bitte diese Frage: »Reagiere ich generell ruhig und geduldig? Oder reagiere ich meist mit Sorgen, Angst, Wut, Ungeduld, Selbstkritik oder anderen negativen Verhaltensweisen?« Schreiben Sie Ihre Gedanken dazu auf.

Wenn Sie im Modus der erregten Reaktionsmuster leben, verewigen Sie nicht nur das Unglück in Ihrem Leben, sondern bekommen auch immer wieder dieselben negativen Ergebnisse präsentiert. Aber Sie sollten jetzt nicht aufgeben. Ganz gleich, wie hartnäckig ein negatives Muster auch sein mag, Sie können die alten Muster löschen, die Angst besiegen, Süchte aufgeben, emotionale Strömungen verändern und eine zutiefst friedvolle und produktive Lebensweise entwickeln.

Die einzelnen Aspekte von Reaktionsmustern

Es wird nicht schwer sein, die Ihrem Leben zugrundeliegenden Muster zu identifizieren. Während Sie dieses Buch durcharbeiten, werden Sie sie wahrscheinlich sogar ziemlich schnell erkennen. Und genau so wie sie nicht schwer zu identifizieren sind, so sind sie auch leichter zu löschen und neu zu programmieren, als Sie vielleicht denken. Damit Sie auf die größeren Veränderungen und das große kommende Glück vorbereitet sind, sollten Sie sich mit den folgenden Faktoren beschäftigen, die zu Ihrem verborgenen (und nicht so verborgenen) Reaktionsnetzwerk beitragen.

1. Starke Emotionen und emotional aufgeladene Ereignisse

Meistens haben unsere negativen Angewohnheiten ihren Ursprung in unangenehmen Gefühlen, die mit schwierigen oder sogar traumatischen Ereignissen aus der Vergangenheit zu tun haben. Natürlich haben auch positive Muster ihren Ursprung in schönen Ereignissen, aber diese Schwingungen blockieren unseren Energiefluss nicht. Im Gegenteil: Sie verstärken die positiven Codes, die unsere Lebenskraft stärken.

Wenn Sie aber als Kind geschlagen, emotional oder mit Worten missbraucht wurden, ist es wahrscheinlich, dass sich Reaktionen wie Angst, unbändige Wut oder Selbsthass tief in Sie einprogrammiert haben und zu einem Teil Ihrer energetischen Verfassung geworden sind. Selbst heute reagieren Sie auf dieselbe unangenehme Weise, wenn Sie mit einem groben, feindselig eingestellten oder auch nur starken Menschen zusammen sind. Derartige negative Emotionen führen dann unvermeidlich zu negativen und falschen Schlussfolgerungen, die der zweite Bestandteil Ihrer Reaktionsmuster sind.

2. Falsche Schlussfolgerungen, Überzeugungen und Absichten

Was geschieht, wenn Sie früh im Leben von den Menschen, denen Sie eigentlich vertrauen sollten, schlecht behandelt wurden oder negativen Einflüssen ausgesetzt waren? Was geschieht dann mit Ihrer Lebenskraft und Ihrem persönlichen Code? Tief im Innern etabliert sich ein starkes Glaubenssystem, das der emotionalen Komponente Ihrer Reaktionsmuster starke, aber falsche Schlussfolgerungen hinzufügt. Sie sind aufgrund der schlechten Behandlung verwirrt und verletzt und programmieren ein tiefes Gefühl der Machtlosigkeit ein, wie auch die Annahme, dass mit Ihnen irgendetwas nicht stimmen kann.

Sie glauben an Ihre eigene Machtlosigkeit; Sie glauben, dass Sie es nicht besser verdient haben; Sie glauben daran, dass Sie wertlos sind. Und dieser Glaube wirkt sich dann so aus, wie Sie das Leben erfahren. Er wird Teil des Codes, der dazu führt, dass immer wieder dieselben Erfahrungen auf Sie warten.

Nun mag ja Ihre Vergangenheit überhaupt nicht schrecklich gewesen sein. Möglicherweise waren Sie einfach nur den verzerrten elterlichen Auffassungen über die Welt oder ihre Macht oder Machtlosigkeit in ihr ausgesetzt. Glaubenssätze wie »die Welt ist nicht sicher« oder »das Leben ist schwer« oder »nur wenige Glückliche kommen voran« könnten in eben diesem Moment in Ihrem Code herumspuken und Ihre Zukunft lenken, ohne dass Sie etwas davon ahnen.

Eingeübte Reaktionen haben ihren Ursprung in der Vergangenheit, in irgendeiner Form falscher Behandlung – oder auch nur in falschen Informationen, was mit der Zeit eine Art Allergie hervorgerufen hat, die in Form von negativen gedanklichen Reaktionen »ausbricht«, wenn Sie derselben

Art von Energie, demselben Thema oder ähnlichen Ideen ausgesetzt sind. Aber wenn Sie diese alten Glaubenssätze decodieren, können Sie sich von ihrem Einfluss befreien. Dann lässt sich ein neuer Code einrichten, der Sie ermächtigt und Ihren Wert, Ihre Macht und das Potenzial Ihrer Umwelt ehrlich und respektvoll widerspiegelt.

Unglücklicherweise stellen Ihre verzerrten Schlussfolgerungen die Masse Ihrer Bewusstseinsschöpfungen dar und bestimmen die Richtung Ihrer energetischen Schwingung – zumindest wenn Sie wie die meisten Menschen gestrickt sind. Diese Glaubenssätze können tief geschichtet und vieldimensional sein, was bedeutet, dass Ihr inneres Bewusstsein Codes enthält, die über Ihre ungesunden Emotionen, Gedanken und Überzeugungen hinausgehen und bis in Ihre chronischen Verhaltensweisen reichen, die den dritten Bestandteil Ihrer Reaktionsmuster bilden.

3. Chronische Gewohnheiten der Vertrautheit und kontinuierliche Entscheidungen

Wenn wir mit dem Schmerz der Vergangenheit und den selbstzerstörerischen Glaubenssätzen der Gegenwart zurechtzukommen versuchen, kommt häufig der Wunsch zu flüchten in uns auf. Wir flüchten uns in Gewohnheiten, die uns zunächst Trost versprechen, aber letztlich zu einer weiteren Schicht unserer Reaktionsmuster werden. Was aussieht wie Bewältigung ist tatsächlich nichts weiter als die Programmierung einer neuen Sucht oder eines Fluchtmechanismus, der uns noch mehr in die Tiefe reißt.

So trinken Sie zum Beispiel vielleicht, um einer Kernreaktion des Selbsthasses zu entfliehen. Im Laufe der Zeit stellen Sie dann aber fest, dass Sie immer mehr trinken müssen, um sich »besser zu fühlen«. Das führt dann dazu, dass Sie sich selbst noch mehr verurteilen und ablehnen. Also erweitert sich das ursprüngliche Reaktionsmuster der Selbstkritik, und das Verhaltensmuster des Trinkens wird hinzugefügt. Aufgrund dieses Teufelskreises können diese unbewussten Reaktionen Ihr Leben in eine Richtung drängen, über die Sie meinen, keine Kontrolle zu haben.

Es stimmt, dass manche Gewohnheiten nur schwer abzulegen sind – und Süchte sind besonders schwer aufzugeben –, aber wie wir anhand der in den nächsten Kapiteln vorgestellten Fälle sehen werden, können die Decodierungs- und Codierungstechniken sehr machtvolle energetische Eingriffe darstellen. Rauchen und übermäßiges Essen sind alltägliche Formen der Realitätsflucht, aber selbst diese Muster können gelöscht werden. Und durch die Etablierung eines neuen Codes können persönliche Macht und wahre Freiheit erlangt werden.

Wenn wir hinter die Fassade blicken, ist unschwer zu erkennen, wie unsere verborgenen Codes und negativen Reaktionsmuster die Aktivierung unseres wahren Glücks oder unserer magnetischen Energie behindern oder sogar vollständig blockieren können. Aber ganz gleich, wie tief oder wie alt die alte Resonanz auch sein mag, ganz gleich, worum es dabei gehen mag – um Verhaltensweisen, Emotionen, Geisteszustände, finanzielle Probleme oder sogar um Beziehungen –, sie kann gelöscht und neu geschrieben werden. Und eine brandneue Realität kann sich herausbilden und zu einer neuen Definition des eigenen Selbst führen.

Im Zentrum Ihres persönlichen Codes sind Sie der Träger unbegrenzter Macht. Sie können sich diese Macht jederzeit nutzbar machen, um tiefe Erleuchtung und Freude zu erschaffen. Wenn Sie die Muster abstreifen, die Sie bisher am

Vorankommen gehindert haben, können Sie zum Kern der Wahrheit in sich vorstoßen. Wird dieser Kern aktiviert, werden Sie eine wunderbare Energie ausstrahlen, die Ihr ganzes Leben für alle sichtbar erhellt.

KAPITEL 3

Einzigartig individuelle Energien

»Was hinter uns liegt und was vor uns liegt, ist verglichen
mit dem, was in uns liegt, von geringer Bedeutung.«

Henry Stanley Haskins

Unser Verstand ist unablässig aktiv und erzeugt einen Gedanken nach dem anderen, ein Glaubenssystem nach dem anderen, eine Reaktion nach der anderen. Die Muster in unseren Nervenleitbahnen sind so tief verwurzelt und äußern sich so spontan, dass es manchmal scheint, als würde dort oben jemand anders am Steuer sitzen und unser Leben lenken.

Es braucht nicht viel, um unsere Reaktionsmuster zu aktivieren. Wurden Sie beispielsweise in Ihrer Jugend von einem Hund gebissen, hat das vermutlich dazu geführt, dass Sie nach diesem Vorfall jedes Mal Angst bekamen, wenn Sie einen Hund sahen. Eine Nervenleitbahn wurde hergestellt, so dass dies Ihre übliche Reaktion auf Hunde wurde. Die Angst mag zwar als Erwachsener eher unbewusst sein und sich weniger bemerkbar machen, aber Sie werden sich vermutlich immer noch anspannen, wenn diese Nervenleitbahn durch den Anblick eines Hundes aktiviert wird.

Tatsächlich sind wir ständig damit beschäftigt, Gedanken, Emotionen und Energie zu erzeugen. Manchmal ist es nicht sicher, welcher dieser Faktoren zuerst kommt, aber es ist eine unumstößliche Wahrheit, dass die Gedanken immer einer der tonangebenden Faktoren sind. Da Gedanken einen so gewaltigen Einfluss auf unsere Codes ausüben, ist es sicher eine gute Entscheidung, etwas Energie in unsere Denkmuster zu geben und unsere Nervenleitbahnen neu zu konfigurieren.

Hirnströme – alles wie gehabt?

Ein Großteil der im Rahmen meiner psychologischen Praxis ausgeführten Arbeit bestand in kognitiver Verhaltenstherapie. Dabei lehrte ich meine Klienten, auf positivere und optimistischere Weise zu denken, um Sorgen zu reduzieren und sich wohler zu fühlen. Diese Methode, kombiniert mit Entspannungstechniken, war sehr erfolgreich, denn unzählige Menschen konnten sich auf diese Weise von belastenden Phobien und schwersten Depressionen heilen.

Der Nutzen dieses Ansatzes wird in psychologischen Fachkreisen weitestgehend akzeptiert und fand Bestätigung, als eine Universitätsstudie zwei Gruppen von hochgradig ängstlichen und unruhigen Patienten untersuchte. Einer Gruppe wurden Serotonin-Wiederaufnahmehemmer (SSRI) verabreicht, die andere Gruppe bekam eine intensive kognitive Verhaltenstherapie. Nach sechs Monaten zeigten beide Gruppen den gleichen Anstieg ihres Serotoninspiegels, dem Neurotransmitter, der das Gefühl des Wohlbefindens verstärkt. So groß ist die Macht der Gedanken über unsere neurochemischen Prozesse.

Das Gehirn ist eine großartige Maschine. Im Gegensatz zu früheren Annahmen wurde kürzlich bewiesen, dass wir im Verlauf unseres Lebens durch den Prozess der Neurogenese neue Hirnzellen wachsen lassen können – besonders in den für das Gedächtnis zuständigen Bereichen des Hippocampus. Und so, wie wir den Code unserer DNS durch den Prozess der Epigenetik (also durch Änderungen unserer Lebensweise) verändern können, so hat die Theorie der neuronalen Plastizität gezeigt, dass sich auch unsere Hirnmuster verändern können.

Warum haben wir dann aber immer wieder dieselben alten Gedanken und dieselben alten Reaktionen? Warum lassen wir zu, dass das Gehirn dieselben alten Muster wieder und wieder abspult? Tatsache ist, »Alles wie gehabt« ist tief in uns einprogrammiert und wird es so lange bleiben, bis wir etwas dagegen tun.

Ich glaube noch immer, dass Affirmationen und kognitive Restrukturierung dabei wirksame Instrumente sein können, aber die Quantum-Breakthrough-Technik fügt ein wichtiges, bisher fehlendes Element hinzu: Energie. Es ist für mich offensichtlich, dass die Energie, die in diesem Prozess eingesetzt wird, unserer Intention einen Fokus verleiht, unsere Geistesströme lenkt und unsere Transformation beschleunigt. Da Energie ein solch wichtiges Element ist, sollten wir sie noch etwas genauer untersuchen.

Energiezentralen

Es existiert ein altes Medizinsystem des Energieflusses im menschlichen Körper, das über dreitausend Jahre alt ist. Es erforscht den Fluss des Qi, der Lebenskraft, und dessen Einfluss auf Gesundheit, Vitalität und Wohlbefinden.

Es gibt sieben Hauptenergiezentren, Chakras, durch die unsere Lebenskraft strömt. Sie verlaufen entlang der Zentralachse des Körpers von der Wirbelsäulenbasis bis zum Scheitelpunkt des Kopfes. Jedes von ihnen hat eine Beziehung zu den Körperorganen, die in der Nähe liegen, und zu bestimmten Themen der menschlichen Erfahrungswelt. Wenn wir den Müll beseitigen, der uns am Vorankommen hindert, öffnen wir die blockierten Energiezentren und aktivieren die machtvollen Breakthrough-Kräfte, die jene großen Veränderungen bewirken, die wir uns wünschen.

Die Breakthrough-Codierungs-Position nutzt bestimmte Zentren, um Energie durch das Gehirn zu lenken, bestehende Muster zu verändern und neue Nervenleitbahnen zu etablieren. Daher ist es wichtig, etwas darüber zu wissen, wo sich diese Zentren befinden und worin ihre Aufgaben bestehen.

Zusätzlich zu den sieben Hauptenergiezentren existieren sechs Sekundär-Chakras, die sich in den Handflächen, den Fußsohlen und den Ohren befinden. Die Codierungstechnik nutzt außerdem die Chakras in den Fingerspitzen, die zu den zwanzig Tertiär-Chakras in Fingern und Zehen gehören.

Dies alles sind Teile eines durch und durch organisierten, vernetztem Systems, das es dem Energiefluss ermöglicht, durch alle Meridiane und Chakras zu strömen. Diese fließende, einzigartige Schwingung, die nur Ihnen zu eigen ist, ist von Informationen, Mustern und Pulsationen erfüllt, die niemals Ihre physische, geistige und emotionale Realität dauerhaft beeinflussen. Dieser ununterbrochen, meist unbewusst ablaufende Prozess – ob nun blockiert oder frei fließend – kann eine wichtige Ursache und eine wirksame Lösung vieler Probleme sein, mit denen Sie es zu tun haben.

Der Schlüssel besteht darin, den Energiefluss aufrechtzuerhalten. Im Fall der Codierungstechnik beginnt die Energie zu fließen, wenn wir endlich unsere Codes chronischer ungesunder Denk- und Reaktionsmuster durchbrechen. Unsere negativen Gewohnheiten halten uns in derselben alten Tretmühle gefangen, erzeugen immer wieder dasselbe alte Bewusstsein und wenden eine Menge Energie auf, ohne dass wir damit jemals irgendwo hinkommen würden. Aus diesem Grund konzentriert sich diese Technik auf das Energiezentrum, das Denken, Vision und Hirnaktivität lenkt: das Stirn-Chakra.

Nun wollen wir einen ersten kurzen Blick auf den eigentlichen Prozess werfen.

Ein kurzer Blick auf die Codierungstechnik

Der Quantum-Breakthrough-Code arbeitet auf energetischer Ebene, um hochgradig verschlüsselte, unerwünschte Muster aufzulösen und neue resonante Denk- und Gefühlsschwingungen zu erschaffen. Aus diesem Grund sind es eigentlich zwei Prozesse, die zu einem einzigen zusammengefügt wurden. Diese beiden Teilprozesse, nämlich das Decodieren und das Codieren, werden in den folgenden Kapiteln detailliert erläutert. Aber um zu verstehen, wie das Ganze energetisch funktioniert, werde ich Ihnen hier eine kurze Vorschau darauf geben. Da das dem Eintauchen in das tiefe Ende eines begrifflichen Schwimmbeckens gleicht, sollten Sie es langsam angehen lassen. Aber seien Sie versichert: Es ist nicht so kompliziert, wie es sich vielleicht anhört.

In der Decodierungsposition berühren Sie mit den Spitzen von Zeige- und Mittelfinger in der Nähe des Stirnzentrums die Stirn und lassen die beiden Finger jeder Hand seitlich vom Energiezentrum ruhen, das als Drittes Auge bezeichnet wird. Diese Position wird in Kapitel 8 noch genauer erläutert. Dort finden Sie auch ein Bild, das Ihnen helfen wird, sie besser zu verstehen. Aber um jetzt schon einmal ein Gefühl für die Position zu bekommen, legen Sie die vier Finger über den Augenbrauen in die Nähe der Stirnmitte. Die Fingerspitzen einer Hand sollten dabei die der anderen nicht berühren. Diese Position dient dazu, Energie mithilfe des Geistes in das Stirnzentrum zu lenken, Energieleitbahnen zu reinigen und negative Energien auszuleiten.

Sobald die Finger ihre Position eingenommen haben, schließen Sie bitte die Augen und schauen mit geschlossenen Augen nach oben, als ob Sie den Punkt zwischen Ihren Fingerspitzen ansehen wollten. In dieser Position können Sie nun einige beispielhafte Decodierungssätze sagen. Probieren Sie zunächst diese einfachen Sätze aus oder andere, die Ihnen spontan richtig erscheinen: »Ich lösche Angst.« »Ich lösche Selbstzweifel.« »Ich lösche alle Sorgen um die Zukunft.« »Ich lösche jeden Groll, den ich gegen mein Leben hege.«

Atmen Sie bei jedem dieser Decodierungssätze tief ein und lassen Sie beim Ausatmen langsam los. Wenn Sie damit fertig sind, nehmen Sie die Finger von der Stirn und entspannen Sie die Augen, um den Decodierungsprozess abzuschließen. Möglicherweise spüren Sie einen Augenblick lang aufgrund dieser ungewöhnlichen Haltung, in der Sie den Kopf gerade gehalten, die Augen aber nach oben gerichtet haben, etwas Spannung in der Stirn. Vielleicht spüren Sie sogar ein Kribbeln in den Handflächen, den Fingerspitzen oder auf der Stirn, aber all diese Empfindungen werden nicht lange anhalten.

Das ist doch ziemlich einfach, oder?

Nun, wenn Sie das einfach finden, können wir auch gleich zur Codierungstechnik übergehen. Legen Sie dabei die Spitzen von Zeige- und Mittelfinger der rechten Hand direkt auf das Energiezentrum in der Mitte der Stirn. Dieses Mal sollten Sie das Zentrum berühren, während Sie vorher die Finger seitlich davon platziert hatten. Schließen Sie wieder die Augen, halten Sie sie geschlossen und schauen Sie nach oben, als ob

Sie den Punkt ansehen würden, auf dem Ihre Fingerspitzen ruhen.

Während Sie diese Position halten, sagen Sie langsam die folgenden Beispielsätze auf oder andere, die Ihnen spontan richtig erscheinen: »Ich programmiere Frieden.« »Ich programmiere Freiheit.« »Ich programmiere Selbstliebe.« »Ich programmiere Lebensfreude.« Atmen Sie langsam und tief, während Sie diese Sätze ruhig aussprechen. Möglicherweise verspüren Sie wieder ein Kribbeln in den Handflächen, den Fingerspitzen oder im Kopf. Falls Sie Anspannung in den Muskeln um die Augen herum spüren, sollte sich diese ziemlich schnell wieder auflösen.

Die energetische Zielsetzung dieses Prozesses

Diese Techniken mögen auf den ersten Blick viel zu einfach oder unlogisch erscheinen, aber es sind dabei wichtige energetische Prinzipien im Spiel. Die korrekte technische Ausführung bewirkt mindestens drei wichtige Dinge, die den Prozess des Wandels in Gang setzen und beschleunigen.

1. Die Energie des Decodierens und Codierens stellt neue neuronale Verbindungen her.

Da der Fokus auf dem sechsten Energiezentrum liegt, arbeitet der Prozess direkt mit dem Gehirn und programmiert dort gesunde und optimistische Reaktionsmuster ein. Die affirmativen Sätze produzieren zudem jene Neurotransmitter, die Glücksgefühle auslösen. Sie können im Rahmen dieses Prozesses ein tiefes Gefühl des Wohlbefindens einprogrammieren.

2. Mit geschlossenen Augen nach oben zu schauen, versetzt Ihr Gehirn automatisch in einen Alpha-Wellen-Zustand.

Mit einiger Übung erreichen Sie möglicherweise sogar den Theta-Frequenzbereich. Sowohl Alpha- als auch Thetawellen liegen im Frequenzbereich von unter 14 Hz. Dieser Bereich ist erwiesenermaßen der kreativste und produktivste Geisteszustand. In ihm werden neue Gedanken und Visualisierungen am effektivsten einprogrammiert.

3. Die Veränderung der mentalen Energie verändert auf dramatische Weise die Schwingung Ihres Bewusstseins und Ihrer Lebenskraft.

Ihre neue Resonanz wird eine vollkommen andere Energie ausstrahlen, eine Energie, die sich im Einklang mit dem universellen Fluss der Synchronizität befindet und immer bessere Resultate anzieht. Dies ist Ihre Quanten-Verbindung.

Dies sind nur einige der wunderbaren Effekte dieses Prozesses. Da der energetische Nutzen wahrlich erstaunlich ist, können Sie mit ein paar großen Veränderungen rechnen. Um dies zu unterstützen, sollten Sie unbedingt das ganze Buch lesen. Das wird Ihnen helfen, die Reaktionsmuster zu verstehen, die Sie löschen möchten. Beim Lesen werden sich Ihnen auch die dynamischen Breakthrough-Kräfte offenbaren, die durch diesen Prozess aktiviert werden. Mithilfe ihrer Macht können Sie dann die besten Codes und das für Sie beste Leben erschaffen.

Die Quanten-Verbindung

Die Welt ist erfüllt von energetischen Mustern, die in einem ununterbrochenen und niemals endenden Prozess des Gebens und Nehmens schwingen. Jeder Mensch ist Teil dieser immerwährenden Bewegung und speist sein Bewusstsein und seine Energie in das Ganze ein. Das Universum und unsere Mitmenschen werden entsprechend der Lebensenergie, die wir aussenden, auf uns reagieren.

Einige der Muster, die bestimmen, welche Dinge wir anziehen, sind nichts weiter als die Konsequenz universeller Gesetze. Über diese natürlichen Prinzipien ist in den letzten Jahren viel geredet worden. Unglücklicherweise sind sie in vielerlei Hinsicht dermaßen vereinfacht dargestellt worden, dass komplexe Prozesse von Ursache und Wirkung auf eine einzige einfache Aussage in Bezug auf Anziehung reduziert wurden.

In Wahrheit hat der energetische Prozess viele Aspekte, und das Universum wird weit mehr auf das komplexe Netzwerk unserer Reaktionsmuster reagieren, als auf die in unseren Visualisierungen geäußerten Wünsche und Sehnsüchte. Aus diesem Grund ist die Codierungstechnik so wichtig. Ihr wichtigstes energetisches Ziel besteht darin, das alte Elend hinter uns zu lassen und zu echtem, alles durchdringenden Glück zu kommen. Alles, was daraus folgt, beruht auf den Naturgesetzen. Ihr neuer Code der Freude wird Sie auf einer Welle des Optimismus, Vertrauens und Friedens tragen – alles wahrhaft magnetische Energien, die in allen Lebensbereichen wundervolle Reaktionen hervorrufen. Aus diesem Grund ist es extrem wertvoll, einen kurzen Blick auf einige der universellen Gesetze zu werfen, die in diesem Prozess zur Anwendung kommen.

1. Das Gesetz der Manifestierung

Eines der grundlegendsten Naturgesetze beschreibt, wie Dinge entstehen. Damit etwas in der physischen Realität existieren kann, muss es zunächst einmal als Gedanke im Bewusstsein vorhanden sein. In Bezug auf unsere individuelle Erfahrung bedeutet das: Unser Bewusstsein erschafft unsere persönliche Realität. Das heißt, die in unseren Gedanken und Überzeugungen enthaltenen Informationen, die wir in Bezug auf uns und unser Leben selbst erzeugen, bewegen sich durch Zeit und Raum und erschaffen mehr von demselben.

Aus diesem Grund ist es auch so wichtig, unsere Reaktionsmuster zu verstehen. Wenn Sie glauben, ein Versager zu sein, wird Ihre Realität diese Form annehmen. Wenn Sie sich sehr bewusst sind, was Ihnen fehlt, dann wird der Mangel in Ihrem Leben weiter zunehmen. Derartige Überzeugungen können und müssen gelöscht werden, damit sich ein neues gesundes und optimistisches Bewusstsein herausbilden kann. Und das Programmieren dieses optimistischen und auf Selbstrespekt beruhenden Netzwerks aus Überzeugungen wird sich als ein wirkungsvolles Instrument bei der erfolgreichen Bewusstseinsschöpfung erweisen.

2. Das Gesetz der Anziehung

Dieses Gesetz befasst sich mit Energie und emotionaler Schwingung. Es offenbart, dass unsere Lebenskraft ebenso wie unser Bewusstsein in das Universum hinaus projiziert wird. Während unser Bewusstsein unsere Realität formt, zieht unsere persönliche Resonanz Menschen und Situationen an, deren Schwingung der unseren entspricht.

Die Lebenskraft ist geladen mit emotionalen Reaktionsmustern. Tatsächlich passt sich das Universum unserer vorherrschenden emotionalen Energie an und bringt uns mehr von den gleichen Gefühlen zurück. Glücklicherweise können auch negative Emotionen gelöscht und positive, selbstermächtigende Emotionen an ihre Stelle gesetzt werden.

Dies sind keine leeren Worte, denn gerade jetzt werde ich daran erinnert, wie wahr sie sind. Während ich dies schrieb, hatte ich eine kurze, aber ziemlich verstörende Unterhaltung mit einer Person, die mir einfach zu viel war. Das lenkte mich vom Schreiben ab und ließ mich aus meinem Glückszustand herausfallen. Nachdem ich diese emotionalen Turbulenzen über eine Stunde zugelassen hatte, erkannte ich, dass ich dieses Reaktionsmuster stoppen konnte. Ich löschte Konflikt, Unglücklichsein und jede Verhaftung an das Geschehene. Dann programmierte ich Glück, Freiheit und gegenwärtige Freude ein. Die Resultate waren erstaunlich und sofort spürbar. Ich war nicht mehr genervt, sondern voller Begeisterung und konnte mich wieder auf das Schreiben konzentrieren.

Immer wenn Sie eine negative Emotion in eine Schwingung des Glücks oder Friedens umwandeln, verändert sich dadurch die Resonanz, die Sie in die Welt hinaussenden. Glückliche Menschen und Situationen stimmen sich auf Sie ein und erfüllen Ihr Leben mit ständig wachsender Harmonie und Wohlwollen.

3. Die Gesetze des Wünschens und der Intention

Diese Gesetze offenbaren die Macht, die in klaren Intentionen liegt. Je klarer und weniger konfliktbeladen unsere Wünsche sind, desto größer ist die Wahrscheinlichkeit, dass sie erfüllt werden. Sind Ihre Absichten aber voller Verzweiflung, werden das dahinterliegende toxische Bewusstsein und die aufgewühlte Energie die Verwirklichung Ihrer Träume sogar abstoßen. Wieder einmal geht es um Bewusstseinsschöpfung und positive Schwingungen. Verzweiflung beruht auf einem Bewusstsein der Angst und des Mangels, und das aus ihr entstehende Elend verewigt negative Emotionen und schädliche, blockierende Schwingungen.

Der Codierungsprozess besteht aus mehreren wichtigen Faktoren. Zunächst einmal ist es wichtig zu erkennen, wenn und wann Sie etwas ganz dringend haben wollen. Dadurch können Sie diese negative Emotion löschen und das betreffende Ziel auf friedvolle, selbstbeherrschte Weise erreichen. Verzweiflung ist an sich bereits ein Reaktionsmuster, das Sie immer ängstlich und hilflos macht. Nachdem Sie dieses Muster gelöscht haben, können Sie friedvolle Präsenz, Selbstvertrauen und Entschlossenheit einprogrammieren. Auf diese Weise wird Ihre Intention rein und frei von Konflikten sein. Und schließlich wird Ihre Absicht, wahres Glück in Ihrem gegenwärtigen Leben zu erschaffen und sich dementsprechend zu programmieren, dieses nicht nur Realität werden lassen, sondern auch eine unwiderstehliche Schwingung erzeugen, die Ihnen noch größeres Glück beschert.

Die unglaubliche Macht dieser Gesetze wird durch die sieben Breakthrough-Kräfte verstärkt, die ich in Teil IV behandeln werde, aber ihr energetischer Einfluss hört hier noch nicht auf. Wenn Sie diese dynamischen Strömungen aktivieren, richten Sie Ihre Energiezentren richtig aus und bringen sie ins Gleichgewicht, so dass ein offener, fließender Kanal für den synchronistischen Strom des Universums entsteht.

Das entspricht den Mustern der Quantenmechanik und dem Wesen von Wellen und Teilchen, die auch noch weit entfernte Dinge beeinflussen können. Ihre physischen, geistigen und emotionalen Schwingungen befinden sich nicht nur in Ihnen. Sie bewegen sich nach außen, um eine unend-liche Anzahl von Möglichkeiten in Ihrer persönlichen Welt und der Welt als Ganzem zu erschaffen. Der Einfluss Ihrer Lebenskraft wird noch ins Unermessliche gesteigert, wenn Sie sich die sieben Breakthrough-Kräfte zunutze machen.

Aufgrund ihrer Struktur existieren energetische Verbin-dungen innerhalb der Breakthrough-Kräfte. So sind zum Bei-spiel die drei Kräfte von Vision, Selbstausdruck und Selbst-liebe, die im Stirn-, Hals- und Herzzentrum beheimatet sind, eng miteinander verbunden. Arbeiten Sie an einer Kraft, so arbeiten Sie an allen, und die neuen Codes, die Sie in einem Zentrum erschaffen, wirken sich auf die Schwingung aller drei Zentren aus.

Das gilt übrigens für den größten Teil der Neuprogrammie-rung. Dieser gleicht einem Dominoeffekt, der neue, positive Nervenleitbahnen öffnet und andere wichtige, einflussreiche Energiezentren reinigt. Sorgen Sie sich also nicht darum, auf was Sie sich zuerst konzentrieren sollen. Nähern Sie sich spie-lerisch einem Thema und gehen Sie dann zum nächsten über. Benutzen Sie die Sätze, die Ihnen wirklich zusagen, und öff-nen Sie sich dem Fluss der persönlichen Energie, der bereits in Ihrem Innern vorhanden ist. Die daraufhin eintretenden Veränderungen können so unglaublich sein, dass Sie davon völlig überrascht sein werden. Ich zumindest war es!

Der Weg zurück zum Glück

Als ich vor einigen Jahren in die Wechseljahre kam, bekam ich Symptome, die mir bisher unbekannt waren. Mit den körperlichen Symptomen wie den Hitzewallungen konnte ich relativ gut umgehen, aber die emotionalen Reaktionen waren für mich schwierig. Die Stimmungsschwankungen, die Reizbarkeit und vor allem die Depressionen warfen mich wirklich aus der Bahn. Diese Emotionen waren nicht nur unangenehm, sie schienen auch vollkommen unkontrollierbar zu sein. Extreme Tiefen, die von einem komischen chemischen Gefühl im ganzen Körper begleitet wurden, erschöpften mich und schickten mich ins Bett. Manchmal schluchzte ich zusammengekauert in der Embryonalstellung vor mich hin. Das entsprach so gar nicht meinem Wesen, und in meinem Leben gab es auch nichts, was eine so schwere Depression erklären konnte. Also wusste ich, dass es an den Hormonen liegen musste. Ich wollte keine künstlichen Hormone nehmen, und da eine Freundin von mir gute Erfahrungen mit einem Antidepressivum gemacht hatte, dachte ich, ich probiere es einmal aus. Unglücklicherweise hatte dieses Mittel alle möglichen Nebenwirkungen, brachte aber überhaupt keine Linderung meiner Beschwerden.

Schließlich wurde mir alles zu viel. Ich war im Laufe meines Lebens nicht oft depressiv gewesen, und nun überfielen mich Depressionen ohne Vorwarnung oder sichtbaren Auslöser. Manchmal hielt die Depression nur ein paar Stunden an, manchmal aber auch ein paar Tage, ein paar Wochen oder sogar ein paar Monate. Jede Episode war von einem merkwürdigen Gefühl des Ungleichgewichts im Körper begleitet, stand aber nie im Zusammenhang mit konkreten traurigen oder problematischen Ereignissen in meinem Leben.

Da ich wusste, dass ich etwas tun musste, setzte ich all die Methoden ein, die ich bereits in mein Leben integriert hatte, aber jetzt auf bestimmtere Weise. Affirmationen, Tiefenatmung, Bewegung und Tagebuch schreiben schienen alle etwas zu helfen, aber manchmal war das Ausmaß der Depression so gewaltig, dass es schier unerträglich wurde.

Schließlich kam ich auf die Idee, die Decodierungs- und Codierungstechnik anzuwenden. Neben anderen Dingen löschte ich die Depression und das chemische Ungleichgewicht, das damit einherging. Ich programmierte Ausgeglichenheit, Glück und gegenwärtige Freude ein – und zwar unabhängig davon, was gerade in meinen Körper vor sich ging.

Einige kleine Veränderungen fielen mir sofort auf, aber ich musste am Ball bleiben. Die Depressionen kamen und gingen und kamen wieder. Also wiederholte ich die Technik mehrmals am Tag, aber immer nur ein oder zwei Minuten am Stück. Schließlich fiel mir auf, dass ich seltenere und kürzere depressive Episoden hatte. Ich war größtenteils glücklich, und wenn es wieder losging, musste ich meist nur einige kurze Codierungssitzungen machen, und die Sache war erledigt.

Auch meinen Kindern fiel der Unterschied auf. Es fielen Sätze wie »Warum läuft Mutti immer mit den Fingern auf der Stirn rum?« Und später: »Warum singt Mutti die ganze Zeit und macht Quatsch?« Sogar meiner Sekretärin fiel auf, dass ich viel mehr lachte. Als sie mir das erzählte, nahm ich mir vor, auch noch Lachen einzuprogrammieren.

Ich fühlte mich von etwas befreit, das jenseits meines Verstandes und vollkommen außerhalb meiner Kontrolle zu liegen schien. Aber nach dem Programmieren war ich wieder glücklich, und immer wenn ich vom Weg abkam, hatte ich nun ein Instrument, das mich schnell wieder auf ihn zurückführte. Die Codierungstechnik wirkte besser als das Antidepressivum, das ich ausprobiert hatte. Ich konnte sie einsetzen, so oft ich wollte, und die einzigen Nebenwirkungen waren Freude und Fröhlichkeit.

Frei und klar

Meine Unausgeglichenheit hatte mich sehr beunruhigt. Bevor ich anfing, den Quantum-Breakthrough-Code anzuwenden, hatte ich das Gefühl, mein Herzzentrum wäre verschlossen und die Tränen würden mir im Halse stecken bleiben. Mein Energievorrat war erschöpft, und ein tiefes Gefühl der Hoffnungslosigkeit hatte mich überwältigt und zu Boden gedrückt. Vor meinen Erfahrungen mit der Codierungstechnik war es harte Arbeit gewesen, die Depression wenigstens auf ein erträgliches Maß zu reduzieren. Sobald ich die Technik in solchen Fällen einsetzte, veränderte sich alles sehr schnell, leicht und machtvoll. Dafür bin ich so dankbar.

Auch Bobs Energie hatte in seinem Herzzentrum stagniert, und es schien lange Zeit, dass es auch so bleiben würde. Seine Erfahrung war durch ein lebenslanges Gefühl des Unglücklichseins geprägt. Sein tiefsitzender Code der Sehnsucht und Selbstablehnung sorgte für weitere Traumata in seinem Herzen, erzeugte weiteren Schmerz und noch mehr Blockaden, die er durchbrechen musste. Aber mithilfe der Technik war Bob in der Lage, selbst die dunkelsten Aspekte seiner traurigen Geschichte zu bereinigen. Das geschah nicht über Nacht, aber es geschah. Heute hat Bob einen neuen Code und eine neue Energie des Glücks erschaffen, die sich in höhere, strahlendere Bewusstseinsschöpfungen verwandelt haben Von ihm ging eine andere persönliche Energie aus, die mit der des Universums harmonisierte. Diese Synchronizität brachte endlich auch den Menschen zu ihm, nach dem er sich so lange gesehnt hatte.

Zweifelsohne strömt Ihre einzigartige persönliche Energie in die Welt hinaus, aber Sie sind immer der Ausgangspunkt. Ihre Energiezentren gleichen den Sicherungen in Ihrem Haus.

Sind eines oder mehrere Ihrer Energiezentren aufgrund alter Schmerzen oder von Fehlinformationen blockiert, wirkt sich das auf das ganze System aus. Sie werden unglücklich, Ihre Schwingung wird dunkel und dicht, negative Schwingungen machen Ihnen das Leben schwer, und jede Weiterentwicklung wird erschwert. Überraschenderweise gelingt es vielen Menschen, in diesem Zustand chronischen Unglücks und ständiger Unzufriedenheit zu leben, ohne jemals zu erkennen, dass es dazu eine Alternative gibt.

Aber so leicht es ist, den Sicherungsschalter in Ihrem Haus umzulegen, so leicht ist es, in Ihrem Leben einen Schalter umzulegen. Ganz gleich, wie lange Sie schon feststecken mögen, Sie können Ihre alten Muster auflösen und diese alten Codes durch gesunde neue ersetzen. Und ganz gleich, was Sie auch durchgemacht haben, Ihre Energie kann wieder fließen.

Wenn Sie nun gleich damit beginnen, den zweiten Teil zu lesen, öffnen Sie sich bitte für die darin enthaltenen Informationen, um den Prozess bereits damit anzukurbeln. Wenn es Ihnen gelingt, Ihre Energie zum Fließen zu bringen, werden die Macht und das Ausmaß Ihrer persönlichen Lebenskraft Sie überwältigen!

TEIL II

Die vier Breakthrough-Schritte

»Wir müssen lernen, Veränderungen als natürliches Phänomen zu betrachten – sie vorherzusehen und einzuplanen. Es liegt an uns, die Zukunft in die von uns gewünschten Bahnen zu lenken. ... Wir sollten uns ständig fragen: ›Wie kann es uns gelingen?‹«

Lisa Taylor

KAPITEL 4

Was möchten Sie verändern?

»Ein nicht hinterfragtes Leben ist nicht lebenswert.«

Sokrates

Wir alle wünschen uns, dass irgendetwas besser wäre, und wir alle haben hartnäckige Muster, die wir durchbrechen möchten. Letztlich liegt es einzig in unserer Verantwortung, die Veränderungen einzuleiten, die uns vorschweben. Aber äußere Veränderungen werden unsere Probleme nicht lösen, die wirkliche Lösung heißt: innerer Friede.

Zwar gibt es keine Patentrezepte und auch kein Allheilmittel, aber es gibt einen relativ einfachen Prozess, der Erstaunliches in Ihrem Leben bewirken kann – wenn Sie ihn wiederholt anwenden. Sie werden verblüfft sein, wie effektiv dieser Prozess ist. Er ist emotional so machtvoll, dass Sie ihn jeden Tag anwenden wollen. Also: Sind Sie bereit für die unglaublichen Veränderungen, die vor Ihnen liegen?

Die Decodierungs- und Codierungstechniken haben einige wichtige Ziele, darunter eine Neuprogrammierung Ihrer Reaktionen, eine »Neuverkabelung« Ihres Gehirns und die Entwicklung neuer Nervenleitbahnen. Und auch wenn es zunächst möglicherweise nicht so aussehen mag, so leiten diese Techniken doch signifikante Veränderungen in Ihren emotionalen ebenso wie in Ihren kognitiven Reaktionen ein.

Im Laufe der Zeit werden Sie bemerken, dass Sie glücklicher sind und sich machtvoller fühlen. Sollte dann etwas auftauchen, das Sie aus der Bahn zu werfen droht, haben Sie die nötigen Werkzeuge, um in der Spur zu bleiben.

Wir wissen, dass das Gehirn die Fähigkeit zur Veränderung besitzt. Alte Codes können eliminiert werden und neue Codes und neue Nervenleitbahnen können etabliert werden. Der in den vier Abschnitten dieses Teils dargestellte Prozess, sowie der im nächsten Teil vorgestellte Quantum-Breakthrough-Code werden Ihnen die Macht verleihen, diese Veränderungen vorzunehmen. Es mag zunächst etwas kompliziert aussehen, aber davon sollten Sie sich nicht abhalten lassen. Sobald Sie mit dem Prozess vertraut sind, ist er sehr, sehr einfach. Die Durchführung dauert tatsächlich nur ein paar Minuten, aber diese Technik sollte auch möglichst jeden Tag angewendet werden.

Sie hilft Ihnen wirklich, Ihre Blockaden aufzulösen und Sie mit dem Bewusstseinsfeld von Freude und Potenzial zu verbinden. Indem Sie dann die gesunden Zünder der Breakthrough-Kräfte einprogrammieren, aktivieren Sie in sich eine funktionsfähige und praktikable Quelle des Friedens und Glücks. Ihre eigene Harmonisierung synchronisiert Sie mit dem Universum und verleiht Ihnen die Macht, Ihre Realität zu verändern.

Die einzelnen Schritte dieses Abschnitts folgen einer bestimmten Reihenfolge, aber es mag für Sie notwendig sein, von einem zum anderen oder von Abschnitt zu Abschnitt zu springen, während Sie den eigentlichen Codierungsprozess erlernen. Natürlich werden Sie den Prozess vermutlich wiederholen müssen, um sich mit all Ihren Reaktionsmustern zu beschäftigen, aber keine Sorge. Sie werden Gelegenheit haben, sich jedem einzelnen zu widmen, also versuchen Sie gar nicht erst, alles auf einmal zu machen. So haben Sie schließlich auch nicht Ihre gegenwärtige Realität erschaffen. Sie können sie nach und nach wieder neu gestalten. Es geht hier schließlich um tiefsitzende Muster, die Sie nur von innen heraus verändern können. Die spürbaren Veränderungen in Ihrem äußeren Leben werden sich schon bald zeigen.

Signale erkennen

Der erste Schritt bei der Erschaffung eines neuen Lebens besteht darin, herauszufinden, was genau Sie an sich selbst verändern möchten (oder müssen). Dies erfordert eine ehrliche Analyse. Sie müssen Ihre Lebensenergie erforschen, um sicher zu sein, dass Sie sich mit den wichtigsten – und möglicherweise doch so subtilen – selbstzerstörerischen Blockaden befassen, die Sie daran hindern, sich selbst mit Respekt zu begegnen. In Teil IV werden Sie die Muster gründlich erforschen, welche die einzelnen machtvollen Breakthrough-Kräfte sabotieren. Dort finden Sie auch detaillierte Codierungs-Punkte für jedes von ihnen.

Um jetzt aber beginnen zu können, wollen wir einen Blick auf die auffälligsten Signale in Ihrem gegenwärtigen Leben werfen, die Sie in die Decodierungsrichtung führen können, die für Sie am nützlichsten ist. Benutzen Sie Ihr Tagebuch und schreiben Sie dort Ihre Reaktionen auf.

Verhaltenssignale

Verhaltenssignale sind sich ständig wiederholende Verhaltensweisen, die ungesund, toxisch oder Ihnen selbst gegenüber respektlos sind. Und doch verhalten Sie sich immer wieder so, meist ohne überhaupt darüber nachzudenken. Es mag sich dabei auch um verschiedene Fluchtverhalten handeln wie Süchte, Zerstreuungen oder Essattacken, aber auch um chronische Gewohnheiten wie Faulheit, Unordentlichkeit oder ständiges Hinauszögern.

Im Grunde gehören zu den Verhaltenssignalen alle Muster, die auf irgendeine Weise selbstzerstörerisch sind und sich Ihrer Kontrolle entziehen. Sie können die emotionalen Ursachen dieser Gewohnheiten – wie Widerstand, Angst oder Unzufriedenheit – ebenso decodieren (löschen) wie die Gewohnheiten selbst.

Damit Sie sich besser auf Ihre erste Decodierungssitzung vorbereiten können, beantworten Sie bitte die folgenden Fragen und schreiben Sie die Antworten in Ihr Tagebuch.
– Welche Gewohnheiten haben Sie, die Sie Ihrer Meinung nach selbst abwerten?
– Können Sie Emotionen oder Gedanken identifizieren, die mit diesen Gewohnheiten in Zusammenhang stehen? Benennen Sie sie in den Decodierungssätzen, die Sie im nächsten Kapitel formulieren werden.

Emotionale Signale

Unsere Emotionen zeigen an, was unter der Oberfläche vor sich geht. Sie sind sozusagen die Spitzen der Erfahrungseisberge. Frohe, glückliche Emotionen weisen auf für uns günstige Ereignisse und wertschätzende Gedanken hin. Aber problematische Gefühle bedürfen einer näheren Untersuchung. Wenn wir zum Beispiel Trauer, Zorn, unbändige Wut, Scham, Depression, Angst oder andere unangenehme Emotionen erleben, weist das normalerweise darauf hin, dass wir negativ über eine bestimmte Situation denken. Unter bestimmten Umständen oder in der Gegenwart gewisser Menschen mögen wir uns ängstlich oder hilflos fühlen, aber wir können sowohl diese Gefühle als auch jegliche Anhaftung an die Beteiligten löschen.

Fahren Sie bitte mit der Untersuchung Ihrer Emotionen fort, um die wichtigsten emotionalen Muster zu identifizieren, die Sie löschen möchten.

- Schreiben Sie alle chronischen negativen Emotionen auf, die Sie loswerden möchten.
- Schreiben Sie Situationen oder Menschen auf, die diese Emotionen auslösen. (Das wird Ihnen auch helfen, die nächsten Gedankensignale zu untersuchen.)

Kognitive Signale

Ganze Netzwerke aus Gedanken und Überzeugungen rollen scheinbar von einem eigenen Willen angetrieben durch unser Leben. Übermäßiges Sorgenmachen, ständiges Analysieren, Vergleichen mit anderen, Zukunftsängste, negative Einstellungen gegenüber uns selbst oder der Welt: All das sind nur einige der kognitiven Stolpersteine, die uns immer wieder im Weg liegen.

Aber ganz gleich, wie tief ein Gedankenmuster auch in uns verwurzelt sein mag, es kann doch gelöscht und durch eine neue, gesunde, friedvolle und glückliche Perspektive ersetzt werden. Fast alle der Reaktionsmuster, die in Teil IV näher beschrieben werden, werden von abwertenden Gedanken oder katastrophalen Annahmen genährt.

Benutzen Sie Ihr Tagebuch, um die folgenden Fragen zu beantworten:

- Untersuchen Sie Ihr Glaubenssystem in Bezug auf Veränderungen: Was denken Sie über sich selbst, die Menschen in Ihrer Umgebung und Ihre Lebensumstände?

– Schreiben Sie alle negativen oder störenden Denkmuster auf, die Sie loslassen und löschen möchten. Dazu gehören auch alle negativen Gedanken über sich selbst, Ihre Zukunft und Ihr Umfeld.

Regen Sie sich nicht auf, wenn Ihnen das zu viel zu sein scheint. Sie müssen nicht alle Muster auf einmal löschen. Fangen Sie einfach mit den Themen an, die Ihnen im Moment am wichtigsten sind. Die meisten sind sowieso auf irgendeine Weise miteinander verbunden, und wenn Sie an der Decodierung eines Themas arbeiten, werden Sie merken, dass Sie auch in anderen Bereichen Durchbrüche erzielen. Lassen Sie sich Zeit, und gehen Sie den Prozess in Ihrem eigenen Tempo an. Langsam werden Sie spüren, wie Ihre neuen Erkenntnisse Form annehmen.

Toxische Anhaftungen

Toxische Anhaftungen finden sich häufig in Beziehungen, in denen Sie nicht wertgeschätzt oder sogar entmächtigt werden. Vielleicht haben Sie in der Vergangenheit etwas Toxisches losgelassen, aber Sie könnten noch immer mit der Energie und den Schlussfolgerungen verbunden sein, die aus der damaligen Erfahrung entstanden sind. Hat Sie beispielsweise jemand abschätzig behandelt, so haben Sie daraus möglicherweise geschlossen, dass Sie es verdient haben, abschätzig behandelt zu werden. Vielleicht haben Sie sich sogar angewöhnt, sich selbst zu ignorieren und Ihre eigenen Bedürfnisse nicht wahrzunehmen.

Ein weiteres Beispiel für eine toxische Anhaftung ist die Sehnsucht nach einer alten beendeten Beziehung. Vielleicht halten Sie immer noch fest, selbst wenn Sie die Person schon lange nicht mehr gesehen haben. Ihr emotionales Verhaftetsein blockiert das Potenzial für eine neue Liebe. Möglicherweise sind Sie aber auch noch mit jemandem zusammen, der ein toxisches Muster in Ihnen aktiviert, zum Beispiel das Muster, es allen recht machen zu wollen, sich zurückzuziehen oder sich diesem Menschen zu unterwerfen.

Zu den toxischen Anhaftungen können auch Substanzen, Gewohnheiten, Überzeugungen und Emotionen gehören. Ohne dass wir es wissen, hängen wir genau an den Mustern, die für uns am ungesündesten sind. Dinge wie Sorgenmachen, Angst oder Perfektionismus können tatsächlich zu einer Sucht werden und zu einem grundlegenden Aspekt dessen, wie wir uns selbst sehen und definieren. Verhaltenssignale wie Rauchen oder übermäßiger Fernsehkonsum können ebenfalls zu toxischen Anhaftungen werden, die sehr schwer zu durchbrechen sind.

Lassen Sie sich Zeit, um in Ruhe über Ihre Anhaftungen nachzudenken.

– Schreiben Sie alle toxischen Menschen auf, von denen Sie sich lösen möchten. Schreiben Sie auch die problematischen Empfindungen und Emotionen auf, die durch Sie aktiviert werden. Diese Verbindung ist wichtig, weil eine Beziehung selbst zwar nicht decodiert werden kann, aber die sie begleitenden Verhaftungen und toxischen Muster schon. (Wenn Sie beispielsweise einen Decodierungssatz zu diesem Thema formulieren, könnte der so aussehen: »Ich lösche jedes Verlangen nach Jim«, »Ich lösche die Angst vor meinem Vater« oder »Ich lösche Gedanken an meine eigene Wertlosigkeit, die jedes Mal hochkommen, wenn ich meine Mutter sehe«.)

– Schreiben Sie alle anderen strukturierten Anhaftungen an Dinge oder Einstellungen auf, die Sie decodieren möchten, zum Beispiel Substanzen, negative Gedanken über sich selbst oder alles, was Sie glauben, nicht kontrollieren zu können.

Äußere Signale

Ein noch besseres Verständnis Ihrer Muster erlangen Sie, wenn Sie die äußeren Signale in Ihrem Leben erforschen. Wenn Sie beispielsweise ständig in Armut leben oder niemals die Liebe finden, nach der Sie sich sehnen, kann das ein Hinweis auf innere Problembereiche sein, wie Armutsbewusstsein oder Selbsthass, die Ihr Energiefeld durchdringen. Wenn Sie diese Signale in der Außenwelt erkennen, geben Sie sich bitte nicht die Schuld daran. Schauen Sie sich einfach an, ob Sie diesbezügliche negative Gedanken haben, und überlegen Sie sich, wie Sie diese in liebevolle und produktive umwandeln können.

Löschen Sie die Angst vor Armut oder die Anhaftung an sie. (Ja, Sie können tatsächlich Dingen oder Menschen verhaftet sein, die Sie gar nicht wollen!) Löschen Sie alle negativen Interpretationen, die Sie in Bezug auf sich selbst oder Ihre Situation haben. Programmieren Sie dann für alle Bereiche eine erfolgreiche Selbstwahrnehmung ein. Programmieren Sie zudem ein Gefühl des sicheren Umgangs mit Geld, Liebe oder irgendetwas anderem, nach dem Sie sich sehnen, das sich Ihnen aber zu entziehen scheint. Das wird die inneren Ursachen verändern, so dass Sie Ihre äußere Realität ändern können.

Erforschen Sie mithilfe Ihres Tagebuchs die folgenden Themen.

– Welche äußeren Muster möchten Sie verändern? Erforschen Sie die Bereiche Beruf, Zuhause, Beziehungen und Hobbies.

– Schreiben Sie die Emotionen oder Schlussfolgerungen auf, die in problematischen Situationen auftauchen.

Vermutlich werden Sie die äußeren Umstände nicht löschen können, aber Sie können die lange gehegte Erwartungshaltung an sie löschen. Sie können neben allem anderen auch jedes verzweifelte Sehnen nach Liebe oder Geld löschen. Lassen Sie sich Zeit. Wenn Sie diese Codes verändern, werden Sie einen inneren Frieden erlangen, der nichts mit äußeren Umständen zu tun hat, aber dazu beiträgt, dass diese sich ändern.

Der methodische Weg aus dem Wahnsinn

Das alles mag Sie zunächst etwas einschüchtern, aber seien Sie versichert, es ist die Mühe wert. Ich habe es selbst getan und eine Liste all der Dinge erstellt, die ich löschen wollte. Dann fing ich mit den Problemen an, die mir am wichtigsten waren. Im Laufe der Zeit suchte ich mir dann aber mehr oder weniger zufällig Themen aus, an denen ich arbeiten wollte, oder ich benutzte die Technik, um an Themen zu arbeiten, die gerade hochkamen.

Gehen Sie die Sache so an, wie es für Sie am besten ist. Die Vorbereitung, die ich in diesem Kapitel beschrieben habe, ist ein wichtiger Teil des Prozesses. Selbst wenn Sie nur einige wenige Themen aufschreiben, können Sie mit den nächsten Schritten weitermachen, die mit den von Ihnen gewählten Problembereichen zu tun haben. So legen Sie den Grundstein, um tiefer zu gehen, wenn Sie mit der eigentlichen Decodierungs- und Codierungstechnik arbeiten.

So machte es auch eine Klientin namens Claira, die zwei Hauptproblembereiche hatte, an denen sie arbeiten wollte.

Sie konnte nicht aufhören, an eine längst vergangene Beziehung zu denken und sich nach dem betreffenden Mann zu sehnen. Sie war deprimiert und aß zu viel. Also war ihr anderes Thema Gewichtsreduktion. Sie versuchte ihr Muster des übermäßigen Essens zu löschen, konnte hier aber keinen Durchbruch erzielen. Also arbeitete sie stattdessen an ihrer traurigen Beziehungsgeschichte. Sie löschte nicht nur die alte Anhaftung an den Mann, den sie immer noch zu lieben glaubte, sondern auch den Glaubenssatz, dass sie eine Beziehung haben müsste, um glücklich zu sein. Stattdessen programmierte sie Freiheit und Selbstliebe ein – und die Fähigkeit, jetzt glücklich zu sein.

Nach einiger Zeit merkte sie, dass sie nicht mehr so viel an den ehemaligen Partner denken musste und sich nicht mehr fragte, wie es ihm wohl ginge. Sie sehnte sich auch nicht mehr nach ihm. Sie merkte, dass sie eigentlich immer öfter glücklich war. Sie wurde selbstbewusster und auch geselliger. Schließlich vergaß sie den Mann vollkommen.

Sie arbeitet immer noch an der Gewichtsreduktion, hat aber herausgefunden, dass ihr altes Muster der Völlerei stark abgenommen hat, seit sie die andere Verhaftung gelöscht hat. Heute ist sie einfach nur froh darüber, dass sie so glücklich ist. Sie weiß, dass sie den Rest auch noch schaffen wird.

Gehen Sie es langsam an. Suchen Sie sich ein paar wichtige Themen aus, und spüren Sie, welches die stärkste Resonanz in Ihnen hervorruft. Wie Claira so werden vermutlich auch Sie entdecken, dass verschiedene Themen miteinander verbunden sind. Lieben Sie sich während des ganzen Prozesses. Programmieren Sie sich so, dass das Programmieren leicht geht und erfolgreich ist. Fügen Sie etwas Freude hinzu, und Ihr Leben wird ein Fest sein.

KAPITEL 5

Bereit zum Löschen?

»Ist unser Mut bereit, so ist es alles.«

William Shakespeare
(Heinrich V., 4. Aufzug, 3. Szene)

Der nächste Schritt dieses integrativen Prozesses besteht nun darin, Ihre Decodierungsabsichten niederzuschreiben. Darunter verstehe ich spezifische Aussagen, die mit der in Kapitel 8 beschriebenen Handposition benutzt werden sollten. Überlegen Sie sich, welche Eindrücke Sie aus den vorangegangenen Kapiteln gewonnen haben, und nutzen Sie sie, um die Themen zu priorisieren, die Sie wirklich ändern möchten. Überlegen Sie sich auch, welche am dringendsten oder emotional am aufgeladensten sind.

Ein Beispiel: Ich hatte eine Klientin, die Angst davor hatte, vor Publikum zu sprechen, sich diesem Thema aber ihr ganzes Leben lang nicht gestellt hatte. Nun aber wusste sie, dass sie schon bald berufsbedingt in eine solche Situation geraten würde. Obwohl dies sicher nicht das emotional aufgeladenste Thema war, so war es doch das dringendste. Also machte sie es einige Wochen lang zu ihrer Priorität. Als der Tag kam, an dem sie sprechen sollte, hatte sie ihre Angst erfolgreich gelöscht und stattdessen echte Entspanntheit und Zuversicht einprogrammiert. Bei der Präsentation verlief alles glatt, so dass sie sich nun mit emotionaleren Themen befassen konnte.

Grundlage der Decodierungsabsichten ist es, die Emotionen, Gedanken oder Muster zu benennen, die Sie loswerden möchten. Ich empfehle, dass Sie Ihr Tagebuch zur Hand nehmen und die Einträge lesen. Wenden Sie nun den folgenden Prozess an, um damit zu beginnen, Ihre eigenen, auf Sie persönlich zugeschnittenen Decodierungssätze zu formulieren.

Die Sprache des Decodierens

1. Beginnen Sie mit vollständigen, spezifischen Aussagen im Hinblick darauf, was Sie löschen möchten. Diese ersten Sätze drücken eine starke, fokussierte Absicht aus und beschreiben detailliert das Muster, das Sie durchbrechen möchten.

2. Kreisen Sie das Thema nun genauer ein, werden Sie dabei weniger spezifisch und konzentrieren Sie sich mehr auf den emotionalen Gehalt.

3. Fügen Sie ein paar Sätze hinzu, die verwandte Themen löschen sollen.

4. Machen Sie nun aus Ihren Aussagen kürzere, machtvollere und eher allgemein gehaltene Worte oder kurze, präzise Sätze. Dies ermöglicht eine schnellere und spontanere Wiederholung, um die alten Codes aufzulösen.

Emmas alte Geistesverfassung

Wir wollen uns nun einige der Decodierungssätze anschauen, die von Emma stammen, einer Klientin, die abnehmen wollte. Dies fiel ihr sehr schwer, besonders das Essen spät am Abend erwies sich als sehr problematisch. Daher beschäftigten sich ihre ersten beiden Sätze ganz spezifisch damit.

Ich lösche die toxische Angewohnheit, spätabends zu essen.
Ich lösche Hilflosigkeit in Bezug auf Nahrung – besonders spät-
abends.

Und weil sie viel vor dem Fernseher aß, fügte sie noch einen Satz hinzu.
Ich lösche das toxische Muster, zu viel zu essen, während ich
fernsehe.

Dann engte sie ihre Aussagen ein, um zum eigentlichen Thema zu kommen.
Ich lösche jede toxische Anhaftung an Nahrung.
Ich lösche emotionalen Hunger und unbewusste Nahrungsauf-
nahme.

Und als sie realisierte, dass dies ein Fluchtverhaltensmuster war, wollte sie auch dieses löschen. Sie fügte hinzu:
Ich lösche Fluchtverhaltensmuster.
Ich lösche jede Angst und jedes Gefühl der Einsamkeit, denen ich
entfliehen möchte.
Ich lösche jedes Verlangen nach Flucht.

Ihre beschließenden Sätze drückten aus, wie ernst es ihr war und wie weit sie gehen wollte.

Ich lösche unbewusste Entscheidungen.

Ich lösche Machtlosigkeit.

Ich lösche Einsamkeit.

Ich lösche Sehnsucht.

Ich lösche Bedürftigkeit.

Ich lasse alles los.

Dies war aber nur der erste Teil des Prozesses. Auf alle diese Decodierungssätze folgten positive Codierungsabsichten, welche die Energie in ihr Gegenteil verkehren. Machen Sie sich also keine Sorgen, wenn die obigen Beispiele zu negativ klingen sollten. Denken Sie an die Quantenverbindung: Wenn Sie mit diesen negativen Mustern leben, formt deren problematische Energie bereits Ihre Zukunft. Die Decodierungstechnik ist ein dramatischer Ansatz, um die alten Muster aufzulösen und der Integration der neuen Muster durch den Codierungsteil des Prozesses den Weg zu ebnen.

Tipps zum Decodieren

Wenn Sie sich diese Beispiele anschauen, glauben Sie möglicherweise, Sie wüssten nicht, wie genau Sie Ihre Decodierungssätze formulieren sollen. Machen Sie sich keine Sorgen, sie müssen ja nicht perfekt sein. Da viele Themen miteinander verbunden sind, löschen Sie oft eins allein schon dadurch, dass Sie ein anderes löschen. Sie müssen nicht genau wissen, was Sie wollen oder wie Sie Ihren Wunsch formulieren sollen. Experimentieren Sie einfach ein wenig, dann wird Ihnen der Prozess klarer werden und die Ausführung leichter fallen.

Hier sind einige Tipps, die Ihnen bei diesem Teil des Prozesses helfen können.

- Nutzen Sie Ihre Intuition. Die richtigen Worte werden schon kommen, denn tief im Innern wissen Sie genau, was Sie verändern möchten.
- Entspannen Sie sich. Die Sätze müssen nicht perfekt sein. Sie können sie im Lauf des Prozesses immer wieder ändern.
- Sie müssen nicht für jedes Muster, das Sie löschen möchten, spezielle Sätze formulieren. Entscheiden Sie sich einfach für einige Ihrer wichtigsten Herausforderungen. Später können Sie immer noch weitere hinzufügen.
- Beginnen Sie jeden Satz mit den Worten: »Ich lösche ...« Fangen Sie mit längeren Sätzen an, die alle Details enthalten. Reduzieren Sie die Sätze dann auf die vorherrschende Emotion, den dominanten Gedanken oder das auffälligste Muster. Sie können die Sätze auch mit den Worten beginnen: »Ich löse mich von ...«
- Organisieren Sie Ihre Decodierungssätze für jedes Thema in Vierer- bis Sechsergruppen. Einige werden sich wiederholen, auch wenn sie sich eigentlich mit verschiedenen Themen beschäftigen. So können sich Formulierungen wie »Ich lösche Angst« auf viele verschiedene Themen beziehen.

Nehmen Sie sich nicht zu viel auf einmal vor. Es ist ganz in Ordnung, sich Zeit zu lassen und erst einmal die Formulierung der Decodierungssätze zu üben, die Ihnen richtig erscheinen. Es ist kein besonders umfangreicher Prozess, aber dennoch ein wichtiger. Ihre Bereitschaft, an diesem Schritt zu arbeiten, ist für diese lebensverändernde Technik von unermesslichem Wert. Sobald Sie das Rad einmal in Bewegung gesetzt haben, werden Sie staunen, welchen Unterschied der Prozess in Ihrem Leben machen wird.

Peggys unglückliche Sichtweise

Nun wollen wir uns ein weiteres Beispiel ansehen. Dieses Mal geht es um das eher persönliche, emotionale Thema einer sehr negativen Selbstwahrnehmung. Erinnern Sie sich noch an Peggy? Sie hinterfragte sich ständig selbst und sowohl ihre beruflichen als auch ihre sozialen Fähigkeiten; sie verglich sich stets mit anderen und fand immer irgendetwas, was sie an sich auszusetzen hatte. Sie fand, dass sie nie gut genug war. Im Vergleich zu Familienmitgliedern, Nachbarn und Kollegen fühlte sie sich immer unzulänglich – in deren Augen wie in ihren eigenen. Als Folge davon machte sie sich immer Gedanken, was die anderen wohl von ihr denken würden und nahm stets das Schlimmste an. Zwar haben viele Menschen dieses Problem in einem gewissen Maß, aber Peggy hatte es ständig und in einer extremen Form.

Dies sind die Decodierungssätze, die ihr einfielen, um dieses Thema aufzulösen.

*Ich lösche alle alten Muster, mich darum zu sorgen, was andere
    Menschen wohl von mir denken.*
*Ich lösche die Gewohnheit, mir Sorgen über die Urteile anderer
    Menschen zu machen.*
*Ich lösche die Muster, mich ständig selbst zu hinterfragen und
    Fehler an mir zu finden.*
Ich lösche alle Muster der Selbstkritik und des Selbstzweifels.
Ich lösche Selbstverurteilung.
Ich lösche Selbstherabsetzung.
Ich lösche Angst (vor Urteilen).
Ich lösche Zweifel.
Ich lasse all das los.

Nach diesen Sätzen formulierte Peggy ihre neuen Codierungsabsichten, die Sie im nächsten Kapitel finden werden. Sie übte beständig und merkte nach einiger Zeit, dass sie sich in der Gesellschaft anderer Menschen wohler fühlte, sich weniger Sorgen darum machte, was diese wohl von ihr denken würden, und dass sie im Umgang mit Familienmitgliedern, Freunden und Kollegen entspannter war.

Selbstakzeptanz ist sowohl für Glück als auch Erfolg ein Kernthema. Wenn Sie sich also auch nur gelegentlich Sorgen um dieses Thema machen, benutzen Sie einige der obigen Decodierungssätze. Verwenden Sie anschließend einige von Peggys neuen Codierungssätzen und wenden Sie die Technik an, wenn Sie spüren, dass es Sie in diese negative Richtung zieht. Sie werden mit der Zeit immer stärker werden und Ihr Leben wird von einem tieferen Gefühl des inneren Friedens erfüllt sein.

Entschlossenheit beim Decodieren

Das Netz, das wir im Laufe unseres Lebens gewebt haben, ist zum Filter geworden, durch den wir alle unsere Erfahrungen sehen. Aber der Decodierungsprozess hilft uns, die traurigen Bilder und Muster zu verändern, die wir um uns herum gewoben haben.

Gibt es dunkle Bilder, die sich durch unsere Gedanken- und Gefühlswelt ziehen, können wir sie identifizieren und die betreffenden Codes löschen. Es liegt allerdings in unseren Händen, herauszufinden, wie das Gewebe unseres Lebens aussehen soll.

Nehmen Sie sich also so viel Zeit wie nötig, um die Decodierungssätze zu formulieren, mit denen Sie beginnen möchten. Fangen Sie mit einigen wenigen Sätzen an. Sie können sie immer wieder verändern, sie umschreiben oder sich einem vollkommen anderen Thema zuwenden. Wichtig ist nur, dass Sie es tatsächlich tun. Selbst wenn Sie nur die in diesem Buch enthaltenen Beispiele benutzen, suchen Sie sich die Themen heraus, die in Ihnen den stärksten Widerhall finden. Und vergessen Sie nicht, Ihre Intuition zu nutzen. Dort liegen die Antworten bereits!

KAPITEL 6

Die neuen Codes erschaffen

»Würden wir all das tun, dessen wir fähig sind,
würden wir uns buchstäblich selbst verblüffen.«

Thomas Alva Edison zugeschrieben

Der nächste Schritt bei der Vorbereitung des Codierungsprozesses besteht darin, diejenigen Sätze zu formulieren, die
auf die Decodierungssätze folgen, die wir im letzten Kapitel
formuliert haben. Diese Codes repräsentieren die gesunden
Muster, die die Negativität der alten Muster umkehren, die
Sie in Ihren Decodierungssätzen beschrieben haben. Sie können Ihre Reaktionen zu jedem beliebigen Thema, Gedanken
oder Gefühl neu programmieren und sich so eine reale Alternative erschaffen, die Sie ermächtigt und wertschätzt. Auch
wenn es am Anfang nicht so aussehen mag, wird dies mit der
Zeit ganz automatisch geschehen. Der Gebrauch positiver
Codierungssätze wird zu Ihrer natürlichen und spontanen
Reaktion werden.

Beginnen Sie, indem Sie längere spezifische Codierungssätze sowie kürzere Codierungsabsichten formulieren, die
zu einer Veränderung Ihrer Stimmung führen, neue Nervenleitbahnen etablieren und Ihre persönliche Energie verändern werden. Und wenn Sie diese Sätze wirklich in Ihren
Alltag integrieren, wird durch die Neuprogrammierung eine

resonante, freudige und magnetische Schwingung entstehen. Diese Technik ist der Schlüssel, der Ihnen Ihre eigene Macht erschließen wird, mit der Sie Ihre Energie verändern und sich ständig für Ihr Glück entscheiden können.

Schritte, um machtvolle Codierungssätze zu formulieren

1. Schauen Sie sich die Formulierung der Decodierungs-sätze an, die Sie in ihr Gegenteil verkehren möchten, und formulieren Sie die neuen Codierungssätze entspre-chend.
2. Seien Sie zunächst sehr spezifisch, formulieren Sie sie dann etwas allgemeiner.
3. Verkürzen Sie die Sätze noch mehr und konzentrieren Sie sich dabei auf die Emotionen, die Sie einprogrammieren möchten.
4. Verwenden Sie zum Schluss nur noch prägnante Anwei-sungen in einem Wort, das die betreffende Emotion oder Intention am besten beschreibt.

Emmas neue Codes

Wir wollen uns nun positive Codes anschauen, die eine Umkehrung der ersten Decodierungsbeispiele im letzten Kapitel darstellen. Denken Sie daran, dass dies nur Beispiele sind und dass Sie diese Vorschläge für jedes Thema abwan-deln können. Emmas Absicht war es, ihre Gewohnheit zu durchbrechen, spätabends zu essen und neue gesunde Essge-wohnheiten einzuprogrammieren. Also kehrte sie ihre Deco-dierungssätze folgendermaßen um:

Ich programmiere Kontrolle über meine Essgewohnheiten ein.

Ich programmiere absolute Kontrolle über meine Nahrungs-
aufnahme ein, ob nun spätabends oder vor dem Fernseher.
Ich programmiere eine gesunde Beziehung zu Nahrung ein.
Ich programmiere Stärke und Macht über Nahrung ein.
Ich programmiere Macht über Hunger ein.
Ich programmiere Befriedigung ein.
Ich programmiere Freiheit und Frieden im Herzen ein.
Ich programmiere gesunde, bewusste Gewohnheiten ein.

Dann programmierte sie Emotionen und Seinszustände ein,
die mit dem Kernthema zu tun haben.
Ich programmiere Freiheit.
Ich bin frei.

Freiheit ist ein wichtiges Thema, das unbedingt einprogrammiert werden sollte, weil es auf alle möglichen Bereiche angewendet werden kann, zum Beispiel auf toxische Beziehungen, abhängig machende Gewohnheiten, Fluchtverhalten,
Sehnsüchte, Ängste und Verhaftungen aller Art. All diese
Muster führen dazu, dass wir feststecken und nicht vorankommen. Daher ist es wichtig, daran zu denken, dass Freiheit ein entscheidendes Teil im großen Codierungspuzzle
ist. Ich gebrauche die Worte Freiheit, Macht und Frieden in
vielen meiner Codierungssätze, weil sie auf so viele Bereiche
anwendbar sind. Viele Ihrer neuen Codes werden verstärkt,
wenn Formulierungen wie die folgenden in der Codierungsposition gesprochen werden.
Ich programmiere Macht ein. Ich bin machtvoll.
Ich programmiere Stärke ein. Ich bin stark.

Und da der letzte Schritt darin besteht, alle neuen Codes auf
ein einziges Wort zu reduzieren, sagen Sie einfach Wörter

wie die folgenden, wenn Sie die Codierungsposition einnehmen:

Erfüllung.

Freiheit.

Macht.

Frieden.

Dies ist ein sehr wirkungsvoller Teil des Prozesses. Machen Sie
sich zunächst mit den längeren Decodierungs- und Codierungssätzen vertraut. Letztlich brauchen Sie aber nichts weiter zu tun, als schnell die Position einzunehmen und einzelne Worte zu sagen. In wenigen Augenblicken werden Sie
spüren, dass sich Ihr Bewusstsein verändert. Es ist tatsächlich so machtvoll! Und wenn Sie Ihre neuen Codes richtig
gebrauchen – vom Spezifischen über das Allgemeine bis hin
zu einem einzigen sehr machtvollen Wort –, wird sich Ihre
Erfahrung des Lebens im Lauf der Zeit verändern – so wie es
bei Emma der Fall war.

Emma hatte bereits einiges an Gewicht verloren, hatte
dann aber eine Plateauphase erreicht, die sie überwinden
wollte. Als sie diese Codierungssätze – zusammen mit einigen
Codes für Bewegung, über die wir noch sprechen werden – gebrauchte, gelang es ihr, noch einmal zehn Kilo abzunehmen.

Tipps, um wirkungsvolle Codes zu formulieren

Dies alles muss nicht kompliziert sein. Sie können es sich leicht
machen und doch effektiv sein, wenn Sie diese Tipps befolgen.
– Formulieren Sie Ihre neuen Codierungssätze so, dass die
    Energie und die Muster der Decodierungssätze umgekehrt
    werden.

- Noch einmal: Nutzen Sie Ihre Intuition. Dies sollte ein Prozess des Herzens sein, also denken Sie nicht zu viel darüber nach.
- Verwenden Sie starke Formulierungen, die mit »Ich programmiere« beginnen. Reduzieren Sie diese Sätze dann auf kurze Begriffe und schließlich auf einzelne Worte. (Im Laufe der Zeit werden Sie merken, dass Sie einige Neucodierungen machen können, ohne vorher etwas zu löschen, aber alle wirklich tiefsitzenden Probleme müssen zuerst gelöscht und dann durch neue spezifische Codes ersetzt werden.)
- Machen Sie sich nur keine Sorgen, ob Sie auch alles richtig machen – oder ob Sie es oft genug tun. Wenn Sie einmal begriffen haben, wie es geht, ist es so einfach. Also lassen Sie sich nicht entmutigen, wenn Ihnen der ganze Prozess zunächst einmal ein bisschen zu kompliziert erscheint. Experimentieren Sie einfach damit.
- Probieren Sie verschiedene Wörter aus, bis Sie die Codes finden, die Ihr Energieniveau am stärksten anheben. Wenn Sie die Technik wirklich in Ihren Alltag integriert haben, wird es ganz leicht zu merken, auf was Sie sich konzentrieren und wie Sie es formulieren sollen. Sie werden sehen, dass die Technik Ihr Leben nachhaltig verändern wird.

Ein neuer Code des Stolzes

Lassen Sie uns nun eine weitere Reihe Codierungssätze anschauen. Diese wurden von Peggy formuliert, deren Decodierungsbeispiele ebenfalls im letzten Kapitel zu finden waren. Sie hatte an verschiedenen hartnäckigen Mustern chronischer Selbstverurteilung und Selbstkritik gearbeitet,

also an tief sitzenden Codes, die sie seit ihrer Kindheit ver-
folgt hatten. Hier sind die neuen Codierungssätze, die sie als
Reaktion auf die im letzten Kapitel aufgeführten Decodierungssätze formulierte.

*Ich programmiere Entspanntheit und ein Gefühl der Gleichwertig-
keit in der Gesellschaft anderer Menschen ein.*

*Ich programmiere Selbstliebe und Selbstakzeptanz ein, ganz
gleich, in wessen Gesellschaft.*

*Ich programmiere einen mich wertschätzenden inneren Dialog
ein.*

Ich programmiere tiefe Atmung, Entspanntheit und Frieden ein.

*Ich programmiere Selbstvertrauen und ein liebevolles Selbstbild
ein.*

Ich programmiere Freiheit von Sorgen ein.

Ich programmiere Akzeptanz ein.

Ich programmiere Selbstvertrauen ein.

Ich programmiere Selbstliebe und Selbstsicherheit ein.

Ich programmiere Freiheit ein. Ich bin frei.

Freiheit.

Frieden.

Liebe.

Peggy sprach diese Sätze innerlich, während sie die in Kapitel 9 beschriebene Codierungsposition einnahm, und merkte,
dass sie deren Wahrheitsgehalt immer besser akzeptieren
konnte. Obwohl sie gelegentlich einen Rückfall hatte und
sich fragte, was die anderen wohl von ihr denken würden,
trieb sie das nicht mehr an und brachte sie auch nicht mehr
wie früher aus der Fassung. Immer wenn diese Gefühle hochkamen, führte sie den Codierungsprozess aus und bekräftigte
die Liebe zu sich selbst. Sie fühlte sich friedvoller und entspannter in der Gesellschaft anderer Menschen und konnte

mit ihren Vorgesetzten umgehen, ohne sich unzulänglich zu fühlen. Sie bekam sogar eine Beförderung, die ihre Talente und Fähigkeiten würdigte. Wenn das keine Veränderung der Codes und kein Quantendurchbruch ist!

Die Programmierung des Bewusstseins

Es kann richtig Spaß machen, Codierungssätze zu formulieren. Denken Sie nur an all die Dinge, die Sie erschaffen möchten, und an all die Geisteszustände, Emotionen und gesunden neuen Gewohnheiten, nach denen Sie sich so sehnen. Sie können einprogrammieren, was immer Sie wollen, wann immer Sie wollen.

Bin ich müde, programmiere ich Energie ein. Langweile ich mich oder empfinde ich den vor mir liegenden Tag als Belastung, programmiere ich Begeisterung und Freude. Wenn ich merke, dass ich mich auf negativen Abwegen befinde, sind es Vertrauen, Frieden und das Loslassen-Können. Wir haben immer die Wahl, etwas anders zu machen, und eine angrenzende Möglichkeit, ein neues Reaktionsmuster zu erschaffen, und es ist immer ein Abenteuer zu sehen, wohin uns die neu eingeschlagene Richtung wohl führen mag.

Ihr Potenzial ist unbegrenzt und erweitert sich ständig, und jeder gegenwärtige Augenblick schenkt Ihnen die Möglichkeit, sich neu zu erfinden. Selbst kleinste Veränderungen können zu gewaltigen Transformationen in der Evolution Ihres Lebens führen. Dies ist eine Funktion der Komplexitätstheorie, der zufolge jede neue angrenzende Möglichkeit der Veränderung zu erstaunlichen Ergebnissen führen kann.

Lassen Sie sich also Zeit, um diese kleinen, aber wichtigen Veränderungen anzugehen. Üben Sie die Decodierungs- und

Codierungstechniken, und schreiben Sie Ihre Erfahrungen in Ihrem Tagebuch auf. Sie werden merken, dass Sie eher mehr Codierungs- als Decodierungssätze gebrauchen. Das Decodieren (löschen) dient dazu, alte Reaktionen zu verändern, während das Codieren (programmieren) neue etabliert. Die Sätze sollten vielfältig und optimistisch sein, ein gutes Gefühl in Ihnen auslösen und häufig wiederholt werden.

Sie können die Beispiele verwenden, die Sie im Buch finden, oder Ihre eigene Intuition zur Formulierung nutzen. Sie können sich in jedem Augenblick fragen: *Wie möchte ich mich jetzt fühlen, oder worauf möchte ich mich jetzt konzentrieren? Welche Emotion und welchen Bewusstseinszustand möchte ich jetzt erschaffen?*

Atmen Sie tief durch, und programmieren Sie neue Codes ein. Und während Sie dies tun, wird das Gefühl, Macht über Ihr eigenes Leben zu haben, wachsen und wachsen.

KAPITEL 7

Eine Strategie entwickeln

»Der Mensch ist ein Gedanken-Abenteurer.«

D. H. Lawrence

Sie haben bereits viel getan, um sich auf die Codierungs-technik vorzubereiten, und möchten vermutlich so bald wie möglich richtig damit beginnen. In Teil III werden Sie erfah-ren, wie Sie die Technik genau anwenden, aber zunächst gibt es noch einige Dinge, die Sie beachten sollten. So geht es nicht nur darum, exakt einzukreisen, was Sie neu program-mieren wollen, sondern auch darum, die für Sie dafür am besten geeignete Zeit festzulegen.

Sobald Sie einmal gelernt haben, die richtige Position ein-zunehmen, sollten Sie sich überlegen, wann und in welchen Situationen Sie die Technik anwenden wollen. Anfangs wer-den Sie am besten feste Zeiten einplanen, in denen Sie sich ein paar Minuten nehmen, um die spezifischen Muster zu löschen und neu zu programmieren, auf die Sie sich zuerst konzentrieren wollen. Nehmen Sie sich dafür ganz bewusst etwas Zeit. Da der ganze Prozess nur ein paar Minuten dauert, können Sie ihn fast zu jeder beliebigen Tageszeit ausführen. Schreiben Sie in Ihr Tagebuch, was für Sie am besten funk-tioniert. Notieren Sie sich Ideen, wie Sie Ihre Routine noch feiner abstimmen können.

Da Sie vermutlich eine ganze Reihe von Mustern haben, die Sie ändern möchten, sollten Sie mit denen beginnen, die ganz oben auf Ihrer Prioritätenliste stehen. Obwohl Sie nicht bei einem Thema bleiben müssen, ist es anfangs gut, ein Thema über einen bestimmten Zeitraum hinweg zu bearbeiten, bevor Sie zu einem anderen übergehen. So können Sie sich beispielsweise einem oder zwei Problemen einen Tag lang widmen, aber auch eine Woche oder sogar einen Monat ist denkbar. Natürlich werden Sie auch feststellen, dass mehrere Ihrer Themen eng miteinander verwandt sind, so dass Ihre neuen Codierungssätze viele von ihnen gleichzeitig ansprechen werden.

Die Codierungsverbindung

Genau das entdeckte Peggy, die junge Frau, über die wir in den letzten beiden Kapiteln bereits einiges erfahren haben. Es war offensichtlich, dass sie aufgrund ihrer Geschichte viele miteinander verbundene Muster hatte. Den Großteil ihres Lebens hatte sie damit zugebracht, sich zu schämen und sich selbst zu verurteilen, weil sie in einer großen Familie aufgewachsen war, in der ihre Eltern und Geschwister sie ständig kritisiert und in herabwürdigender Weise mit anderen verglichen hatten.

Dass sie ab und an akzeptiert wurde, war immer an Bedingungen geknüpft und zum Beispiel abhängig davon, ob sie die besten Zeugnisse nach Hause brachte, sehr gut aussah oder immer einwandfrei funktionierte. Weniger als das war nie gut genug. Und wenn sie es geschafft hatte, diese extremen Anforderungen zu erfüllen, hatte sie immer noch das Gefühl, sie müsse nach Höherem streben und sich mehr Gedanken und Sorgen machen. Sie akzeptierte all das als ihr eigenes Netzwerk aus Reaktionsmustern, hinterfragte sich ständig, kritisierte und verurteilte sich ununterbrochen und schätzte andere stets mehr als sich selbst. Einmal sagte sie mir, dass sie wahrscheinlich noch nie wirklich glücklich gewesen sei und vermutlich nicht einmal wusste, wie sich das anfühlte.

Peggy hatte viel aufzuarbeiten. Sie begann, indem sie Selbstverurteilung löschte und Selbstakzeptanz einprogrammierte. Nach mehreren Wochen ging sie dann dazu über, ihre Muster des ständigen Strebens und Vergleichens mit anderen zu löschen und der Selbstakzeptanz noch persönlichen Frieden hinzuzufügen. Später löschte sie dann die Angewohnheit, ihr Aussehen zu kritisieren, und programmierte den Code ein, sich selbst als schön, fähig und glücklich wahrzunehmen. Als es ihr stetig immer besser ging, erkannte sie schließlich, dass sie wirklich einen neuen Code für sich erschaffen hatte.

Das mag alles sehr viel erscheinen, aber wie Sie selbst sehen können, sind all diese Muster eng miteinander verknüpft, da ihr Kernthema das Selbstwertgefühl ist. Obwohl Peggy in ihrem Decodierungsprozess von einem spezifischen Muster zum nächsten sprang, führte er doch zu einem profunden neuen Code verbesserten Selbstwertgefühls und größerer Selbstliebe. Wie so oft kam es auch hier zu einem Dominoeffekt, als sich Gedanken und Gefühle veränderten. Das führte zu einem neuen authentischen Glücksgefühl und echter Selbstliebe, was erfreuliche innere und äußere Ergebnisse nach sich zog.

Peggys Fall war sehr vielschichtig und bezog sich auf ihren innersten Kern. Der Prozess begann mit einer furchtbaren Angst davor, entlassen zu werden, und endete damit, dass sie befördert wurde und berufliche Anerkennung bekam.

Aber noch wichtiger war, dass sie, die anfangs chronische Selbstzweifel gehabt hatte und noch nie wirklich glücklich gewesen war, sich im Laufe der Zeit endlich in ihrer Haut wohlfühlen konnte und fähig war, Lebensfreude zu empfinden. Diese Quantenveränderungen polten ihre Energie tief im Innern um, und das Universum reagierte darauf, indem es ihr Tür und Tor öffnete.

Planen Sie bestimmte Zeiten ein

Selbst wenn Ihre Problembereiche vielschichtig und sehr unterschiedlich sein mögen, können Sie sie doch hin und her schieben und sie Stückchen für Stückchen bearbeiten. Dieser Prozess ist so einfach, dass Sie ihn so gestalten können, wie Sie möchten, aber Sie müssen ihn tatsächlich auch angehen. Ganz gleich, worauf Sie sich auch konzentrieren möchten, Sie sollten dafür feste Zeiten einplanen. Für mich sind der Morgen und der Abend die besten Zeiten.

Wenn Sie morgens aufwachen, halten Sie kurz inne und löschen in den nächsten paar Minuten das, woran Sie gerade arbeiten, und programmieren sofort den entgegengesetzten Code ein. Hilfreich ist es auch, mehrmals am Tag kleine zweiminütige Pausen einzulegen und die Technik auszuführen. Vor dem Schlafengehen können Sie den Prozess dann noch einmal wiederholen. Das sind die besten Zeiten, um die Technik in Ihren Alltag zu integrieren, aber natürlich können Sie sie auch immer dann anwenden, wenn Sie gerade Gelegenheit dazu haben.

Außerdem ist es wichtig sich zu überlegen, in welchen Situationen Sie besonders profitieren können, wenn Sie die Technik sofort anwenden. Fragen Sie sich: *Wie und wann kann ich meinen neuen Code aktivieren? Wie kann ich das Geschehen verändern, um mein Leben zu bereichern?* Das ist ein sehr wichtiger Teil des Prozesses. Es wird Momente geben, in denen Sie sofort in ein altes Muster eingreifen und die schwierige Situation genau in dem Augenblick ändern möchten, in dem sie sich ereignet.

Ich hatte eine Klientin, die eine ausgesprochene Sozialphobie hatte. Wenn Sie unter Menschen war – selbst in kleinen Gruppen –, wurde sie sehr nervös und konnte nur noch unter Anstrengung reden. Eine Art Lampenfieber, das ihr soziales Funktionieren erheblich beeinträchtigte. Sie plante drei Mal am Tag regelmäßige, zweiminütige Decodierungs- und Codierungsabläufe ein: morgens, mittags und abends während ihrer Meditation. Zusätzlich plante sie noch kürzere, spontane Abläufe ein, wenn Sie sich in einer Situation mit anderen Menschen wiederfand, in der ihre alten, sehr unangenehmen Reaktionen ausgelöst werden könnten. Mit der Zeit merkte sie, dass sie sich in der Gesellschaft anderer immer wohler fühlte, und zwar so sehr, dass sie vollkommen vergaß, den Prozess bei solchen Anlässen überhaupt durchzuführen – und dennoch war sie vollkommen entspannt.

Ganz gleich, was Ihr Thema auch sein mag, rate ich Ihnen Folgendes: Sobald Sie Sorgen, Anhaftung, Depression oder Angst verspüren, halten Sie sofort einen Moment lang inne, und löschen Sie das alte Muster. Programmieren Sie dann gleich darauf Selbstvertrauen, Stärke, Glück, Freiheit, Frieden oder irgendeinen anderen machtvollen Code ein, der auf das betreffende Thema anwendbar ist.

Um herauszufinden, wann Sie am besten sofort mit der Codierungstechnik eingreifen sollten, beantworten Sie bitte die folgenden Fragen und schreiben die Antworten in Ihr Tagebuch.

- In welchen Situation brauchen Sie Hilfe, Kraft oder einfach eine andere Emotion, wie Glück, Frieden oder persönliche Macht?
- An welchen Gewohnheiten oder welchen emotionalen, Verhaltens- oder Beziehungsmustern möchten Sie etwas verändern?
- Wann und wie können Sie diese Energiemuster verändern?
- Welche toxischen Anhaftungen müssen Sie gegenwärtig verändern? Im Umgang mit welchen Menschen oder in welchen Situationen müssen Sie stärker werden?

Sie sollten Ihre neuen Codes im Alltag bewusst unterstützen. Bekräftigen Sie Ihre Absichten durch Ihr Verhalten und Ihre Entscheidungen. Wenn Sie beispielsweise daran arbeiten abzunehmen, können Sie nicht nur Macht über Ihr Essverhalten einprogrammieren, sondern auch die Absicht, Wasser zu trinken, statt etwas zu essen. Nehmen Sie sich fest vor, auch andere gesunde Verhaltensweisen anzunehmen, und nutzen Sie dementsprechende Affirmationen. Erkennen Sie, dass es in Ihrer Macht liegt, den Kurs Ihres Lebens zu ändern, und dass jede neue Entscheidung Ihre Lebensweise und Ihre Energie verändern wird.

Denken Sie daran, dass dieser wirkungsvolle Prozess nur ein paar Minuten in Anspruch nimmt. Aber wie Bewegung und gesunde Ernährung muss auch er täglich eingeplant werden, wenn Sie beständige positive Resultate erzielen wollen.

Bereiten Sie sich vor, indem Sie Ihre Decodierungs- und Codierungssätze griffbereit haben. Sie können sie beispielsweise auf Karteikarten schreiben oder in ein kleines Notizbuch, das Sie immer bei sich tragen. Erstellen Sie dann einen genauen Plan, wann Sie regelmäßig üben wollen. Achten Sie während des Tages auf die Zeiten, in denen Sie den

Codierungsprozess am besten in Ihre alltägliche Routine integrieren können. Das wird zu sofortigen Veränderungen Ihrer Reaktionen und Emotionen führen. Achten Sie also darauf, wann Veränderungen notwendig sind. Diese Situationen sind die Auslöser, die normalerweise dazu führen, dass Sie auf denselben alten ausgetretenen Reaktionspfaden weitergehen. Wenn Sie diese mithilfe der Codierungstechnik jedoch beharrlich verändern, wird Ihr Leben eine ganz neue Richtung einschlagen.

Emmas spontanes Codieren

Für Emma war es sehr hilfreich, spontanes Codieren zu üben, wenn ihre Muster auftauchten, während sie sich bemühte abzunehmen. Natürlich praktizierte sie das regelmäßige Decodieren frühmorgens, mittags vor dem Essen und am frühen Abend, damit sie sich abends nicht mehr vollstopfte. Auf diese Decodierungen folgten dann jeweils neue Codes der Stärke, Disziplin, Freiheit und Macht über Nahrung.

Nach einiger Zeit fiel ihr auf, dass sie abends, wenn sie gewohnheitsmäßig zum Kühlschrank gehen wollte, um sich ein Eis zu holen, innehielt, weil sie erkannt hatte, dass dies der Punkt war, an dem sie eingreifen musste. Also löschte sie ihren Hunger, wobei sie sich besonders auf den Teil des Prozesses konzentrierte, der mit vertiefter Atmung einherging. Daraufhin sprach sie ihre Codierungssätze und bekräftigte mit ihnen innere Stärke und Macht über ihre Nahrungsaufnahme. Manchmal brauchte sie nur den Codierungsteil des Prozesses auszuführen, um von ihrer Angewohnheit loszukommen.

Es gab aber nach wie vor Situationen, in denen sie sich gezwungen fühlte zu essen, also fügte sie noch hinzu: *Ich lösche jedes Verlangen nach Essen. Ich lösche jeden Drang und jede Notwendigkeit zu flüchten.* Dann programmierte sie die Bereitschaft ein, die Gewohnheit genau in diesem Moment zu durchbrechen. Sie nutzte Sätze wie: *Ich bin mächtig. Ich bin von Frieden erfüllt. Ich habe alles, was ich brauche.* Das half ihr einzugreifen, wenn sie den Drang am stärksten verspürte, wie gehabt zu reagieren.

Es gab auch immer wieder Zeiten, in denen Sie in Ihre alten Verhaltensweisen zurückfiel. Für solche Fälle programmierte sie Selbstvergebung und neue Entschlossenheit ein. Im Laufe der Zeit merkte sie aber, dass sie einfach nur schnell die Codierungsposition einnehmen musste, um sich vom Essen und ihrem Verlangen danach zu distanzieren.

Auch Sie können einen so umfassenden Ansatz für jedes Thema formulieren, mit dem Sie es zu tun haben. Planen Sie fest Zeiten für das Löschen und Neuprogrammieren ein – und tun sie es spontan in den Situationen, in denen Sie eingreifen möchten. Schließlich werden auch Sie wie Emma merken, dass Sie nichts weiter als die einfache Codierungstechnik anwenden müssen, um die gewünschten Resultate zu erzielen. Beschränken Sie Ihre Aktivitäten aber nicht zu schnell auf die Codierungstechnik allein. Die meisten Menschen haben viele Reaktionsmuster, die sie löschen müssen, und es hilft immer, sich an die Absicht zu erinnern, diese loszulassen.

Codieren im Tagesablauf

Hier sind einige Tipps, um feste Zeiten für den Decodierungs- und Codierungsprozess in Ihren Alltag einzuplanen.
– Suchen Sie sich die Themen aus, mit denen Sie beginnen wollen, und haben Sie Ihre Decodierungs- und Codie-

rungssätze griffbereit. Sie können sie später immer noch ändern. Nehmen Sie die in Teil III beschriebenen Positionen ein, wenn Sie die Sätze aussprechen.

- Planen Sie die Zeiten, die für Sie am besten geeignet sind. Sie brauchen für den ganzen Prozess nicht mehr als zwei bis drei Minuten. Anfangs mag es etwas länger dauern, weil Sie sich noch damit vertraut machen müssen, aber der ganze Prozess sollte selbst dann nicht mehr als drei bis vier Minuten in Anspruch nehmen.

- Tragen Sie die Codierungszeiten in Ihren Kalender ein, und hinterlassen Sie sich selbst eine Notiz an einem gut sichtbaren Platz, damit Sie daran denken. Selbst wenn Sie es schon eine Weile gemacht haben, sind die regulären Übungszeiten sehr wichtig.

- Führen Sie Tagebuch, und schreiben Sie ein paar Ideen auf, wann Sie bei bestimmten negativen Mustern eingreifen möchten. Wenn Sie zum Beispiel die Angst vor der Dunkelheit löschen möchten, können Sie das für den späten Abend eintragen. Gleichzeitig sollten Sie Alternativen wie Frieden und Sicherheit einprogrammieren, bevor Sie abends das Licht ausmachen. Wenn Sie schüchtern sind und sich mit jemandem verabreden möchten, können Sie die Technik vor einer Party oder einem geselligen Beisammensein anwenden. Aber all diese Eingreifcodes sollten *zusätzlich* zu den regelmäßigen Übungszeiten ausgeführt werden.

Jetzt sind Sie bereit für den besonderen Decodierungs- und Codierungsprozess, der die beiden Bestandteile des Quantum-Breakthrough-Codes bildet und im nächsten Teil beschrieben wird. Echte Veränderungen beginnen mit einer ehrlichen, bewussten Wahrnehmung der Muster, die verhindern, dass

Sie glücklich sind und vorankommen. Ganz gleich, wie diese Muster auch aussehen mögen, Sie können sie löschen und endlich frei werden. Kümmern Sie sich um sich selbst. Ein friedvolles, erfüllendes und glückliches Leben wartet auf Sie. Nutzen Sie den Code, um diesen wunderbaren Zustand zu erreichen und ihn sich zu eigen zu machen.

TEIL III

Der Quantum-Breakthrough-Code

»Es ist nie zu spät, um das zu sein,
was wir hätten sein können.«

Unbekannt

KAPITEL 8

Zeit zum Decodieren

»Was immer du tun kannst oder träumst, es zu können,
fang damit an! Im Mut liegen Genie, Kraft und Zauber.«

Johann Wolfgang von Goethe zugeschrieben
(genauer Wortlaut umstritten)

Ihr Verstand gleicht einem Garten. Wenn ein Garten mit
Unkraut übersät ist, wird es unmöglich, Blumensamen aus-
zusäen. Genauso schwierig ist es, auf dem Nährboden alter,
unbewusster Reaktionsmuster und negativer Schwingungen
neue Gedanken voller positiver Energie zu erschaffen. Um
das Glück und die anziehenden Muster zu etablieren, die
Sie sich so sehr wünschen, ist es unumgänglich, das unerwünschte »Unkraut« der Reaktionsmuster zu entfernen, die
in Ihrem Denken Wurzeln geschlagen haben und Ihr ganzes
Leben beeinflussen.

Freiheit entsteht, wenn wir die alten, unangenehmen
Muster entfernen, die unseren inneren Frieden und unsere
Lebensfreude seit Langem blockieren. Dadurch entsteht ein
innerer Wandel, der Anhaftungen auflöst und uns den Weg
zu tiefem innerem Frieden ebnet, der in dieser Welt nur selten zu finden ist. Weil Sie die negativen Codes auflösen, die
Sie blockieren, mag Ihnen der Decodierungsprozess zunächst
fremd erscheinen. Der Grund dafür ist der Anhaftungsfaktor.

Da Sie viele Jahre mit Angst, Selbstkritik und Hoffnungs-losigkeit gelebt haben, identifizieren Sie sich mit diesen alles durchdringenden emotionalen Mustern. Ein Teil von Ihnen bemüht sich sogar, diese Identität aufrechtzuerhalten, da sie alles ist, was Sie kennen.

Auf den ersten Blick mag der Decodierungsprozess kom-plizierter erscheinen, als er tatsächlich ist. Machen Sie sich nicht zu viele Gedanken um die Einzelheiten. Denken Sie daran, dass es bei der Quantenverbindung um Energie geht und dass die Energie der Verzweiflung den Prozess blockiert. Daher ist es wichtig, die Decodierungs- und Codierungstech-nik ohne Verzweiflung und Sorge zu praktizieren. Schon bald werden Sie sie gemeistert haben, so dass sie zu einem festen Bestandteil Ihres Lebens geworden sein wird.

Sowohl die Decodierungs- als auch die Codierungsübun-gen arbeiten mit dem Energiezentrum Ihres Geistes, in dem viele alte Reaktionsmuster abgespeichert sind. Obwohl viele Muster emotional stark aufgeladen sind, befindet sich hier im pulsierenden Energiezentrum des Gehirns doch die Matrix der Resonanz, der Emotionen und des Denkens. Wenn Angst und Besorgnis beispielsweise Ihre vorherrschenden Emotio-nen sind, können diese auf Gedanken zurückgeführt werden, die um Ihre eigene Ohnmacht und Zukunftsängste kreisen. Sie können diese Gefühle ebenso wie die ihnen zugrunde-liegenden Gedanken löschen, indem Sie den Energiefluss durch dieses machtvolle Energiezentrum umleiten. Darum geht es beim Decodierungsprozess.

Die Decodierungsposition

Weiter unten finden Sie eine einfache Zeichnung, auf der die Decodierungsposition zu sehen ist. Sie beginnen, indem Sie die Stirn rechts und links vom sechsten Chakra, das sich zwischen und leicht oberhalb der Augenbrauen befindet, mit den Zeige- und Mittelfingerspitzen berühren. Dieses Zentrum ist als das Stirn-Chakra bekannt und gilt als das Energiezentrum, das am engsten mit Ihrer geistigen Energie und Ihren Reaktionsmustern verbunden ist.

Da sich in den Fingerspitzen ebenfalls Energiezentren befinden, erzeugen Sie eine wichtige Schwingungsverbindung, wenn Sie die Zeige- und Mittelfinger der Hände neben dieses Chakra auf die Stirn legen.

Machen Sie sich nicht zu viele Gedanken darüber, wo die Fingerspitzen genau die Stirn berühren sollen. Wichtig ist, dass sich die Fingerspitzen nicht gegenseitig berühren. Bleiben die Finger rechts und links vom Stirnzentrum, bleibt dieses geöffnet. So können die Energiezentren in den Fingerspitzen neue Nervenleitbahnen erzeugen, die Ihren gesprochenen Intentionen entsprechen.

Der Prozess ist so aufgebaut, dass die Energie durch die Fingerspitzen der rechten Hand fließt, das sechste Chakra zum Verstand öffnet, dort die unerwünschten Energiemuster löscht und durch die Fingerspitzen der linken Hand ausleitet. Die linke Seite repräsentiert die Vergangenheit, sowohl energetisch als auch metaphorisch. Daher ist es hilfreich, den Prozess abzuschließen, indem Sie sich vorstellen, dass die Wolke der gelöschten Muster durch die linke Seite des Kopfes oder die linke Hand in den weit entfernten Äther davonschwebt und dort zu neutraler Energie wird. Das mag sich seltsam anhören, aber es ist eine sehr wirkungsvolle Technik. Indem Sie sie ausführen, initiieren Sie eine energetische Absicht, Sie »entzünden« dieses machtvolle Chakra, lösen alte, blockierte Energie auf und aktivieren neue Nervenbahnen. All das führt zu dem Quantendurchbruch, den Sie sich wünschen.

Hier sind noch einige Tipps, die Ihnen helfen werden, die Decodierungsposition so bequem wie möglich einzunehmen und den größtmöglichen Nutzen daraus zu ziehen.

– Die Position mag leichter einzunehmen sein, wenn Sie den Mittelfinger auf die Augenbrauen legen und den Zeigefinger gegen den Mittelfinger, so dass Sie die in der Zeichnung dargestellte Position einnehmen. Manche legen die Daumen seitlich an die Schläfen, um die Finger auf diese Weise ruhiger halten zu können.

- Ich habe mit vielen Menschen gearbeitet, die eine Brille tragen. Manche fanden es bequemer, die Brille zuerst abzunehmen. Das muss aber nicht unbedingt sein, besonders wenn Sie mit der Position vertrauter sind.
- Dies mag für Ihre Hände eine ungewöhnliche Position sein, und auch wenn Sie sie nur ein bis zwei Minuten halten müssen, werden Ihre Arme anfangs doch recht schwer werden. Mit der Zeit werden Sie sich aber daran gewöhnen. Manch einer führt die Technik an einem Tisch sitzend aus, stützt die Ellenbogen auf und lässt den Kopf auf den Fingern ruhen. Mit den Fingern über den Augenbrauen und den Daumen an den Schläfen lässt sich der Kopf dann sicher in die Hände nehmen. (So lässt sich die Technik auch auf der Arbeit am Schreibtisch ausführen.)
- Denken Sie nicht darüber nach, ob Sie genau die richtige Position eingenommen haben. Lassen Sie sich von Ihrer Intuition leiten, und legen Sie die Fingerspitzen locker neben diese besondere Stelle, die das »Dritte Auge« genannt wird. Sie werden schon spüren, was für Sie richtig ist.
- Manche Menschen sorgen sich, ob sie sich wohl an ihre Decodierungssätze erinnern, wenn Sie diese Position mit geschlossenen Augen einnehmen. Lesen Sie die Sätze vorher durch, oder öffnen Sie zwischendurch die Augen, um schnell nachzuschauen. Sie könnten die Sätze auch aufnehmen und abspielen, während Sie die Technik ausführen.

Diese kleine Position mag kompliziert erscheinen, aber glauben Sie mir, wenn ich sage, dass das nur auf den ersten Blick so zu sein scheint. Schon bald werden Sie sie ausführen, ohne auch nur eine Sekunde lang darüber nachzudenken. Sobald Sie mit dem Decodierungs- und Codierungsprozess vertraut sind, gestalten Sie ihn so, wie es für Sie am angenehmsten ist.

Ich habe eine Freundin, die einen ziemlich stressigen Job hat. Sie benutzt diese Position, um jeden Tag vor der Arbeit Stress zu löschen. Im Laufe des Tages setzt sie dann ein paar Mini-Codierungen ein (über die Sie später noch etwas lesen werden), um Frieden und Glück einzuprogrammieren. Für sie ist dies ein sehr wirkungsvoller Ansatz, der ihre Einstellung zur Arbeit vollständig verändert hat.

Der Energie-Decodierungsprozess

Da Sie nun bereit sind, die oben beschriebene Position einzunehmen, ist es an der Zeit, die fünf Schritte des Decodierungsprozesses auszuführen und die Reaktionsmuster zu löschen, die Sie bisher zurückgehalten haben. Das bereitet Sie darauf vor, neue, gesunde und machtvolle Muster einzuprogrammieren, die Ihnen sowohl persönliches Glück als auch Lebensfreude bescheren werden. Die fünf Schritte sind weder kompliziert noch zeitintensiv. Tatsächlich sollte der gesamte Decodierungsprozess nur wenige Minuten in Anspruch nehmen.

Schritt 1: Bringen Sie die Finger in die Decodierungsposition, atmen Sie tief durch, und schließen Sie die Augen.

Die Position mit geschlossenen Augen einzunehmen und tief durchzuatmen ist nur der Anfang. Der nächste Teil mag Ihnen etwas seltsam vorkommen, ist aber ein absolut wichtiger – ja sogar, unverzichtbarer – Teil des Prozesses.

Halten Sie die Augen geschlossen und schauen Sie nach oben, als ob Sie den Punkt zwischen den Fingerspitzen ansehen wollten. Übertreiben Sie dies nicht, und strengen

Sie sich nicht zu sehr an. Schließlich Sie einfach die Augen, und schauen Sie entspannt nach oben und innen auf den Punkt zwischen den Fingerspitzen.

Schritt 2: Sagen Sie in dieser Position Ihre Decodierungssätze auf.

Halten Sie die Position, schauen Sie mit geschlossenen Augen nach oben, und atmen Sie tief durch, während Sie Ihre Decodierungssätze aussprechen. Sie können mit längeren Sätzen beginnen.

Ich lösche die Sorge darum, was andere wohl von mir denken mögen.

Ich lösche das Muster, mir Sorgen um die Zukunft zu machen.

Gehen Sie dann zu etwas Grundlegenderem über.

Ich lösche Besorgnis.

Ich lösche Angst.

Versuchen Sie, die Position der Finger und Augen zu halten, während Sie die Decodierungssätze aussprechen. Machen Sie sich keine Gedanken über den genauen Wortlaut; es macht auch nichts, wenn Sie die Sätze nicht genauso aussprechen, wie Sie es sich vorgenommen hatten. Und wenn Sie die Augen ausruhen müssen, tun Sie es einfach, und schauen Sie wieder nach oben, wenn sie sich etwas erholt haben.

Denken Sie nicht zu viel nach. Wenn Sie anfangen zu analysieren, kann Sie das aus dem Prozess herauswerfen. Wenn Ihnen nichts Spezifisches einfällt, sagen Sie einfach irgendetwas, das Sie loslassen möchten. Zum Beispiel:

Ich lösche innere Unruhe.

Ich lösche Selbstzweifel.

Schritt 3: Sprechen Sie einen Abschlusssatz, und achten Sie darauf, ob Sie eine energetische Reaktion wahrnehmen.

Schauen Sie nach den Decodierungssätzen mit geschlossenen Augen weiter nach oben, und halten Sie die Finger noch einen Augenblick in der Position. Jetzt, da Sie die unerwünschten Muster gelöscht haben, formulieren Sie noch einen Abschlusssatz wie »Ich lasse alles los«.

Nehmen Sie sich nun einen Augenblick Zeit, um wahrzunehmen, wie Sie sich fühlen. Vielleicht spüren Sie ein Kribbeln oder Brummen am höchsten Punkt des Kopfes, in der Stirn oder den Handflächen. Das ist eine normale Reaktion, also machen Sie sich keine Sorgen, wenn das passiert. Möglicherweise nehmen Sie auch noch andere Empfindungen wahr, wie leichten Schwindel oder das Gefühl, Sie würden schweben. Nicht vielen Menschen geht es so, manche fühlen überhaupt nichts. Machen Sie sich also deswegen keine Gedanken. Diese Reaktionen sind nebensächlich und vorübergehend. Sie verschwinden, sobald Sie die Position verlassen. Sollten Sie nichts fühlen, vertrauen Sie einfach darauf, dass der Prozess dennoch funktioniert.

Schritt 4: Stellen Sie sich vor, dass die alten negativen Muster nach links verschwinden.

Nachdem Sie die Decodierungssätze aufgesagt haben, halten Sie noch einen Moment lang die Hände in der Position, die Augen geschlossen und nach oben gerichtet, und stellen Sie sich vor – oder spüren Sie –, dass die alten negativen Muster, die Sie gerade gelöscht haben, aus der linken Seite des Kopfes austreten. Vielleicht spüren oder sehen Sie sogar, dass sie aus Ihrer linken Handfläche austreten. Wenn Sie Schwierigkeiten haben, etwas zu visualisieren, vertrauen Sie einfach darauf, dass sie sich nach links von Ihnen wegbewegen – wie eine Wolke, die immer weiter wegtreibt.

Da die linke Seite die Vergangenheit repräsentiert, erlauben Sie sich zu spüren, wie das alte ungesunde Zeug weit, weit nach links wegtreibt, wo es verschwindet und zu neutraler Energie wird. Manchmal entdecken die Leute, wenn sie diesen Schritt ausführen, dass sich auch ihre Augen nach links bewegen. Das ist ganz in Ordnung, weil der nächste Schritt darin besteht, den Prozess selbst loszulassen.

Schritt 5: Senken Sie die Hände, und lassen Sie alle Gedanken los.

Nachdem Sie gesehen oder gespürt haben, wie die Wolke der Negativität vollkommen verschwunden ist, senken Sie die Augen und entspannen Sie sich. Atmen Sie noch einmal tief ein, lassen Sie dann mit der Ausatmung die Hände sinken und alles los. Das Senken der Hände durchtrennt die Verbindung zum Prozess und damit ist das Decodieren für den Moment beendet.

Der ganze Prozess sollte nur wenige Minuten dauern. Machen Sie nun eine kurze Pause, bevor Sie mit dem Decodierungsprozess weitermachen. Sie können sich strecken und die Hände ausschütteln, wenn Ihnen danach ist, aber je vertrauter Sie mit dem Prozess werden, desto einfacher wird es für Sie sein, direkt zur Codierungstechnik überzugehen. Ich empfehle Ihnen dringend, sich jetzt ein paar Minuten Zeit zu nehmen, um sowohl Ihre Eindrücke als auch Ihre Empfindungen in Ihr Tagebuch einzutragen. Möglicherweise fällt Ihnen auf, dass sich Ihre Emotionen bereits zu verändern beginnen, es kann aber auch sein, dass der

Codierungsprozess notwendig ist, um die emotionalen Veränderungen einzuleiten.

Dranbleiben

Auf jedes Decodieren müssen Sie zumindest ein kurzes Codieren folgen lassen. Sie können aber auch nur codieren. Das mag sich verwirrend anhören, aber denken Sie doch einmal an einen Benzinkanister. Decodieren leert den Kanister, und wenn er leer ist, müssen Sie ihn wieder auffüllen. Sie haben Ihren Verstand von negativen Gedanken geleert, und das Codieren wird ihn und ihre Nervenbahnen mit neuen positiven Energien füllen. Sie können aber immer noch ein bisschen mehr »Benzin einfüllen« (und Ihre Lebenskraft verstärken), indem Sie so oft codieren, wie Sie möchten – und zwar selbst dann, wenn Sie vorher nichts decodiert haben. Das heißt aber nicht, dass Sie völlig auf den Decodierungsteil verzichten können, denn dieser ist ein sehr wichtiger Teil des Breakthrough-Codes.

Sind ungesunde Muster besonders hartnäckig, müssen Sie sie auch weiterhin löschen. Praktizieren Sie den ganzen Prozess also häufig. So lang es auch dauern mag, es ist die Mühe wert. Wenn Sie einfache, direkte Decodierungssätze aussprechen und darauf starke neue Codes folgen lassen, setzen Sie neue Energien in Ihrem Leben in Bewegung.

Da Sie nun den Decodierungsprozess abgeschlossen haben, sind Sie bereit, die gesunden Muster einzuprogrammieren, die die falschen Reaktionsmuster ersetzen sollen, die Sie gerade eben losgelassen haben. Diese Quantenveränderungen haben weitreichende Folgen, und Ihr neues Leben beginnt sich bereits am Horizont abzuzeichnen.

KAPITEL 9

Der Code des Glücks

»Nichts kann dir Frieden bringen,
außer du selbst.«

Ralph Waldo Emerson

Der im vorigen Kapitel beschriebene Decodierungsprozess ist der erste bedeutsame Schritt auf dem Weg zu tiefem inneren und äußeren Glück. Sobald Sie ein Reaktionsmuster gelöscht haben, müssen Sie aber unbedingt ein neues, bewusstes und gesundes Muster einprogrammieren. Führen Sie daher nach dem Löschen den zweiten Teil des Breakthrough-Codes aus: den Codierungsprozess, der in diesem Kapitel erläutert wird. Er erzeugt und verstärkt neue Muster des Glücks, der Macht und nährender Reaktionen.

Dieser Teil kann nicht nur nach dem Löschen, sondern auch für sich allein eingesetzt werden, und zwar mit Affirmationen oder schnellen Visualisierungen, die ich in Teil V beschreibe. Zusammen werden die Decodierungs- und Codierungstechnik Ihr Leben verändern. Und selbst, wenn Sie nur die Codierungstechnik anwenden, kann dies zu erstaunlichen emotionalen Veränderungen führen, was Sie befreien und Ihnen die Macht über Ihr Leben zurückgeben wird.

Die Codierungsposition

Schauen Sie sich die nachfolgende Abbildung in Ruhe an. Sie werden feststellen, dass nur die rechte Hand benutzt wird. Die Fingerspitzen werden knapp oberhalb der Augenbrauen auf die Mitte der Stirn gelegt, so dass sie das sechste Hauptenergiezentrum berühren.

Das unterscheidet sich deutlich von der Position, die Sie im letzten Kapitel gelernt haben, obwohl auch hier der Fokus auf demselben Energiezentrum liegt. In der Decodierungsposition liegen zwei Finger jeder Hand neben dem Stirn-Chakra, so dass dazwischen ein offener Raum entsteht. In der Codierungsposition wird nur eine Hand – die rechte – benutzt, und die beiden Fingerspitzen liegen direkt auf dem Energiezentrum.

Damit verfolgen wir einen bestimmten Zweck. In der Decodierungsposition fließt die Energie von der rechten Hand durch das Chakra (und den Verstand) in die linke, wobei die alten Muster gelöscht werden und die Hirnhälften synchronisiert werden. In der Codierungsposition lenken Sie die Energie hingegen direkt in das Stirn-Chakra und damit in den Verstand, wo neue Nervenleitbahnen und neue aktive und gesunde Muster etabliert werden. Energetisch gesehen »entzünden« Sie das Chakra, »verdrahten« das Gehirn neu und stellen die positiven, machtvollen Reaktionen her, mit denen Sie zu leben wünschen.

Hier sind einige Tipps, die Ihnen helfen werden, eine starke und nutzbringende Codierungserfahrung zu machen.

- Sorgen Sie sich nicht um die genaue Platzierung der Finger. Legen Sie einfach die Zeigefinger- und Mittelfingerspitzen der rechten Hand zwischen den Brauen und leicht oberhalb davon auf die Stirn.

- Wie in der Decodierungsposition schauen Sie mit geschlossenen Augen leicht nach oben. Wenn Sie irgendwann Pause machen müssen, tun Sie dies einfach.

- Strengen Sie sich nicht zu sehr an. Nehmen Sie einfach die Position ein, und sprechen Sie Ihre neuen emotionalen Absichten aus. Wenn Sie sich zu sehr anstrengen, alles »genau richtig zu machen«, fallen Sie aus dem Prozess heraus.

- Wenn Sie sich nicht an den genauen Wortlaut Ihrer Codierungssätze erinnern können, sprechen Sie einfach einige allgemein formulierte Absichten in Bezug auf Macht, Frieden und positive Gefühle.

Die neue Energie-Codierungstechnik

Wie Sie selbst sehen können, ist diese Position ziemlich einfach. Legen Sie die Zeige- und Mittelfingerspitzen der rechten
Hand direkt auf das Stirn-Chakra. Auf diese Weise wird dort
eine sehr direkte und machtvolle Verbindung hergestellt,
die Sie mit der Zeit als konzentrierte Energie wahrnehmen
werden. Wenn es Ihnen hilft, können Sie auch hier den Mittelfinger zwischen die Augenbrauen legen und den Zeigefinger auf ihm ruhen lassen – Hauptsache ist, die Fingerspitzen
berühren das Energiezentrum direkt. Machen Sie sich ein
paar Minuten lang mit dieser Position vertraut, bevor Sie
zum eigentlichen Codierungsprozess übergehen.

**Schritt 1: Nehmen Sie die Codierungsposition ein,
und schließen Sie die Augen.**
Bringen Sie Ihre rechte Hand in die oben beschriebene Posi-
tion. Die Spitzen des Zeige- und Mittelfingers berühren das
Stirnzentrum. Entspannen Sie sich, schließen Sie die Augen.
Atmen Sie tief durch, und lassen Sie alles los.

Schauen Sie mit geschlossenen Augen nach oben, als
ob Sie den Punkt ansehen würden, an dem die Fingerspitzen das sechste Energiezentrum berühren. Spüren Sie einen
Augenblick lang die Energie und Macht dieses Zentrums.
Möglicherweise nehmen Sie Empfindungen oben auf dem
Kopf, der Stirn, in den Handflächen oder den Fingerspitzen
wahr. Manche Menschen spüren gleich von Beginn an etwas,
andere müssen den Prozess erst mehrmals wiederholen.

Schritt 2: Halten Sie diese Position, und sprechen Sie Ihre Codierungssätze aus.

Während Sie die Position halten und mit geschlossenen Augen nach oben schauen, sagen Sie mehrere Male hintereinander Ihre Codierungssätze, -begriffe oder –worte. Atmen Sie dabei langsam und tief. Die ersten Sätze beziehen sich auf die Themen, die Sie bereits gelöscht haben, dann folgen kürzere, aber zahlreichere Sätze, die Ihre eigene Macht bekräftigen. Wenn Sie etwa mit den Decodierungsbeispielen aus dem letzten Kapitel arbeiten, könnten Ihre Codierungsabsichten möglicherweise so aussehen:

Ich programmiere Selbstvertrauen und Frieden im Umgang mit anderen Menschen ein.

Ich programmiere Frieden und Vertrauen in die Zukunft ein.

Dann können Sie mit spezifischeren Absichten weitermachen. Zum Beispiel:

Ich programmiere Selbstvertrauen ein.

Ich programmiere Stärke ein.

Ich programmiere Frieden ein.

Während Sie immer noch die Position halten und mit geschlossenen Augen nach oben schauen, programmieren Sie schließlich machtvolle energetische Absichten durch den Gebrauch einzelner Worte:

Selbstvertrauen.

Stärke.

Macht.

Frieden.

Diese einzelnen Worte sind ein einfacher, aber sehr wichtiger Abschluss Ihrer spezifischen Codierungssätze. Die Position verankert Ihre Energie in einer starken emotionalen Absicht. Solche hilfreichen Anweisungen können jeden Bereich Ihres Lebens beeinflussen, und zwar so sehr, dass Sie die Position und diese Worte im Lauf der Zeit einsetzen werden, um Ihren Fokus und Ihr Leben in allen möglichen Situationen schnell zu verändern.

Schritt 3: Während Sie die neuen Codes aussprechen, achten Sie auf physische oder emotionale Empfindungen und lächeln Sie.

Während Sie weiterhin die Position der Finger halten und die geschlossenen Augen nach oben richten, achten Sie auf körperliche Empfindungen, die sich einstellen können. Jetzt spüren Sie vielleicht ein stärkeres Kribbeln oder Summen oder haben das Gefühl zu schweben. Diese Empfindungen können sich von der Stirn bis zum Scheitel ausbreiten oder sogar bis zum Hinterkopf. Vielleicht spüren Sie sie auch in den Handflächen oder Fingerspitzen. Obwohl diese körperlichen Empfindungen nicht ungewöhnlich sind, ist die Wahrnehmung doch für jeden Menschen anders. Machen Sie sich keine Sorgen, wenn Ihnen etwas schwindlig wird, denn alle körperlichen Empfindungen werden sofort nachlassen, wenn Sie die Hand herunternehmen.

In Bezug auf Ihre Emotionen sollten Sie ein tieferes Glücksempfinden haben und einen tiefen inneren Frieden verspüren. Das ist im Grunde die Reaktion, die mir am häufigsten beschrieben wird. Die Codierungstechnik schenkt den Menschen inneren Frieden oder ein tiefes Glücksgefühl, sie fühlen sich mächtiger und konzentrierter. Dies wird für Sie immer natürlicher werden und sich so automatisch einstellen, dass Sie dabei lächeln müssen. Sollte das aber anfangs nicht geschehen, lächeln Sie einfach absichtlich, während Sie Ihre machtvollen Intentionen ausdrücken. (Selbst wenn Sie überhaupt keine emotionalen oder körperlichen Empfindungen wahrnehmen sollten, vertrauen Sie einfach darauf, dass die Technik auch bei Ihnen funktioniert. Mit der Zeit werden Sie immer vertrauter mit den subtilen Empfindungen werden, die mit dieser Erfahrung einhergehen.)

Schritt 4: Bekräftigen Sie die Erschaffung neuer gesunder Nervenbahnen.

Ob Sie es nun fühlen oder nicht, es werden sich wichtige Veränderungen vollziehen. Die Hirnhälften werden synchronisiert, und es werden neue Nervenbahnen des Denkens und Reagierens hergestellt. Erkennen Sie diese wertvollen Veränderungen an, indem Sie das Folgende affirmieren:

Wunderbare neue Nervenbahnen entstehen in meinem
Verstand.

Sie können die signifikanten Änderungen, die stattfinden, auf jede nur erdenkliche Weise beschreiben, so wie zum Beispiel durch die folgenden Affirmationen:

Meine Hirnchemie verändert sich zum Besseren.
Mein Unterbewusstsein lenkt die Heilung und erschafft Glück für
mich.
Mein Gehirn ist mit Freude aufgeladen.
Mein Bewusstsein und mein Leben sind mit fried- und kraftvollen
Gedanken aufgeladen.

Erkennen Sie an, dass in Ihrem Gehirn und Bewusstsein gesunde Veränderungen stattfinden, und diese Erfahrung geht sogar noch tiefer. Manche Menschen spüren, dass sich ihre Körperchemie positiv verändert. Seien Sie offen für Heilung auf allen Ebenen. Ich affirmiere häufig: »Mein Körper produziert Neurotransmitter des Wohlbefindens, die mich mit Freude erfüllen und optimistisch stimmen.«

Bei mir selbst sind mir schnelle und radikale emotionale Veränderungen aufgefallen, selbst wenn ich den Codierungsprozess nur wenige Minuten lang ausgeführt habe. Wenn ich zerstreut bin, zu viel zu tun habe oder etwas in meinem Leben passiert, das mich nervt oder frustriert, halte ich kurz inne und führe die Codierungstechnik aus, indem ich die Emotion, die ich jetzt erzeugen möchte, spezifisch benenne. Es ist verblüffend, wie schnell sich meine emotionale Erfahrung in Frieden und Glück, Konzentration und Freiheit verwandelt. Früher hatte ich gar nicht bemerkt, wie sehr ich mich von kleinen Irritationen aus der Ruhe bringen ließ, bis ich anfing, die Technik regelmäßig zu praktizieren. Wenn mich heute etwas wirklich aufregt, brauche ich nur zehn bis zwanzig Sekunden lang meinen neuen Code einzuprogrammieren, und schon bin ich wieder glücklich.

Schritt 5: Beenden Sie die Codierungsposition. Entspannen Sie sich, erkennen und nehmen Sie Ihre neuen Gefühle an.
Lassen Sie sich auch weiterhin von Glück, des Frieden und Wohlbefinden durchströmen. Lächeln Sie, und beenden Sie die Codierungsposition. Atmen Sie tief durch, entspannen Sie die Augen in die normale Position, und lösen Sie die Fingerspitzen vom sechsten Chakra. Spüren Sie, wie positive Energie, Emotionen und Intentionen Ihr Gehirn, Ihren Körper und Ihr ganzes Energiesystem durchströmen. Entspannen Sie die Schultern, während Sie die Hand wieder senken. Schütteln Sie die Hände aus, und strecken Sie den Oberkörper, wenn Ihnen danach ist.

Nehmen Sie sich dann ein paar Minuten, um Ihre Eindrücke in Ihrem Tagebuch festzuhalten. Notieren Sie sich körperliche Empfindungen oder Veränderungen, die Sie gespürt haben. Dies ist ein wichtiger Teil des Prozesses, besonders am Anfang.

Mit der Zeit ist es nicht mehr so wichtig, Tagebuch zu führen, aber jetzt sollten Sie Ihre Erfahrung mit ein paar Worten beschreiben und vielleicht auch ein paar Gedanken aufschreiben, was Sie als Nächstes programmieren möchten.

Der Codierungsprozess sollte nur ein paar Minuten dauern. Als vollständiger Quantum-Breakthrough-Code ausgeführt dauern die beiden Techniken insgesamt nur drei bis vier Minuten. Je öfter Sie den Code anwenden, desto weniger Zeit werden Sie dafür brauchen.

Bei aller Kürze – seien Sie nicht überrascht, wenn sich ein Druck in den Muskeln um die Augen herum bemerkbar macht. Viele benutzen diese Muskeln nur äußerst selten. Normalerweise heben Sie den Kopf, nicht die Augen, wenn Sie nach oben schauen wollen. Deshalb kann es zu einer Anspannung um die Augen herum oder auch zu Kopfschmerzen kommen, wenn Sie mit dem Prozess beginnen. Obwohl dies schnell nachlässt, ist es doch ratsam, nicht zu viele Sitzungen auf einmal durchzuführen. Schließlich verbringen Sie ja auch nicht Stunden im Fitnesszentrum, wenn Sie nach einer längeren Auszeit zum ersten Mal wieder dort sind.

Ich hatte eine Freundin, die so begeistert davon war, neue Codes einzuprogrammieren, dass Sie nachts viele Stunden nichts anderes tat. Daraufhin bekam sie Kopfschmerzen, weil sie die Muskeln um die Augen überanstrengt hatte. Am nächsten Tag ging es ihr zwar wieder gut, aber es dauerte doch eine Weile, bis sie sich in der Lage fühlte weiterzuüben.

Übertreiben Sie es also bitte nicht. Lassen Sie sich Zeit, und gewöhnen Sie sich in Ruhe an die verschiedenen Teile des Prozesses. Schließlich können Sie die Technik häufig wiederholen und müssen nicht alles auf einmal angehen.

Das Codieren geht weiter

Ich selbst wende diese Technik nun seit mehr als zwei Jahren an. Zu Beginn habe ich mit der Formulierung gespielt und mit verschiedenen Themen experimentiert, aber die Positionen sind exakt gleichgeblieben, seit ich sie in einem Traum empfangen habe. Um ehrlich zu sein, es hat Zeiten gegeben, in denen ich keine große Reaktion gespürt habe. Aber ich habe weitergemacht, und irgendwann hat es dann Klick gemacht. Ich bin heute noch erstaunt, wie effektiv das Ganze ist.

Als ich gerade dabei war, dieses Kapitel zu schreiben, ist etwas passiert. (Es gibt keine Zufälle.) Ich erhielt einen Anruf und erfuhr etwas, das mich aus der Fassung brachte. Und zwar so stark, dass sich mein Magen verkrampfte und ich wie ein Tiger im Käfig hin und her lief. So verging eine Stunde, bevor ich mich daran erinnerte, dass ich ja eine Wahl hatte. (Wir sind solche Gewohnheitstiere!)

Erst einmal fragte ich mich, ob ich irgendetwas tun konnte, um die Situation zu verändern. Mir kam die Idee, jemanden anzurufen und ihm meine Gefühle zu schildern, jemanden, der mich unterstützen würde. Das tat ich dann auch, und nach etwa zehn Minuten beendete ich das Gespräch und versuchte, weiterzuschreiben. Aber ich war immer noch zu aufgewühlt, um mich konzentrieren zu können. Es dauerte weitere zehn Minuten, bevor mir endlich einfiel, dass ich ja eine gesündere Reaktion einprogrammieren könnte. Etwa dreißig Sekunden lang löschte ich die Frustration und die Verstrickung mit der beteiligten Person. Dann begann ich Glück und Frieden einzuprogrammieren. Kaum hatte ich das etwa zehn Sekunden lang gemacht, als ich plötzlich anfangen musste zu lachen. Ich sah auf einmal so klar, wie ich zugelassen hatte, dass etwas so viel größer und einflussreicher erschien, als es tatsächlich war. Ich war wieder glücklich. Ich sorgte mich nicht mehr um die betreffende Person oder die Situation, weil ich wusste, dass sich alles genau so entwickeln würde, wie es sich entwickeln sollte. Mir ging es wieder gut.

Frohen Mutes begann ich, weiterzuschreiben, und brachte dieses Kapitel in dem Wissen zu Ende, dass mir diese herrlich irritierende Erfahrung genau in diesem Moment beschert worden war, damit ich darüber schreiben konnte. Es ist schwer zu beschreiben, wie befreit und selbstermächtigt ich mich fühle, weil mir diese Technik zur Verfügung steht. Ich hätte schließlich noch stundenlang in diesem verärgerten und aufgebrachten Zustand feststecken können, wegen etwas, an dem ich faktisch nichts ändern konnte ... Heute bin ich einfach nur glücklich, dass ich die Möglichkeit habe, solche deutlichen Veränderungen herbeizuführen, sie zu fühlen und diese Technik hier mit Ihnen zu teilen.

Ganz gleich, wie Sie anfangs auch reagieren mögen: Geben Sie nicht auf, und lehnen Sie die Technik nicht leichtfertig ab. Sie haben es verdient, glücklich zu sein, und Sie können das alte emotionale Chaos in sich in ein entspanntes, glückliches Bewusstsein verwandeln, dass Ihr ganzes Leben bereichert und Ihnen in allen Situationen die Kontrolle zurückgibt.

Während Sie sich mit den Breakthrough-Kräften im nächsten Teil beschäftigen, finden Sie heraus, welche Veränderungen Sie sich wünschen. Öffnen Sie sich den machtvollen Codes, die diese Energien erzeugen können. Jeder davon ist sehr real dazu in der Lage, Ihre persönlichen Schwingung zu aktivieren und anzuheben. Jedre Code lädt Ihre Energie mit einer strahlenden Resonanz auf, die in der energetischen Sphäre absolut unwiderstehlich wirkt.

TEIL IV

Die sieben Breakthrough-Kräfte

»Warum willst du die Tür nach außen öffnen,
wenn es eine Tür nach innen gibt?
Alles ist in dir.«

Yogaswami

KAPITEL 10

Die Breakthrough-Kraft des Geistes

»Ich habe die feste Überzeugung, dass unser Geist ein Wesen ist ganz unzerstörbarer Natur, es ist ein fortwirkendes von Ewigkeit zu Ewigkeit. Es ist der Sonne ähnlich, die bloß unseren irdischen Augen unterzugehen scheint, die aber eigentlich nie untergeht, sondern unaufhörlich fortleuchtet.«

Johann Wolfgang von Goethe

Ihr Geist ist ein wesentlicher Bestandteil des großen ewigen Netzwerkes universeller Energie. Jeder ist durch diese Energie, die uns ausmacht, untrennbar mit allen anderen und der Erde verbunden. Und obwohl er nur zu leicht abgetan wird, macht der Geist doch den Kern einer jeden Erfahrung aus. Er ist die Quelle jeder Lösung und das Epizentrum jeder Intention. Ich bin überzeugt, dass der Geist die wichtigste und primäre Kraft hinter jeder Veränderung ist.

Diese dynamische universelle Kraft ist eine Macht, die sich durch Zeit und Raum bewegt und uns mit allen anderen verbindet. Sie ist auch die Kraft des siebten Energiezentrums, des Kronen-Chakras, das sich am Scheitelpunkt des Kopfes befindet. Sie ist an der energetischen Aktivität der Codierungstechnik maßgeblich beteiligt.

Vielleicht kommt Ihnen dies als etwas zu »mystisch« vor. Dem ist aber gar nicht so. Diese Macht ist in jeder Beziehung energetischer Natur, sie ist immer vorhanden, und wir können sie nutzen, wann immer wir wollen.

Einen Großteil meiner psychologischen Studienjahre und meiner Autorentätigkeit habe ich damit verbracht, die energetischen Grundlagen der Dinge zu erforschen und zu verstehen. Dabei habe ich alles studiert: von der Bewusstseinsschöpfung bis zu David Bohms Interpretation der Quantenmechanik in der Theorie der Vernetzung, von den Funktionen der Neuropeptide und Neurotransmitter bis hin zu Zwillingsphotonen und morphogenetischen Feldern. Zwar sind all diese Themenkomplexe faszinierend, und viele liefern auch Hinweise auf die Ursachen unserer Erfahrungen, aber noch immer gibt es Fragen, die bisher unbeantwortet geblieben sind. Und es scheint mir, als ob diese Fragen nur beantwortet werden können, wenn wir noch tiefer gehen.

Nun gibt es viele Wissenschaftler, die die Annahme ablehnen, dass außerhalb der physischen Welt irgendetwas existieren könnte. Aber eine gleich große Anzahl von Wissenschaftlern glaubt fest an die Existenz unbekannter Kräfte – selbst schöpferischer. So soll Einstein einmal gesagt haben: »Unter den Dingen liegt etwas tief Verborgenes.«

Es ist nicht meine Absicht, endgültige Antworten in diesem Diskurs zu liefern. Ich erwähne das hier nur, um zu zeigen, dass die hier vorgestellten Theorien, auch wenn sie sehr überzeugend sind, nur ein Teil des ganzen Bildes sind. Ein anderer Teil mag weitaus wichtiger sein. Dieser Teil ist ein inneres Wissen, das jeder unsterblichen Seele innewohnt. Manche nennen es Intuition, andere Glaube oder einfach das Gefühl, es gäbe etwas, das mit dem Verstand nicht erfasst werden kann. Viele Menschen haben kein Bedürfnis, weiter darüber nachzudenken. Falls es Ihnen auch so geht, können

Sie dieses Kapitel einfach überspringen. Die Codierungstechnik wird trotzdem funktionieren.

Ich möchte aber darauf hinweisen, dass Sie davon profitieren werden, die folgenden Informationen ernst zu nehmen. Denn der Geist ist die Kraft, die all unseren Erfahrungen zugrunde liegt und die Macht hat, alle Schwierigkeiten auf der tiefsten Ebene aufzulösen.

Die Seele als Quelle

Die Kraft Ihres Geistes wirkt in Ihrem Körper, Ihrem Leben, Ihrem Verstand und Ihrer Essenz als Individuum. Sie steckt in Ihrem innersten Wesen und all den Energien und Kräften, die Ihnen zur Verfügung stehen. Sie ist ein so fester Bestandteil, dass Sie aus keinem Aspekt Ihres Lebens wegzudenken wäre. Die Bedeutung Ihres unsterblichen Geistes können Sie zu leugnen oder zu ignorieren versuchen, aber dennoch ist er immer gegenwärtig. Diese unwiderstehliche Kraft liefert Ihrer irdischen Erfahrung wichtige Informationen. Sie verleiht ihr Macht und Richtung.

Sie sind immer gleichzeitig ganz Geist und ganz Mensch. Es ist leicht, die menschliche Seite Ihres Lebens wahrzunehmen und zu verstehen. Die Absichten Ihrer Seele und ihre verborgene Führung aber sind weitaus schwieriger zu durchdringen. Daher ist es unerlässlich, dass Sie sich ein höheres Bewusstsein von Ihrer Seele aneignen und dem Code der Wahrheit gegenüber erwachen, der in Ihnen angelegt ist. Aber Vorsicht! Dies ist nicht irgendein New-Age-Aphorismus. Der Geist ist die Quelle Ihrer Identität und Macht, der die Grenzen transzendiert, von denen Sie umgeben zu sein scheinen.

Ihr Geist ist eine der größten Kräfte überhaupt, denn er besitzt unbegrenzte schöpferische Energie und Macht. Die einzige Einschränkung entsteht durch die Weigerung, Ihre Seele als das Kraftzentrum anzuerkennen, das sie ist. Ihr höheres Selbst ist der unsterbliche Teil von Ihnen, der Ihr Schicksal miterschafft, dies immer getan hat und immer tun wird. In Kombination mit der Energie und dem Bewusstsein Ihres Verstandes und Herzens tragen die Absichten Ihrer Seele dazu bei, Ihre zukünftigen Erfahrungen festzulegen und Ihnen in jeder Situation Stärke zu verleihen.

Es mag seltsam klingen, aber Ihr höheres Selbst weiß mehr über Sie als Sie selbst. Es stimmt! Ihr Geist versteht besser, was Sie brauchen und wozu Sie fähig sind, als Ihr »persönliches Selbst«. Ihr Seelencode enthält Kerninformationen, zu denen auch die Geschichte gehört, die diesem Leben vorausgegangen ist, sowie die tiefere Bedeutung Ihrer persönlichen Erfahrungen, das wahre Ausmaß Ihres unschätzbaren Wertes und die Macht aller in Ihnen angelegten Codes. Das ist Ihre größte Wahrheit. Wenn Sie die Selbstsabotage durch unerwünschte Muster also wirklich durchbrechen wollen, besteht der erste Schritt darin, sich dieser machtvollen Kraft zu öffnen.

Das Überselbst

Der Code Ihrer Seele stammt aus Ihrem ewigen Bewusstsein, das seinen Ursprung in der Energie, der Macht und dem Licht des göttlichen Quells hat. Dies ist das Kraftwerk der Schöpfung, das von der Überseele – dem göttlichen Quell – gespeist wird, die uns alle in einem energetischen Tanz gemeinsamer Intentionen und pulsierender Konsequenzen verbindet. Diese Intentionen verbinden alle Individuen auf einer höheren Ebene und zu einem Zweck, der über unser persönliches Leben hinausgeht und globale Bedeutung hat

Zudem wird die Kraft des Geistes durch die unendlich hilfreichen und machtvollen Schwingungen der ätherischen Welt gespeist, wozu die liebevollen Geister von Familienangehörigen und Freunden, von Engeln, Geistführern und Meistern zählen. Viel zu viele Menschen ignorieren diese Verbindung und büßen so einen Großteil ihres Potenzials ein. Ohne die Macht des Geistes zu leben ist so, als würde man zuhause nie das Licht anschalten und dann die Dunkelheit verfluchen, weil man gegen ein Möbelstück stößt. Sie wandeln durch Ihr Leben, ohne das Licht anzuschalten, wenn Sie nicht verbunden sind. Warum aber sollten Sie weiterhin diese dynamische Kraft ignorieren und über Ihre Probleme fluchen, wo Sie doch die Möglichkeit haben, sie zu nutzen?

Diese universelle Kraft ist nicht nur ein abstraktes Konzept, sie hat eine alles umfassende, machtvolle Schwingung. Diese Energie zu »zünden« ist weit mehr als nur das Anschalten des Lichts, denn dadurch setzen Sie einen gewaltigen Strom der Weisheit, Führung, Hilfe und Liebe frei, der Ihnen wie die starke Strömung eines reißenden Flusses helfen kann vorwärtszukommen und Sie dem wahren Glück entgegenträgt, nach dem Sie sich sehnen.

Der brennende Geist

Die Kraft des Geistes lässt sich mit einem Raketentriebwerk vergleichen, das, wenn es gezündet wird, die Rakete in den Himmel schießt. Es gibt vieles, was Sie tun können, um diese Kraft zu zünden und Ihrem Leben Auftrieb zu verleihen. Dazu müssen Sie diese Kraft aber sehr ernst nehmen. Sie ist der Kern Ihrer Lebensenergie und kann alle anderen Break-through-Kräfte speisen.

Bedenken Sie, dass sich die gesamte Schwingung Ihrer Lebenskraft ins Universum hinausbewegt und Ihr Bewusst-sein in die energetische Welt projiziert, wo die Samen Ihrer zukünftigen Realität gesät werden. Und ob Sie es nun glauben oder nicht, das Zentrum dieser Projektion ist Ihr ewiger Geist, das wichtigste und dynamischste Teil des Puzzles. Der Geist ist wie der Kern eines Atomkraftwerks. Würde dieses wich-tigste Teil abgeschaltet werden, könnte keine Energie mehr erzeugt werden. Aber Sie können den Kern Ihrer Lebenskraft aktivieren und ein unglaubliches Maß an Macht und Ener-gie projizieren, das Ihr Leben wie nie zuvor erstrahlen lassen wird.

Frieden einleiten

Der erste »Zünder« Ihres Geistes ist Entspannung. Zwei der wichtigsten Faktoren, um diese Kraft nutzen zu können, sind die Fähigkeit und die Bereitschaft sich zu entspannen. Es mag seltsam klingen, dass man durch inneren Frieden machtvol-ler wird, aber durch Entspannung wird der Geist aufgeladen, und durch einen stillen Verstand und ein offenes Herz erfah-ren wir Inspiration. Daher ist das regelmäßige Üben in der Kunst der Entspannung eine Voraussetzung, um diese Kraft zu aktivieren.

Das heißt nun aber nicht, dass Sie nur dann Inspiration erfahren oder die Macht des Geistes nutzen können, wenn Sie sich entspannen. Es bedeutet vielmehr, dass der Prozess regelmäßiger Entspannung und Meditation einen Kanal zum Geist offen hält, durch den Energie fließen kann: von der schöpferischen, heilenden Energie des Göttlichen bis hin zum Alaya-Bewusstsein[5], dem gewaltigen Feld, das alle Informationen enthält, die Sie jemals brauchen können.

Die Praxis der stillen Meditation erschafft nicht nur eine Verbindung zu Ihrem höheren Selbst und Ihrer Intuition, sondern auch zu aller Hilfe, Macht und Führung, die im Reich der Energie existiert. Halten Sie also einen Moment inne, und entspannen Sie sich. Nehmen Sie sich Zeit, um zu meditieren. Erzeugen Sie Stille und Frieden in Herz und Verstand – und auch in Ihrer Umgebung. Beginnen Sie, indem Sie ein paar Minuten am Tag einfach ruhig und ganz bei sich sind: Ohne Ablenkungen, ohne Fernsehen oder Radio lassen Sie alle Gedanken los und atmen ruhig in Ihr Herzzentrum. Dehnen Sie den Zeitraum aus, wenn Sie damit vertrauter geworden sind. Machen Sie das zu einem festen Bestandteil Ihres Alltags. Und täuschen Sie sich nicht: Meditation ist nicht nur ein Weg zu innerem Frieden, sondern auch zu Macht.

Aktivieren Sie Ihre Intuition

Regelmäßiges Meditieren wird nicht nur zu innerem Frieden führen, sondern Ihnen auch helfen, sich mit Ihrer Intuition zu verbinden. Wenn das geschieht, müssen Sie lernen, ihr zu vertrauen. Jeder hat verschiedene Stimmen im Kopf, darunter gewohnheitsmäßige Überzeugungen, Angstgedanken und endlose Listen von Dingen, die es zu erledigen gilt. Aber

5   Alayavijnana: Speicherbewusstsein, ist das achte und fundamentalste Bewusstsein (Vijnana) innerhalb der Vijnanavada (Bewusstseinslehre). Dabei heißt das Sanskritsubstantiv alaya auf Deutsch »Seele« und ist verwandt mit dem Adjektiv alaya, das »nichtzugrundegehend« heißt. (Quelle: Wikipedia)

viele Ihrer subtileren Gedanken entspringen Ihrem intuitiven Geist. Selbst wenn Sie dazu neigen, sich den Gedanken Ihres emotionalen und persönlichen Tagesprogrammes hinzugeben, so ist es doch viel wichtiger anzufangen, auf Ihre Intuition zu hören. Es mag Ihnen vielleicht nicht bewusst sein, aber Ihr intuitiver Geist hat die meisten Antworten, nach denen Sie suchen. Seine wichtigen Ratschläge müssen gehört und respektiert werden.

Um mit einer regelmäßigen Praxis der Intuition beginnen zu können, müssen Sie sich zunächst öffnen, um Informationen zu bekommen, und dann bereit sein, diesen zu vertrauen. Entspannen Sie sich, hören Sie auf die Stimme Ihres Geistes, vertrauen Sie den Ratschlägen, die Sie erhalten, und befolgen Sie sie. Sie können bei diesem Prozess Ihr Tagebuch als Unterstützung betrachten, in ihm Eindrücke und Ratschläge aufschreiben und sich notieren, wie sich die einzelnen Situationen entwickelt haben.

Es gibt viele verschiedene Arten der Intuition. Spontane Intuition geschieht automatisch, während Sie Ihren gewohnten Tätigkeiten nachgehen. Sie äußert sich etwa als flüchtiger Impuls, heute einmal einen anderen Weg zur Arbeit zu nehmen. Später stellt sich dann heraus, dass der normale Arbeitsweg wegen Bauarbeiten gesperrt wurde. Sie können eine intuitive Erfahrung aber auch herbeiführen, indem Sie die Augen schließen, tief durchatmen, entspannen und sich dann auf ein Thema oder eine Frage konzentrieren. Achten Sie auf die erste Reaktion, die Sie vielleicht in Form eines Wortes, Bildes oder Symbols bekommen. Vertrauen Sie auf das, was Sie wahrnehmen, und öffnen Sie sich für die Bedeutung dieser Botschaft.

Sie erkennen die Intuition daran, wie sie sich für Sie anfühlt. Sie wirkt einfach überzeugend, aber ohne emotionalen Druck. Wenn Sie doch einen emotionalen Druck verspüren, besonders wenn es sich dabei um Angst handelt, sind vermutlich Ihre niederen Gefühle für derartige Gedanken verantwortlich. Ihre Intuition wird niemals Ihre innere Macht oder Ihre Selbstliebe vermindern. Sie wird Sie nie zu etwas verleiten, was Sie entehrt. Ihre intuitive Stimme wird Sie immer auffordern, einen höheren Weg zu suchen und ihm zu folgen.

Die geistige Verbindung und Hilfe aktivieren

Führung und Hilfe erhalten Sie jedoch nicht nur von Ihrer Intuition, sondern auch in unbegrenztem Ausmaß von Ihren Geisthelfern. Sie können sie in Ihren Träumen und durch eine tiefe, offene Verbindung zum göttlichen Bewusstsein wahrnehmen. Dieses stellt eine so wichtige und einflussreiche Macht dar, dass es jede Mühe wert ist, die Codierungstechnik einzusetzen, um einen friedvollen Verstand und ein empfängliches, vertrauensvolles Herz zu erschaffen. Wenn Sie fühlen, dass Sie Führung empfangen, diese aber durch Sorgen, die täglichen Ablenkungen, Aufregung oder Depression blockiert ist, ist es besonders wichtig, auch diese Muster zu löschen.

Stehen Sie sich also nicht länger selbst im Weg. Löschen Sie die Sorgen, lassen Sie die Ablenkungen beiseite, und denken Sie immer daran zu bitten. Bitten Sie um Hilfe oder Führung. Bitten Sie um Heilung und Stärke. Ob Sie nun eine kleine Inspiration brauchen oder eine wirkliche Lösung für ein großes Problem, bitten Sie darum. Ich empfehle Ihnen, Ihr Tagebuch neben das Bett zu legen, damit Sie sich die Antworten aufschreiben können, die Ihnen im Traum kommen.

Ich habe immer ein Notizbuch bei mir, weil ich nicht weiß, wann eine spontane Inspiration zu mir kommen mag. Bitten Sie darum, die Antworten auf eine Weise zu erhalten, die Sie auch verstehen können. Seien Sie dann offen für die Botschaften, die zu Ihnen kommen.

Sie können eine ständige Kommunikation mit der geistigen Welt aufbauen: mit der Stimme Ihres höheren Selbst oder der Stimme Gottes, mit den liebevollen Freunden und Geistern, die um uns sind. (Cornelius Vanderbilt suchte den Rat eines Mediums, bevor er in Firmen investierte oder sie kaufte, und wir wissen alle, wie erfolgreich er war.[6]) Auch Sie können diese höheren Ebenen des Bewusstseins erlangen. Mit der Zeit werden Sie immer mehr Informationen vom Ort der göttlichen Wahrheit empfangen und größeres Vertrauen entwickeln – nicht nur in Ihre eigene Kommunikation mit dem Geist und Ihrer Intuition, sondern auch in die Welt. Dies ist ein ständig größer werdender Kreis. Ihr Vertrauen und Ihre Weisheit werden exponentiell zunehmen, wenn Sie diese machtvolle Kraft aktivieren und sie zu einem integralen Teil Ihres Alltags machen.

Codierungspunkte

Ihre Fähigkeit zur Entspannung, Ihre Verbindung mit dem Geist und Ihrer Intuition können bedeutsamen Einfluss auf Ihr ganzes Leben haben. Sobald diese einmal entwickelt sind,

6 Cornelius Vanderbilt, 27. Mai 1794 bis 4. Januar 1877, war einer der erfolgreichsten und reichsten Unternehmer der Vereinigten Staaten. Man nannte ihn wegen des Besitzes der New York Central den »Schiffs- und Eisenbahnkönig«. Cornelius Vanderbilt ist Begründer der bekannten Vanderbilt-Familie. (Quelle: Wikipedia)

können Sie alle möglichen Informationen empfangen – von flüchtigen, alltäglichen bis hin zu lebenswichtigen Entscheidungen. Um diese wunderbare Kraft zu zünden, können Sie die folgenden Codierungssätze verwenden, während Sie gleichzeitig die Techniken ausführen, die Sie in den Kapiteln 8 und 9 gelernt haben. Schreiben Sie die Empfindungen und Veränderungen, die Sie wahrnehmen und beobachten, in Ihr Tagebuch. Vergessen Sie nicht, auf die Stimme Ihrer Intuition zu hören, wenn Sie Decodierungs- und Codierungssätze formulieren.

Löschen

Ich lösche Zweifel und Unglauben.
Ich lösche Stress und Aufregung.

Programmieren

Ich programmiere einen friedvollen Geist und Körper ein.
Ich programmiere die Fähigkeit ein, mich zu beruhigen und zu entspannen.
Ich programmiere, mich in der Meditation wohlzufühlen.
Ich programmiere ein friedvolles Gewahrsein meiner Seele.
Ich programmiere eine starke Intuition ein.
Ich programmiere eine offene Verbindung zu meinem Geist und der liebevollen geistigen Energie um mich herum ein.
Ich programmiere ein klares Verständnis der Eindrücke ein, die ich empfange.
Ich programmiere die Fähigkeit zu bitten und zu vertrauen ein.

Blockieren Sie Ihre energetische Leitung?

Da Entspannung und innerer Friede den vielen wunderbaren Mächten des Geistes die Tür öffnet, ist es umgekehrt nur logisch, dass Konflikte und Unruhe sie verschließen. Tatsächlich ist das häufigste Reaktionsmuster, das diese Mächte blockiert, ein Leben in Unruhe und Aufregung. Für viele Menschen ist es schwierig sich zu entspannen, weil sie nicht still sitzen und Ihren Verstand zur Ruhe bringen können. Das kann ein Anzeichen für innere Konflikte sein, weist aber auch auf das Vorhandensein einer niemals verstummenden Stimme hin, die alles analysiert und sich um alles sorgt. Die Angst hat, perfekt sein muss oder einfach gestresst ist, weil sie zu viel um die Ohren hat.

Die Ursache der Unfähigkeit, sich zu entspannen und sich zu verbinden, kann aber auch in Konflikten mit anderen Menschen liegen. Zu nennen wären hier besorgniserregende, unerledigte Probleme, aber auch nicht ausgedrückte Verletztheit oder Wut und auch Feindseligkeiten, sei es nun zuhause, auf der Arbeit oder in Liebesbeziehungen. Sollte das der Fall sein, ist es wichtig, die Sorgen zu löschen und bewusst loszulassen, um so den inneren Konflikt zu bereinigen. Stellen Sie sich der Feindseligkeit, und überlegen Sie sich, was Sie tun müssen, um eine Lösung zu finden. Drücken Sie Ihre Gefühle in Ihrem Tagebuch aus. Seien Sie ehrlich zu sich selbst und anderen, und erkennen Sie, dass Sie es verdient haben, für sich selbst einzustehen.

In schwierigen Zeiten brauchen Sie die Macht des Geistes am dringendsten, aber Ihre aufgeregte Schwingung erschwert es ihr zu fließen. Sie können die Aufregung und die Sorgen löschen. Beim Meditieren bitten Sie um die Energie des Geistes, um Ihnen zu helfen, friedvoll und ruhig zu sein, und um

Lösungen für alle Schwierigkeiten zu finden, mit denen Sie konfrontiert sind.

Zur Sache!

Was der Nutzung der Macht des Geistes am meisten im Weg steht, ist, nicht an seine Existenz zu glauben. Die Spaltung Ihres geistigen Fokus und die Leugnung der Bedeutung des Geistes fragmentiert Ihre essentielle Energie, ohne dass Sie sich dessen überhaupt bewusst sind. Sie werden nicht motiviert sein, zu meditieren oder Ihre Intuition zu entwickeln, wenn Sie die Macht und Bedeutung dieser wunderbaren Kraft ausblenden.

Viele Menschen betrachten nur die materielle Welt als »real«. Sie leben mit der Einstellung, dass die Energie des Geistes nichts mit der realen Welt zu tun hat und dass es keine Beweise dafür gibt, dass sie überhaupt existiert. Dann gibt es noch diejenigen, die enttäuscht sind, weil ihre Gebete nicht so beantwortet wurden, wie sie es sich erhofft hatten. Sie haben den Glauben verloren, was zu einer Spaltung zwischen sich selbst, der Macht des Geistes und ihrem höheren Selbst führt. Es ist auch für Sie an der Zeit, Ihren Glauben an diese unsichtbare, aber ungeheuer dynamische Macht zu erneuern – welchen Namen Sie ihr auch immer geben mögen.

Religiöse Erfahrungen oder die religiöse Erziehung erzeugen in manchen Menschen Angst vor spirituellen Erlebnissen, so dass sie sich sogar mit einer einfachen Meditationspraxis unwohl fühlen. Falls das auf Sie zutreffen sollte, ist es wichtig, dass Sie solche Ängste löschen. Ihre Ängste können nämlich durch falsche Informationen in diesem Leben oder durch religiöse Verfolgung in früheren verursacht worden sein. Nun hört sich das vielleicht für manch einen verrückt an, aber Ihr ewiger Code besteht aus einer Ansammlung vieler spezifischer Codes aus emotional aufgeladenen Erfahrungen und Reaktionsmustern, die Sie nicht verstehen und von deren Ursprung Sie nichts ahnen. Der Prozess des Decodierens und Codierens ist ja auch gerade deshalb so wirkungsvoll, weil Sie die Ursache eines Problems nicht kennen müssen, um es zu verändern.

Codierungspunkte

Wenn innere oder äußere Konflikte Sie aus der Ruhe bringen, dürfen Sie nicht aufgeben. Versuchen Sie auch bitte in Ihrem eigenen Interesse, die Sache nicht zu intellektuell anzugehen. Sie können Unruhe und Widerstand löschen. Öffnen Sie sich der Macht und Wahrheit der erstaunlichen Macht des Geistes in Ihnen. Wenn Sie in Ihr Tagebuch schreiben, lassen Sie einfach zu, dass sich die Hand bewegt, und schreiben Sie auf, was auch immer auf der Seite erscheinen möchte.

Sie können die folgenden Sätze während des Codierungsprozesses verwenden, um sich enger mit dem Geist und Ihrer Intuition zu verbinden und Hilfe zu empfangen.

Decodieren
Ich lösche Sorgen und übermäßiges Analysieren.
Ich lösche Erregung.
Ich lösche innere und äußere Konflikte.
Ich lösche jeden Widerstand gegen die Liebe und Unterstützung des Geistes.
Ich lösche alte Muster der Angst.

Codieren

Ich programmiere Entspanntheit und Sicherheit im Umgang mit Entscheidungen, die mich wertschätzen.

Ich programmiere ein friedvolles Herz und die Bereitschaft, äußere Sorgen loszulassen.

Ich programmiere die Fähigkeit, mich leicht zu entspannen und zu empfangen.

Ich programmiere eine offene, fließende, empfängliche Verbindung ein.

Ich programmiere Verbundenheit mit der Liebe, Macht und Entschlusskraft des Geistes.

Ich programmiere die Fähigkeit ein, um die Hilfe des Geistes zu bitten und sie zu empfangen.

Ich programmiere die Bereitschaft ein, mich mit meinem ewigen Selbst zu verbinden.

Ich programmiere einen entspannten Umgang mit und Offenheit gegenüber der göttlichen Liebe und geistigen Energie.

Ich programmiere die Fähigkeit ein, die Wunder und Macht zu erkennen, die der Geist zu bieten hat.

Dianas Geschichte

Dianas Erziehung war durch viele falsche Informationen geprägt, die in ihr Angst vor vielen Erfahrungen des Lebens hervorgerufen hatten. Sie setzte den Decodierungsprozess ein, um alte Traumata, negative Gefühle und Überzeugungen aufzulösen. Stattdessen programmierte sie Frieden, Glück und Selbstvertrauen ein.

Zuerst waren die Ergebnisse recht subtil, aber vor Kurzem wurden sie schließlich stärker und sichtbarer. Ihr Denken hat sich positiv verändert, und tröstliche neue Gedanken scheinen ihr immer häufiger in den Sinn zu kommen, was definitiv ein Zeichen für stärkere Intuition und größere Inspiration ist. Und wie es so oft geschieht, wenn die Macht des Geistes zunimmt, hat sie alle möglichen Informationen über alle Bereiche Ihres Lebens erhalten, darunter über sich selbst, ihre Beziehung zu anderen und die Einflüsse aus ihrer Vergangenheit. Die Klarheit, die sie dadurch erlangt hat, hat sie gegenüber anderen toleranter gemacht. Sie ist auch sich selbst gegenüber liebevoller und im Umgang mit so ziemlich allem viel entspannter geworden.

Diana ist heute auch viel objektiver und kann viele Dinge aus der Sicht ihrer Seele sehen, was zu Weisheit führt und Erkenntnis der tieferen Bedeutung der Dinge ermöglicht. Eine solche Sicht hat einen beruhigenden Effekt, reduziert zwanghaftes Streben und Perfektionismus und verstärkt Gegenwärtigkeit, Frieden und Freude.

Diana berichtet über eine viel stärkere Intuition und erzählt von vielen wunderbaren Erlebnissen der Inspiration. Was nun durch ihr ruhiges Verständnis und ihre Klarheit möglich ist, war durch ihre chronische Unruhe vorher eher schwierig – wenn nicht sogar unmöglich.

Wie Diana so können auch Sie Ihrem Leben mehr Bedeutung verleihen und ein stärkeres Gefühl inneren Friedens erlangen. Möge es für Sie sicher und angenehm sein, sich mit dem Geist zu verbinden. Öffnen Sie Ihrer Intuition und der Macht des Geistes Herz und Verstand. Spüren Sie die Präsenz des Geistes und seine Liebe und Unterstützung. Entspannen Sie sich, und affirmieren Sie: *Ich bin frei, offen und im Einklang mit der Macht und den Segnungen der göttlichen Liebe und den überreichen Gaben des Geistes. Kraftvolle, vitale Energie durchströmt mich und schenkt mir jetzt Weisheit, Heilung und*

Glück. Das ist eine wunderschöne Intention für Ihr ganzes Leben!

Bringen Sie Ihren Verstand zur Ruhe und begeben Sie sich an jenen wundervollen, von Frieden erfüllten Ort, der in Ihnen beginnt und sich bis ans Ende des Universums erstreckt. Sobald Sie zulassen, dass Sie die Liebe und Unterstützung dieser machtvollen Kraft empfangen, wird nichts in Ihrem Leben sein wie zuvor.

KAPITEL 11

Die Breakthrough-Kraft der Vision

»Unendlicher Reichtum umgibt Sie, wenn Sie nur Ihr geistiges Auge öffnen und das Schatzhaus der Unendlichkeit in sich selbst erblicken. In Ihnen existiert eine Goldmine, von der Sie alles nehmen können, was Sie brauchen, um ein glorreiches, von Freude erfülltes und überreiches Leben zu führen.«

Joseph Murphy

Wenn Sie es leid sind, immer wieder die gleichen alten Gefühle zu fühlen und in die immer gleichen Situationen zu geraten, dann kann Ihnen die machtvolle Kraft der Vision garantiert dabei behilflich sein. Aber was genau ist dieses bedeutsame und doch häufig übersehene schöpferische Element? Nun, es beginnt ganz am Anfang, und zwar damit, wie Sie sich selbst und Ihr Leben sehen. Jeder Mensch sieht sich auf eine bestimmte Weise, selbst wenn er nie bewusst darüber nachdenkt. Auch jetzt, in diesem Augenblick tragen Sie solch eine Vision in sich. Sie wissen es vielleicht nicht, aber Sie haben auch eine Vision von Ihrem Leben und Ihrer Zukunft.

Nehmen Sie sich einen Augenblick lang Zeit, um sich einmal zu fragen, wie Sie sich selbst und Ihr Sein wahrnehmen. Wie ist es im Alltag? Betrachten Sie sich als sorglosen, fröhlichen Menschen, voller Begeisterung und Freude durchs Leben gehend? Denken Sie gründlich darüber nach, denn die

Vision, die Sie von sich selbst haben, beeinflusst maßgeblich Ihr Glück und die Gestaltung Ihrer Zukunft.

Ich stellte diese Frage einmal einer Klientin namens Cassie. Natürlich sagte sie mir daraufhin erst einmal, dass sie noch nie darüber nachgedacht hätte. Nach einer Weile aber sagte sie: »Ich sehe mich als pummelige Frau mittleren Alters, die rein mechanisch vor sich hin lebt.« Dann fügte sie hinzu: »Aber eines Tages werde ich glücklich sein.«

Dann sprachen wir darüber, dass die Macht dieser bisher unausgesprochenen Vision ständiger Enttäuschung und Entmutigung den Boden bereitet hatte. Cassie war erstaunt, als sie erfuhr, dass ihre Vision entscheidenden Einfluss auf ihren Glauben, ihre Depressionen und auf ihre Bewusstseinsschöpfungen gehabt hatte, obwohl sie scheinbar nur eine stille unbewusste Strömung in ihrem Leben gewesen war.

Um dieses unerkannte, aber sehr starke Reaktionsmuster zu ändern, gingen wir zurück zu ihrer ursprünglichen Kernwahrheit: dass sie fähig und mächtig genug war, die Dinge von innen heraus zu verändern. Sie löschte die negative Sicht auf sich selbst und ihr Leben und ließ die dazugehörigen Bilder los, wann immer sie auftauchten. Sie programmierte eine liebevolle Vision von sich selbst als attraktive, lebensfrohe Frau ein, die sich dafür entschieden hatte, jetzt glücklich zu sein, statt darauf zu warten, irgendwann einmal glücklich zu werden.

Die Veränderungen waren enorm: Cassie sah jetzt sich und jeden Tag als von Freude erfüllt und begann in diesem emotionalen Energiezustand zu leben. Langsam verlor sie die zehn Kilo, mit denen sie seit Jahren gekämpft hatte. Sie wurde aktiver, geselliger und hatte mehr Spaß. Sie begann sogar, Freude an dem Beruf zu haben, den sie vorher als langweilig empfunden hatte.

Spieglein, Spieglein an der Wand

Kern jeder machtvollen Vision ist eine positive Sicht auf sich selbst und eine optimistische, von Akzeptanz geprägte Sicht auf das eigene Leben. Daraus entwickeln sich eine optimistische Sicht auf die Zukunft und ein positives Bild der Welt, in der man lebt. Glücklicherweise kann all das einprogrammiert werden. Falls Sie diese positiven Bilder als unrealistisch ablehnen, sollten Sie bedenken, dass die Wahl Ihrer Sichtweise ausschließlich von Ihnen abhängt – wie alles andere übrigens auch. Ganz gleich, wie negativ Sie sich selbst, die Welt oder Ihre Zukunft auch beurteilen mögen, so haben Sie doch sowohl die Möglichkeit als auch die Fähigkeit, diesen Code zu ändern. Sie können Ihrem Leben durch einen neuen Code, der schöne neue Bilder erhält, frischen Schwung verleihen.

Hier eine wichtige Frage: *Wie oft lächeln Sie, wenn Sie an Ihre Zukunft denken – sei es die in einer Stunde, die von morgen, in ein paar Monaten oder Jahren?* Die Frage mag Ihnen lächerlich vorkommen, aber die Antwort verrät viel über die Macht der Vision in Ihrem Leben. Fragen Sie sich nun bitte: *Was müsste geschehen, damit ich lächle, wenn ich an meine Vision von mir oder meiner Zukunft denke?* Schreiben Sie die Antworten in Ihr Tagebuch.

Sie können ein Bild von sich selbst erschaffen, das Sie wahr werden lassen wollen. Stellen Sie sich vor, wie Sie durch den Alltag tanzen. Entscheiden Sie sich für einen neuen optimistischen Code, und affirmieren Sie: *Ich habe eine wundervolle, freudige Sicht auf mich, und ich entscheide mich dafür, eine glückliche Vision von meiner Zukunft zu haben.* Benutzen Sie die folgenden Zünder, um eine liebevollere und optimistischere Sichtweise zu etablieren.

Eine wunderbare Sicht auf sich selbst aktivieren

Offensichtlich ist der erste Zünder dieser besonders einflussreichen Kraft eine positiv geladene Sicht auf sich selbst. Das
scheint dem positiven Selbstgespräch oder den liebevollen
Gedanken an sich selbst zu ähneln, die in den nächsten Kapiteln erörtert werden, aber es gibt doch einen bedeutsamen
Unterschied. Hier geht es darum, sich selbst voller Liebe und
Freude zu betrachten, und um eine beinahe zärtliche, akzeptierende Reaktion, wenn Sie sich selbst im Spiegel oder auf
einem Foto sehen. Seien Sie ehrlich: Können Sie Ihrem Spiegelbild positiv entgegenblicken oder ein Bild von sich wohlwollend betrachten? Falls nicht, dann ist es nun höchste
Zeit, dieses alte Muster zu löschen.

Da dieser subtile und doch so machtvolle Aspekt des Denkens bedeutsame Veränderungen bewirkt, müssen Sie sich
bewusst vornehmen, eine positive Sicht auf sich zu haben
und Ihr eigenes Bild mit Anerkennung und Liebe zu betrachten. Diese zarte visuelle Verbindung zu Ihrer Identität wird
Begrenzungen aufheben und ein stärkeres Glücksgefühl
erzeugen, so dass eine größere Synchronizität in Gang gesetzt
wird. Dies ist eine authentische und lebensbejahende Energie, die Ihr Potenzial in alle Richtungen erweitern wird.

Machen Sie es sich also zur Gewohnheit, mit bewusster
Akzeptanz und Freude in den Spiegel zu schauen. Löschen
Sie alle negativen Urteile, die Sie gegenüber Ihrem äußeren
Erscheinungsbild haben. Lächeln Sie, verwenden Sie positive
Bilder, sagen Sie sich selbst, dass Sie schön sind, und werfen
Sie sich ruhig auch Handküsschen zu. Ganz gleich, wie Sie es
tun wollen, entscheiden Sie sich für eine zufriedene Selbstbe-
trachtung des gegenwärtigen Bildes Ihrer Seele. Denken Sie
immer daran, dass Ihr Geist die wahre Quelle Ihrer Schönheit

und Macht, Ihres Wertes und Ihrer Würde ist. Wenn Sie im Bild Ihrer selbst Ihre Seele erblicken können, bringt Sie das in Kontakt mit der Wahrheit und mit den höchsten Ebenen der Macht, die das Universum zu bieten hat.

Deshalb können Spiegelaffirmationen ein dynamischer Teil einer neuen positiven Sicht auf sich selbst sein. Es mag zu einfach erscheinen, aber diese Übung erzeugt eine lebensverändernde Energie. Wenn Sie in den Spiegel blicken und sich selbst wohlwollend betrachten, erzeugen Sie einen wirbelnden Energiestrudel, der Ihre Seelenwahrheit in das unermessliche Feld der Schöpfung hineinprojiziert. Diese Wahrheit lautet: Sie strahlen bis in alle Ewigkeit. Folglich sollte Ihre Sicht auf sich selbst nicht länger von Ihrer Erscheinung abhängig sein. Ganz gleich, was die Gesellschaft uns auch glauben machen will: Unsere Erscheinung bestimmt weder unseren Wert noch unsere Schönheit. Nur die Seele tut das. Ganz gleich, wie Sie aussehen mögen, nehmen Sie sich vor, sich selbst voller Liebe zu betrachten.

Um diese wunderbare Kraft der Vision zu aktivieren, tun Sie bitte das Folgende: Wenn Sie ein Bild von sich ansehen, schauen Sie sanft in die Augen und das Herz des Bildes und affirmieren Sie: *Ich sehe hier etwas Wertvolles. Ich sehe hier etwas Schönes. Ich sehe hier etwas Machtvolles. Ich sehe hier jemanden, der alles Gute dieser Welt verdient hat.* Löschen Sie im Anschluss jegliches Urteilen hinsichtlich Ihrer Erscheinung oder irgendetwas anderem. Programmieren Sie wunderschöne, von Licht erfüllte Visionen Ihrer selbst. Programmieren Sie eine lächelnde, glückliche Energie, die so hell erstrahlt, dass alle sie wahrnehmen können.

Meditieren Sie jeden Morgen ein paar Minuten über diese immer liebevoller und akzeptierender werdende auf Sicht Ihr Selbst, und programmieren Sie eine freudvolle, akzeptierende

Vision. Diese Strömung der von Ihnen gewählten Energie wird Ihre Vision »zünden« und zu einer viel umfassenderen Sicht Ihrer Zukunft führen.

Aktivieren Sie Bilder einer zufriedenen Zukunft

Der nächste Zünder der machtvollen Breakthrough-Kraft der Vision ist die Fähigkeit, Erfüllung und Glück in Ihrer Zukunft zu sehen. Die Dynamik Ihres Lebens bewegt sich entsprechend Ihrer Vision von der Zukunft. Aber manche Menschen malen sich Ihre Zukunft ebenso wenig aus, wie sie über sich selbst nachdenken. Wenn Sie sich Ihre Zukunft aber nicht bewusst so vorstellen, wie Sie sie erleben möchten, könnten Sie unbewusst negative Vorstellungen von dem haben, was vor Ihnen liegt.

Natürlich beschäftigen sich auch viele Menschen mit ihren Zielen und visualisieren, dass sie bei der Erreichung eines Ziels glücklich sein werden. Doch Ihre Sicht der Zukunft nur auf ein Ziel oder eine Vision zu beschränken, könnte Ihre eigentlichen Absichten sabotieren. Die unterschwellige Botschaft könnte lauten, dass Sie nur glücklich sein können, wenn ein bestimmtes Ziel erreicht ist. Diese Botschaft enthält aber den Unterton von Unzufriedenheit mit der Gegenwart, der sich mit dem verzweifelten Verlangen vermischt, das Ziel um jeden Preis erreichen zu müssen. Eine derartige toxische Energie führt aber nicht nur zu einem trostlosen Leben in der Gegenwart – die negative Schwingung der unbedingten Dringlichkeit ist auch eine Garantie für eine trostlose Zukunft.

Was also ist die Lösung? Stellen Sie sich auch weiterhin vor, dass Sie Ihr Ziel frohen Mutes erreichen. Begeistern Sie sich für die Aussicht auf Erfolg, aber lassen Sie es dabei nicht bewenden. Schließlich ist Ihre Zukunft nicht auf das Erreichen eines Zieles begrenzt. Ihre Zukunft ist der nächste Augenblick, die nächste Stunde, die nächste Woche und der nächste Monat. Ihre Zukunft ist der von Aktivitäten und Emotionen erfüllte Alltag.

Entscheiden Sie sich bewusst für eine positive Sicht auf Ihre Zukunft. Dazu gehören alltägliche Aufgaben, die mit Begeisterung erledigt werden, Momente der Entspannung, die Schritte, die notwendig sind, um Ihre Ziele zu erreichen, und die erfreulichen Endresultate. Stellen Sie sich nur nicht irgendeinen unbekannten Zeitpunkt vor, an dem sich schließlich alles zum Besseren wenden wird. Die Zukunft ist heute! In diesem Wissen können Sie unendlich viele Zeiten des Glücks erschaffen, in denen Sie regelmäßig eine optimistische Sicht auf die Gegenwart haben.

Richten Sie es ein, dass Sie jeden Morgen einige Augenblicke darauf verwenden können zu visualisieren, wie Sie durch den anstehenden Tag gehen. Stellen Sie sich Glück vor, und programmieren Sie es ein. Sehen Sie sich selbst lächeln, Witze machen, lachen, singen, tanzen und an den Blumen riechen. Programmieren Sie all das als frohe Momente ein, die Ihnen helfen, in einer Energie der Freude zu leben und Ihr Leben erstrahlen zu lassen. Dies ist nur eine kleine, einfache Veränderung, die aber eine unwiderstehliche Resonanz erzeugen wird.

Was auch immer Sie heute zu tun haben, stellen Sie sich vor, es mit Freude zu tun. Wenn Ihnen das komisch vorkommt, löschen Sie auch die Unlust und die Negativität, mit der Sie bisher Ihren Alltag betrachtet haben. Programmieren Sie stattdessen Zufriedneheit und Dankbarkeit ein. Wenn Sie auch weiterhin ein neues Gefühl der Freiheit und Freude einprogrammieren, werden Sie erleben, dass diese Energien einen immer stärker werdenden Einfluss auf Ihr Leben haben.

Fragen Sie sich, was Sie jetzt sofort tun können, um Ihre Vision der Freude wahr werden zu lassen. Es mag sein, dass Sie sich und Ihre Zukunft bis jetzt eher negativ betrachtet haben, aber bitte denken Sie daran, dass das nun nicht mehr Ihre Wahrheit sein muss. Denn tatsächlich haben diese Vorstellungen auf falschen, tief in Ihnen verwurzelten Annahmen beruht. Nur Sie selbst können entscheiden, wie Sie sich und Ihr Leben betrachten wollen. Ganz gleich, wie Ihre bisherige Wahrnehmung entstanden sein mag, jetzt haben Sie die Gelegenheit, sie zu verändern. Die Reaktionsmuster, die eine klare und der Wahrheit entsprechende Sicht blockieren, können gelöscht werden, und der neue Code kann die machtvolle, schöpferische Kraft der Vision freisetzen, die Ihr Potenzial in eine wunderbare Realität verwandelt.

Codierungspunkte

Um diese nutzbringenden Energien zu aktivieren und die Kraft der Vision in Ihrem Leben zu entfachen, können Sie die folgenden Sätze benutzen. Denken Sie aber bitte immer daran, den Quantum-Breakthrough-Code durch die vorgeschlagenen Änderungen Ihrer Lebensweise zu unterstützen, und benutzen Sie Ihr Tagebuch als Stütze, um auf dem rechten Weg zu bleiben. Sollten Ihnen die positiven Visionen schwerfallen, können Sie die Fähigkeit und den Wunsch einprogrammieren, sie jeden Tag vor sich zu sehen.

Codieren

Ich programmiere die Macht ein, mich für meine eigene Sichtweise zu entscheiden.

Ich programmiere Freude und Glück in meine Selbstwahrneh-
mung ein.

Ich programmiere die Fähigkeit ein, mir jeden Tag erfüllt von
Freude und Schönheit vorzustellen.

Ich programmiere die Fähigkeit ein, jeden Tag in Freude zu
leben.

Ich programmiere eine lichterfüllte Sicht auf meine Zukunft und
die Welt ein.

Ich programmiere vollkommene Selbstliebe ein, wann immer ich
ein Bild von mir sehe.

Ich programmiere von Freude erfüllte Bilder von mir und dem vor
mir liegenden Tag ein.

Düstere Visionen

Nun wollen wir uns weitverbreitete Reaktionsmuster anschauen, die die schöpferische Kraft der Vision blockieren.
Es liegt auf der Hand, dass eine negative Selbstwahrnehmung
die erste Blockade ist. Vielleicht haben Sie ein trauriges, häss-
liches Bild von sich selbst, das alle Ihre Visualisierungen
zunichtemacht. Sie glauben vielleicht, nicht gut genug, nicht
attraktiv genug oder nicht jung genug zu sein, aber all das ist
nicht Ihre Wahrheit, ganz gleich, wie sehr Sie auch von ihr
überzeugt sein mögen. Sie müssen diese negative Sichtweise
löschen und sich selbst in einem völlig neuen Licht sehen: in
dem Licht und der Vision Ihres ewigen Selbst.

Eine sehr wirkungsvolle Meditation besteht darin, sich
selbst als in strahlender Energie gebadet zu sehen und ein
hell leuchtendes, wunderschönes Licht ins Universum aus-
zustrahlen, das alle sehen können. Und wann immer Sie Ihr
Spiegelbild sehen, visualisieren Sie ein Strahlen in Ihrem Her-

zen und um Sie herum. Lächeln Sie Ihr machtvolles, ewiges Licht an. (Ja, tun Sie das!)

Um Ihr neues Selbstbild zu aktivieren, affirmieren Sie: *Ich betrachte mich voller Liebe und Dankbarkeit. Immer wenn ich an einem Spiegel vorbeikomme, lächle ich und erkenne das Licht und die Schönheit meiner Seele.* Sorgen Sie dafür, dass Sie dieses neue Muster als natürliche Reaktion auf Ihr neues Selbstbild einprogrammieren, und seien Sie gewiss, dass Sie es verdient haben, in dieser Wahrheit zu leben.

Das düstere Selbstbild löschen

Erinnern Sie sich noch an meine Klientin Peggy, die sich gleich mit mehreren Themen herumschlug? Eines der wichtigsten war ihre negative Selbstwahrnehmung. Sie hatte sich bereits seit Langem als unattraktiv abgestempelt. Ihre Eltern hatten sie mit ihren Schwestern verglichen, wobei sie immer schlecht weggekommen war. Folglich hatte sie ihr Aussehen ständig mit dem anderer Frauen verglichen und diese als hübscher, jünger, stilvoller und so weiter eingeordnet. Das war natürlich ein vollkommen selbstzerstörerischer Code, der unbedingt gelöscht werden musste. Also arbeitete Peggy daran, diese und einige andere verfestigte Annahmen über sich selbst zu löschen. (Diese Annahmen, die weitere wichtige Reaktionsmuster darstellen, werde ich später im Buch noch ausführlicher beleuchten.)

Peggy programmierte liebevolle Selbstakzeptanz ein sowie die Fähigkeit, sich als attraktiv wahzunehmen – und zwar ungeachtet dessen, was ihre innere Stimme ihr zuflüsterte. Sie griff auch in all die Gedankengänge ein, die sie in Bezug auf ihr Äußeres bisher geplagt hatten. Als ich kürzlich mit ihr sprach, sagte sie: »Zum ersten Mal in meinem Leben habe ich in den Spiegel gesehen und tatsächlich gedacht, dass ich schön bin. Ich habe es wirklich gefühlt, und ich konnte es auch sehen.«

Ihre Vision war echt und kam von Herzen. Diese komplette Wandlung um hundertachtzig Grad brachte mich zum Weinen. Peggy hatte eine neue Vision einprogrammiert, und diese war nun zu der Art geworden, wie sie sich selbst sah. Auch ihr äußerliches Leben veränderte sich. Sie schloss mehr Freundschaften, und die Leute begannen, anders auf sie zu reagieren. So erfuhr sie am eigenen Leib, dass man von der Welt so gesehen wird, wie man sich selbst betrachtet.

Trübe Aussichten?

Wenn Sie Ihre Selbstwahrnehmung korrigiert haben, sollten Sie in Erfahrung bringen, welches Bild Sie von Ihrer Zukunft haben. Ein weitverbreitetes, düsteres Muster, das die Kraft der Vision blockiert, zeigt sich in einer allgemein negativen Haltung der Welt und dem gegenüber, was vor uns liegt. Gewisse Menschen nehmen die Erde tatsächlich als einen Ort der Finsternis wahr. Wenn Sie dazugehören, müssen Sie diese Angewohnheit unbedingt löschen und Licht in das düstere Bild bringen. Wenn Sie rausgehen, achten Sie einmal auf die Schönheit, die Sie umgibt. Visualisieren Sie Licht um alle Menschen, denen Sie begegnen, und um sich selbst herum. Bringen Sie Farbe in Ihr Bild von der Welt, und programmieren Sie mehr Freude in Ihre Vision von der Zukunft ein.

Es geht um Ihre Zukunft, also beginnen Sie gleich mit dem heutigen Tag. Löschen Sie alle negativen Ansichten über das, was vor Ihnen liegt, und programmieren Sie eine neue

Angewohnheit ein. Gehen Sie alles mit Spaß und Freude an, was Sie tun müssen. Löschen Sie auch alle Ängste vor der Zukunft, und programmieren Sie frohe, optimistische Bilder ein.

Visualisieren Sie Ihre Ziele vorne mittig. Dies ist wichtig, denn wenn Ihr Wunsch links, rechts oder in der Ferne ist, signalisiert das Ihrem Unterbewusstsein, dass das Ziel noch weit von Ihnen entfernt ist. Sehen Sie alle vor sich liegenden Tage als von Licht, schönen Ereignissen und angenehmen Erfahrungen erfüllt.

Codierungspunkte

Zur Aktivierung der machtvollen Kraft Ihrer Vision können Sie die folgenden Sätze verwenden, um Ihre schädlichen Reaktionsmuster zu löschen und eine strahlende neue Sichtweise einzuprogrammieren. Notieren Sie Ihre Fortschritte in Ihrem Tagebuch.

Decodieren

Ich lösche alle negativen Selbstbilder.
Ich lösche alle düsteren Ansichten über meine Zukunft oder die Welt.
Ich lösche alte Muster und mache mir keine Gedanken mehr, wie mich andere Menschen sehen.

Codieren

Ich programmiere glückliche, lächelnde Energie ein.
Ich programmiere ein liebevolles und attraktives Selbstbild ein.
Ich programmiere, dass ich mein Aussehen akzeptiere.

Ich programmiere die Fähigkeit, überall Glück zu sehen.

Ich programmiere, wie wertvoll meine Vision ist.

Ich programmiere die Fähigkeit ein, mein Leben und meine Ziele voller Freude zu betrachten.

Ich programmiere die Freiheit ein, mich für eine wunderbare Vision von mir und meiner Zukunft zu entscheiden.

Ich programmiere eine machtvolle, glückliche Sichtweise ein.

Tanyas Reisen

Vor Kurzem erhielt ich eine sehr schöne E-Mail von einer Frau, die in England lebt. Tanya hatte jahrelang unter Fahrangst gelitten. Es war für sie schwierig, außerhalb der ihr bekannten Gegend mit dem Auto zu fahren. Musste sie an Orte fahren, mit denen sie nicht vertraut war oder die weit entfernt waren, wurde sie von schweren Ängsten gepeinigt.

Wie die meisten Phobien hatte auch diese ihren Ursprung in einer Haltung, die ständig mit dem Schlimmsten rechnet. Tatsächlich gehen die meisten Menschen mit Phobien oft davon aus, dass der schlimmste Fall eintritt, den sie sich dann in allen schrecklichen Einzelheiten vorstellen. Dies ist ein sehr unangenehmes Muster, das die Betroffenen fest im Griff hat, aber Tanya war jetzt bereit, es loszulassen.

Nachdem sie an einem Online-Seminar teilgenommen hatte, in dem ich den Quantum-Breakthrough-Code vermittelt hatte, benutzte sie ihn, um sich dem zuzuwenden, was sie so lange eingeschränkt hatte. Nachdem sie einige Wochen lang die Decodierungs- und Codierungstechnik angewandt hatte, fühlte sie sich bereit, sich ihren Ängsten zu stellen. Sie lud ein paar Freundinnen ein, mit ihr nach Oxford zu fahren, das etwa eine Stunde Fahrzeit von ihrem Haus entfernt liegt.

Zuvor hätte sie sich das niemals zugetraut. Und gesetzt den Fall, sie hätte sich dennoch gezwungen, hätte sie schreckliche Angst gehabt und sich ständig vorgestellt, dass etwas ganz Furchtbares passieren, sie sich verfahren und alles vermasseln würde. Aber nun war sie beim Fahren ganz entspannt, ohne Sorgen oder ängstliche Gedanken, und alles schien gut zu laufen.

Eine ihrer Freundinnen schlug vor, dass sie noch fünfzehn Minuten weiterfahren sollten, um sich eine Kirche in der Nähe anzuschauen. Wäre dies ein paar Wochen vorher geschehen, wäre Tanya augenblicklich in Panik geraten und hätte sich schreckliche Sorgen gemacht, dass sie den Ort nicht finden und sich verfahren würde. Aber dieses Mal dachte sie nur, dass ihr das Universum noch eine weitere Gelegenheit schenkte. Sie entspannte sich und war regelrecht euphorisch, dass sie an einen völlig neuen Ort fahren würde. Angesichts dieser Gefühle und ihrer neuen vollkommenen Ruhe war sie ganz aus dem Häuschen.

Als sie mit ihren Freundinnen das Ziel erreichte, stand dort eine wunderbare alte Kirche mit einer beeindruckenden Aussicht. Im Kirchhof entdeckten sie einen wunderschönen, riesigen alten Baum. Später fuhr sie mühelos erst nach Oxford und dann zurück nach Hause. Es war ein langer aufregender Tag gewesen und ein solcher Gegensatz zu ihren früheren Erfahrungen, dass Tanya mir sagte, für sie sei es wie ein Wunder gewesen.

Ich war so glücklich, als ich Tanyas E-Mail erhielt. Es ist immer ein wunderbares Gefühl, sich von alten Ängsten und Einschränkungen zu befreien. Es sieht so aus, als wären Angstzustände und Phobien (wie viele andere Probleme auch) mit der Decodierungs- und Codierungstechnik besonders gut behandelbar. Wenn auch Sie unter solchen leiden, lesen Sie bitte die folgenden Beispielsätze, die Tanya formulierte. Sie können ähnliche verwenden und sie auf Ihre eigenen Ängste zuschneiden. Sie können aber auch Ihre Intuition nutzen, um die Sätze zu formulieren, die für Sie stimmig sind.

Decodieren

Ich lösche Angst und Unsicherheit, wenn ich mit dem Auto an unbekannte Orte fahre – besonders im Dunkeln.
Ich lösche die Angst, mich zu verfahren, wenn ich mit dem Auto an unbekannte Orte fahre.
Ich lösche Angst, wenn ich mit dem Auto fahre.
Ich lasse dies alles los.

Codieren

Ich programmiere Sicherheit und Selbstvertrauen, wenn ich mit dem Auto an Orte fahre, die mir nicht vertraut sind.
Ich programmiere ein starkes Gefühl der Geborgenheit und Sicherheit ein, wenn ich mit dem Auto fahre.
Ich programmiere Selbstvertrauen und Sicherheit ein, wenn ich Auto fahre.
Ich programmiere Sicherheit ein. Ich bin sicher.
Ich programmiere Selbstvertrauen ein. Ich bin selbstsicher.
Selbstvertrauen.
Sicherheit.

Wenn Sie mit Ängsten leben oder eine düstere Vision von Ihrer Zukunft haben, sollten Sie wissen, dass Sie neue Codes erschaffen können. Sie sind derjenige, der sich die Bilder in seinem Geist ausmalt. Dieser Prozess findet jetzt in diesem Augenblick statt. Sie verfügen über die Macht, sich schönere

Bilder auszumalen, also tun Sie es! Es wird Ihre Energie und die äußeren Ereignisse vollkommen verändern, wenn Sie die Welt und die Zukunft in Ihrem Kopf mit schönen Bildern füllen. Affirmieren Sie: *Ich sehe mein Leben als frohes Abenteuer. Meine Zukunft ist erfüllt vom Licht der Liebe und von freudvollen Aktivitäten. Meine Welt ist von Schönheit erfüllt.*

Wenn Sie sich entscheiden, den Wert und die Schönheit Ihres inneren Lichts und seines äußeren Widerscheins zu erkennen, befindet sich Ihre Energie in Harmonie mit der Wahrheit Ihrer Seele. Löschen Sie jeden Widerstand gegen diese Wahrheit, und programmieren Sie die Entscheidung ein, sich selbst in dem Licht, der Liebe und Freude zu sehen, die Sie verdient haben. Tun Sie dies häufig, und schon bald werden Sie erleben, dass wundervolle neue Erfahrungen auf Sie zukommen.

KAPITEL 12

Die Breakthrough-Kraft des Ausdrucks

»Wie kann ein Vogel, der zur Freude geboren ist,
in einem Käfig sitzen und singen?«

William Blake

Die dritte Kraft, die besonders festgefahrene Muster durchbrechen kann, ist der Ausdruck, das heißt jene ständig vorhandene Energie, die mit der sehr einflussreichen Schwingung in Zusammenhang steht, wie Sie mit sich selbst und anderen Menschen kommunizieren. Der Fluss gesunder Kommunikation hat großen Einfluss auf Ihre persönlichen, beruflichen, Beziehungs- und sogar physischen Erfahrungen. Der Begriff *Ausdruck* beschränkt sich nicht nur auf das gesprochene Wort, sondern schließt auch Gedanken, Geschriebenes, Körpersprache und alle anderen Möglichkeiten ein, mit denen Sie sich selbst, Ihre Gedanken und Emotionen ausdrücken.

Die meisten Menschen sind sich der Dynamik, die ihr Ausdruck erzeugt, gar nicht bewusst. Die Gedanken, die Sie haben, sind elektromagnetischer Natur, und was Sie laut sagen, verstärkt das noch durch akustische Resonanzen. Das erzeugt eine Quantenschwingung, die Ihr inneres Zwiegespräch ununterbrochen in das Universum hinaussendet. Wenn Sie nie darüber nachdenken, wie und was Sie täglich ausdrücken, wird es schwer sein, Ihre emotionale und persönliche Zukunft zu kontrollieren. Und wenn Sie überhaupt nicht kommunizieren, sperren Sie sich selbst in den Käfig eines freudlosen Lebens ein, ohne es überhaupt zu wissen.

Es ist eine fundamentale Wahrheit, dass das, was Sie ausdrücken, und wie Sie es tun, ein wichtiger Bestandteil Ihres persönlichen Codes wird. Schließlich ist Ausdruck – wie die Vision – eine ständige und zumeist unbewusste Aktivität Ihres alltäglichen Lebens. Daher ist es an der Zeit, sich dieser Gewohnheiten bewusst zu werden. Wenn Sie über die Reaktionsmuster lesen, die Sie blockieren, löschen Sie bitte diejenigen, die bei Ihnen am häufigsten auftreten. Denken Sie auch daran, die folgenden Zünder dynamischen Ausdrucks einzuprogrammieren. Wenn Sie sich eine klare, gesunde Ausdrucksweise angewöhnen, wird das machtvolle Codes der Kommunikation etablieren, die Ihre Intentionen unendlich verstärken werden.

Einen machtvollen inneren Dialog etablieren

Der erste Zünder dieser dynamischen Breakthrough-Kraft ist ein optimistischer innerer Dialog, der Sie selbst wertschätzt. Was Sie zu sich selbst sagen und wie Sie es tun, hat meiner Meinung nach den größten Einfluss auf Ihre Fähigkeit glücklich zu sein. Dies ist ein essenzieller Bestandteil Ihrer Lebenskraft, der Ihre Worte in die Schwingung Ihres Selbstwertgefühls und Ihren potenziellen inneren Frieden einfließen lässt. Diese beiden wiederum beeinflussen die Emotion der Selbstliebe, die den Kern Ihres ewigen Codes darstellt. Wenn Sie ein positives Selbstbild haben, sich selbst voller Liebe, Mitgefühl und Wertschätzung behandeln und dies auch ausdrücken, entsteht daraus ein machtvoller Wirbel, der in Einklang mit Ihrer ewigen Wahrheit ist und der Welt strahlende Freude und Vitalität verkündet. Diese wahrhaft glücklichen Schwingungen sind für das Universum unwiderstehlich, da sie in heiliger Harmonie mit Ihrer ewigen Wahrheit schwingen.

Aus diesem Grund ist ein liebevoller Selbstausdruck sehr wichtig, und Sie sollten auf zweierlei Weise daran arbeiten:

1. Greifen Sie in Ihren negativen inneren Dialog ein, und löschen Sie ihn.

Wenn Sie merken, dass Sie etwas Negatives denken – ob nun über sich selbst oder irgendetwas anderes –, treffen Sie ganz bewusst die Entscheidung, diesen negativen inneren Dialog zu beenden. Löschen Sie die Angewohnheit des negativen Denkens. Programmieren Sie dann optimistische Denkweisen ein, die Sie ehren und von Selbstrespekt zeugen.

In diesem Buch habe ich Sie immer wieder ermutigt, negative Muster zu löschen. Das gilt auch für den Selbstausdruck. Ein von Angst oder Kritik geprägter innerer Dialog erzeugt tiefgreifendes Unglücklichsein und muss daher so oft wie möglich gelöscht werden. Aber gehen Sie dabei liebevoll vor, ohne sich selbst die Schuld an irgendetwas zu geben oder sich Sorgen zu machen, was das alles zu bedeuten hat. Lassen Sie einfach los, und entscheiden Sie sich für einen positiven Code des Friedens, des Vertrauens und der Selbstermutigung.

2. Machen Sie es sich zur Angewohnheit, einen liebevollen, optimistischen Selbstausdruck einzuprogrammieren.

Programmieren Sie Ihre Absicht, positiver zu sein, immer öfter ein. Damit sollten Sie aber kein bloßes Lippenbekenntnis abgeben, sondern die Wahrheit über die Macht und den Wert Ihres Verstandes und Herzens anerkennen. Der Akt des Codierens wird Ihre Affirmationen bis tief in die Zellebene hineinbringen. Dadurch wird ein neues Reaktionsmuster aktiviert, und die Neuronen werden auf positive Weise »neu verkabelt«. Dieser energetische Ansatz verankert einen wahrhaftigen und ermächtigenden Selbstausdruck in den Tiefen Ihres Wesens.

Wie Sie im nächsten Kapitel erfahren werden, befindet sich die Kraft der Liebe im Kern Ihres ewigen Codes. Es mag aber einige Zeit dauern und Beharrlichkeit erfordern, um den wunderbaren Ausdruck der Liebe in Ihrem persönlichen Leben zu verankern. Programmieren Sie größere Liebe zu sich selbst ein und wie Sie diese Liebe der Welt zeigen wollen.

So werden Sie Blockaden durchbrechen, die sich in Ihrem Geist und Halsraum, wo sich das fünfte Chakra – das Zentrum des Ausdrucks – befindet, eingenistet haben. Die Reinigung dieses Energiezentrums ermöglicht es, dass andere Menschen besser über Sie denken und reden.

Einen gesunden Ausdruck aktivieren

Unser Ausdruck strömt von uns aus und verbindet uns auf dynamische Weise mit anderen Menschen und der Welt. Unser Selbstausdruck ist ein so wichtiges Teil des Puzzles, dass es wenig überrascht, dass der nächste Zünder dieser machtvollen Kraft ein klarer und von Frieden erfüllter Ausdruck gegenüber anderen ist. Jeder lebt mit einem vielschichtigen, komplexen Glaubenssystem in Bezug auf sich selbst, andere Menschen, die Welt, die Wirtschaft und alle möglichen anderen Dinge. Die Komplexität dieses Glaubenssystems und unsere Sicht der Verbindung zu anderen Menschen haben großen Einfluss darauf, wie wir ihnen begegnen.

Gewisse Menschen begegnen anderen voller Arroganz oder Wut, einige nehmen andere Menschen voller Angst wahr. Und dann gibt es viele, die einfach dichtmachen und überhaupt nicht mehr kommunizieren. Keine dieser Verhaltensweisen ist eine Form gesunden Selbstausdrucks.

Natürlich müssen Sie Ihre problematischen Emotionen auf angemessene, gesunde Weise zum Ausdruck bringen. Aber so, wie es Sie selbst entehrt, Ihre Gefühle zu unterdrücken, so ist es auch ungesund, ständig wütend zu sein und anderen Menschen Schuld zuzuweisen. Wenn Sie das Gefühl haben, dies sei eines Ihrer Muster, sollten Sie wissen, dass dieses Muster Ihnen keine Macht verleiht, sondern Sie Ihrer Macht beraubt. Löschen Sie daher unbedingt jede Form chronischen Jammerns und aggressiven Ausdrucks, und programmieren Sie Entspanntheit und Klarheit in Ihrer Kommunikation mit anderen Menschen ein.

In jeder Situation ist eine gesunde Ausdrucksweise ein Zeichen von Höflichkeit, Klarheit und Wertschätzung. Dadurch können wir Vorurteile und das Verlangen aufgeben, andere zu manipulieren. Ein liebevoller Ausdruck ist von Mitgefühl und Anerkennung geprägt. Wenn wir begreifen, dass der Ausdruck von Hoffnung, Optimismus und Frieden diese Energien in unserem Leben verstärkt, ist es nur natürlich, dass wir dies immer häufiger tun.

Das bedeutet aber nicht, dass Sie passiv sein müssen. Um die Kraft des Ausdrucks wirklich zu aktivieren, ist es wichtig, passive Muster zu durchbrechen. Wahres Glück stellt sich nicht dadurch ein, dass wir Konflikten aus dem Weg gehen, sondern dadurch, dass wir unsere Wahrheit in dem Wissen zum Ausdruck bringen, dass wir das Recht dazu haben. Sich friedvoll auszudrücken bedeutet also nicht, den Frieden um jeden Preis aufrechterhalten zu wollen, sondern ein umfassendes Gefühl der Ruhe zu spüren, das aus dem Wissen um unsere wahre Identität entsteht und aus der Bereitschaft, diese allen anderen gegenüber auszudrücken.

Wahrhaftige Rede aktivieren

Das bringt uns zum nächsten Zünder: dem Aussprechen unserer Wahrheit gegenüber uns und anderen. Das mag für jene Menschen schwierig sein, die ihre wahre Macht oder Identität nicht kennen. Wenn Sie sich bei diesem Thema verloren fühlen oder verwirrt sind, ist es an der Zeit, den Code Ihres Seelenselbstes aufzurufen. Die eigene Wahrheit auszusprechen entspringt einer Offenheit gegenüber der eigenen ewigen Identität und der Bereitschaft, den eigenen Wert anzuerkennen. Das erfordert Mut, da dazu die Bereitschaft nötig ist, geradeheraus um das zu bitten, was Sie möchten, weil Sie wissen, dass Sie es verdient haben.

Wenn Sie sich weigern, Ihre Wahrheit auszusprechen, leugnen Sie Ihre eigene Macht, halten sich selbst immer zurück, warten ab, sehnen sich nach Anerkennung und warten darauf, Erfüllung zu finden. Ihr Leben ist erfüllt von Codes tiefer Unzufriedenheit und des Mangels an Freude. Die Frustration nimmt überhand, weil Sie unfähig sind, um das zu bitten, was Sie brauchen – oder dies auch nur in irgendeiner Form zum Ausdruck zu bringen. Irgendwann werden diese Emotionen aber einen Siedepunkt erreicht haben und Codes der Erregung oder Depression erzeugen, die Ihr ganzes Leben dominieren.

Dann fließt der magische Strom der Wahrheit und des Ausdrucks einfach um Sie herum, so dass Sie im Abseits stehen. Dieses Thema ist so wichtig, dass es oft zu einer Lebensaufgabe wird, seine eigene Wahrheit auszudrücken. Wenn Sie Probleme damit haben, für sich selbst einzustehen, Ihre Emotionen oder Meinungen auszudrücken oder angemessene Forderungen zu stellen, müssen Sie diese alten, festgefahrenen Muster löschen. Löschen Sie die Angewohnheit, sich zu verschließen, und programmieren Sie Entspanntheit und den Mut ein, sich zu öffnen.

Laut und deutlich!

Die Codierungstechnik ist ein Prozess, durch den Sie sich ausdrücken. Das Aussprechen machtvoller Worte ist eine der dynamischsten Möglichkeiten, dieser Kraft Energie zu geben und sie zu verstärken. Wie gesagt, Sie werden feststellen, dass sich die besten Codierungssätze von einfachen, aber dramatischen Aussagen über einprägsame Begriffe bis hin zu einzelnen Wörtern entwickeln. Programmieren Sie mit Worten der Macht und unbegrenzter Wahrheit, und wenn Sie das tun, erkennen Sie, dass deren Schwingung Teil Ihrer Lebenskraft ist.

Dieser Ansatz verlagert Ihren Fokus von den Einzelheiten des Themas, an dem Sie arbeiten, hin zu etwas, das seiner Intention nach direkter und emotionaler ist. Sie können diese neue Praxis im Laufe des Tages einprogrammieren, indem Sie den Schritten aus Kapitel 9 folgen und dabei sagen: *Ich programmiere die Fähigkeit ein, Worte der Macht und Gnade zu wählen.* Sagen Sie dann einfach: *Ich programmiere Macht. Ich programmiere Gnade.*

Natürlich können Sie auch Ihre eigenen Codierungs-sätze formulieren, die auf die Situation zutreffen, in der Sie sich gerade befinden. Wenn Sie beispielsweise Angst haben, besorgt sind oder sich unwohl fühlen, können Sie diese Emotionen löschen und Entspanntheit, Geborgenheit und gegenwärtigen Frieden einprogrammieren. Machen Sie diese Worte dann zu einem Bestandteil Ihres täglichen Wortschat-zes. Indem Sie Zustände der Macht wie Freude, Stärke und Freiheit in die Art einprogrammieren, wie Sie mit sich selbst sprechen, erschaffen Sie ein vollkommen neues Lebensge-fühl.

All diese Energien sind bereits Bestandteil Ihres ewigen Codes, und in Wahrheit sind Sie Ihrem Wert und Ihrer Macht nach bereits unbegrenzt. Aber es liegt jetzt in Ihrer Hand, auch im Gefühl von Geborgenheit, Freude und Freiheit grenzenlos zu werden. Es ist alles in Ihnen vorhanden. Sie müssen nichts weiter tun, als die alten Ausdrucksformen der Begrenztheit zu löschen und wieder zum wunderbaren unbe-grenzten Code der Wahrheit in Ihnen zu erwachen.

Codierungspunkte

Wenn Sie Ihr Leben durch die machtvolle Kraft eines gesun-den und konzentrierten Ausdrucks verändern möchten, können Sie während des Codierungsprozesses die folgenden Sätze verwenden. Auch Affirmationen sind wunderbare Zün-der dieser Kraft. Nutzen Sie Ihre Intuition, und machen Sie sich einen wunderbaren Ausdruck zur Gewohnheit. Singen Sie Ihre Wahrheit laut heraus!

Decodieren

Ich lösche die Gewohnheit des negativen inneren Dialogs.

Ich lösche Selbstkritik.

Ich lösche Angst und Selbsthass.

Codieren

Ich programmiere einen positiven, akzeptierenden inneren Dialog.

Ich programmiere einen klaren und angenehmen Ausdruck.

Ich programmiere liebevolle Worte, die mich unterstützen.

Ich programmiere Entspanntheit im Gespräch mit anderen.

Ich programmiere die Fähigkeit ein, meine Wahrheit auszusprechen.

Ich programmiere Macht ein.

Ich programmiere Frieden ein.

Wie bitte?

Offensichtlich kann das Reaktionsmuster der Selbstablehnung ein gewaltiges Hindernis für wahrhaftigen Selbstausdruck sein – ebenso wie für viele andere Breakthrough-Kräfte. Dies ist so wichtig, dass Sie es nicht auf die leichte Schulter nehmen dürfen. Ganz gleich, wie sehr Sie auch davon überzeugt sein mögen, dass Ihr negativer innerer Dialog der Wahrheit entspricht, müssen Sie sich immer wieder bewusst machen, dass er Sie nicht glücklich macht, dass er keine anziehende Energie ausstrahlt und dass er nicht die innere Wahrheit des unsterblichen, wertvollen, würdigen und machtvollen Geistes widerspiegelt, der Sie sind.

Daran gibt es nichts zu rütteln. Ihre Selbstdefinition stellt einen der am tiefsten in Ihnen verwurzelten Codes und eine der größten Quellen des Glücks und der Resonanz in Ihrem Leben dar. Wann immer Sie bemerken, dass Sie sich oder Ihr Leben in irgendeiner Weise abwerten, notieren Sie es sich und fügen Sie es in Ihrem Tagebuch der Liste der Muster hinzu, die Sie löschen wollen.

Wenn Sie irgendetwas erreichen wollen, müssen Sie sich selbst gegenüber ermutigende Worte gebrauchen. Wenn Sie respektiert werden möchten, müssen Sie einen respektvollen Umgang mit sich selbst einprogrammieren. Und wenn Sie attraktiv sein möchten, müssen Sie anerkennen, wie wunderbar und attraktiv Sie sind. Erforschen Sie Ihren inneren Dialog anhand dieser Frage: *Entspricht mein innerer Dialog den positiven Schwingungen meiner persönlichen Absichten?* Falls nicht, müssen Sie etwas daran ändern. Die Codierungstechnik kann Ihren inneren Dialog verändern und Ihnen wahres Glück und echte Resultate bringen.

Vergeben Sie sich voller Liebe jede Selbstkritik, und löschen Sie sie. Und bitte kritisieren Sie sich nicht dafür, dass Sie sich kritisieren, da das den negativen Code nur noch verstärken würde. Wählen Sie einfach behutsam einen anderen Weg. Programmieren Sie die Fähigkeit ein, sich für gesündere Aussagen in Bezug auf sich selbst zu entscheiden, die Sie wertschätzen. Greifen Sie so oft wie möglich ein, wenn Selbstzweifel aufkommen, und programmieren Sie die Option, Ihre wundervolle Wahrheit zu akzeptieren und auszudrücken. Öffnen Sie sich dem neuen Code einer liebevollen Selbstdefinition mit Herz und Verstand. Akzeptieren Sie sich genau so, wie Sie sind, und sprechen Sie über sich selbst und Ihr Leben mit tiefer Wertschätzung.

Ich traue mich nicht, das zu sagen

Ein weiteres Reaktionsmuster, das die mächtige Kraft des Ausdrucks blockiert, ist Angst – sowohl vor einer Konfrontation mit anderen als auch davor, für sich selbst einzustehen. Angst vor Konflikten erwächst häufig aus Erfahrungen mit der Feindseligkeit anderer Menschen, besonders dann, wenn Sie früher bereits versucht haben, sich auszudrücken, und nichts als Wut geerntet haben. Eine solche aggressive Reaktion hat damals dazu geführt, dass Sie noch nervöser wurden und noch mehr Angst hatten, den Mund aufzumachen. Jetzt fürchten Sie sich vor Zurückweisung oder auch nur davor, jemanden zu verärgern, und zwar so sehr, dass Sie es vorziehen, Ihre eigene Macht und Ihr eigenes Glück hintanzustellen, um eine Konfrontation zu vermeiden.

Wenn dies Ihrer Erfahrung entspricht, sollten Sie jetzt anfangen, kleine Risiken einzugehen, wenn Sie sich ausdrücken wollen. Löschen Sie Ihre Angst und Ihre frühere Bereitschaft, Ihre eigenen Bedürfnisse zu übergehen. Drücken Sie sich dann mutiger und entspannter aus – und programmieren Sie die entsprechende Fähigkeit ein. Sie haben das Recht und die Macht, Ihre eigenen Interessen zu vertreten. Wenn Sie sich hier nicht an die erste Stelle setzen, werden Sie nicht die Art von Beziehungen oder Situationen anziehen, in denen andere Ihre Bedürfnisse ernstnehmen.

Für viele Menschen ist dies ein tiefverwurzelter reaktiver Code. Daher ist es wichtig, dass Sie sich in Ihrem eigenen Tempo mit ihm beschäftigen. Beobachten Sie das Muster, und beginnen Sie mit kleinen Veränderungen, auf denen Sie dann aufbauen können. Programmieren Sie den Wunsch und die Fähigkeit ein, sich selbst auszudrücken – und zwar unabhängig davon, wie andere Menschen darauf reagieren mögen. Was andere denken oder tun, kann nicht länger die Richtschnur für Ihren Selbstausdruck sein. Löschen Sie alle Ängste vor den Reaktionen anderer Menschen, und kümmern Sie sich darum, neuen Mut einzuprogrammieren und ein Gefühl von Sicherheit, wenn Sie sich die Freiheit nehmen, den Mund aufzumachen. Wenn Sie in diesem Bereich nichts unternehmen, kann das oft zu einem noch schwierigeren Reaktionsmuster führen: totaler Abschottung, einer tiefen und kräftezehrenden Energieblockade.

Licht aus!

»Dichtzumachen« ist eine weitverbreitete Reaktion, die immer dann einsetzt, wenn es emotional hoch hergeht und die Menschen sich vor einer möglichen Konfrontation scheuen. Die Präsenz starker negativer Energie zwingt viele Menschen dazu, alles, was ihnen unangenehm ist, zu leugnen, zu ignorieren, auszublenden oder einfach so zu tun, als würde es gar nicht geschehen. Das Verlangen, den Frieden um jeden Preis zu wahren, erzeugt einen gewohnheitsmäßigen Code des Sich-Verschließens – in der Hoffnung, die Lage würde sich schon wieder beruhigen und man könne später besser damit umgehen. Aber wenn man sich nicht ausdrückt, entsteht nur ein trügerisches Gefühl des Friedens. Sich zu verschließen führt einfach nur dazu, dass man das Leben ausschließt.

Vielleicht sind Sie sehr gut darin, unausgedrückte Emotionen tief in sich zu verbergen, aber die Schwingungen der ihnen zugrunde liegenden Erfahrungen bleiben bestehen. Es entsteht eine gewisse Ängstlichkeit, aufgrund derer Sie sich nicht mehr sicher fühlen, was sich auf Ihre Gemütslage und Ihr Leben stark auswirkt. Bedenken Sie bitte, dass derartige krank machende Codes nicht nur Ihr emotionales Leben bestimmen, sondern auch das Bewusstsein, das Sie in die Welt hinaussenden. Wenn Sie sich also nicht mehr ausdrücken und sich verschließen, verschließen Sie sich auch gegenüber allen positiven Ausdrucksformen des Universums.

Es mag Ihnen zunächst riskant erscheinen, aber wenn Sie die Angst vor Konfrontation löschen, wird es Ihnen leichter fallen, sich Ihren Gefühlen zu stellen – selbst den problematischen. Es wird Ihnen helfen, sich auf gesunde Weise auszudrücken, indem Sie alte schmerzhafte und wütende Gefühle ebenso herauslassen wie den gegenwärtigen Schmerz. Nehmen Sie ein Tagebuch, ob nun das Codierungstagebuch oder irgendein anderes, um Dinge darin aufzuschreiben, denn das wird Ihrer Energie Klarheit und Ihrem persönlichen Prozess Kraft verleihen. All dies ist Teil der Erschaffung eines neuen Codes des Ausdrucks und allemal besser, als alles zu schlucken.

Menschen machen auf unterschiedliche Weise dicht. Manche können nicht einmal über ihre Gefühle reden. Andere verschließen sich nur in der Gesellschaft bestimmter Menschen, zum Beispiel in Gegenwart ihrer Eltern oder anderer Autoritätsfiguren. Andere sind im Umgang mit ihren Freunden sehr offen, haben aber beispielsweise auf der Arbeit Probleme. Das alles hängt vom Grad Ihrer Entspanntheit, Ihrer Komfortzone und Ihrer Geschichte ab.

Erforschen Sie also bitte alle Muster, die dazu führen, dass Sie dichtmachen. Welche Form die Reaktion auch annehmen mag, identifizieren und löschen Sie die Muster und Gefühle, die dazu führen. Vielleicht müssen Sie permanent daran arbeiten, wenn diese Codes tief in Ihnen verwurzelt sind. Aber Sie können Sicherheit und Entspanntheit einprogrammieren, wenn Sie sich ausdrücken. Programmieren Sie auch die Bereitschaft ein, das Risiko einzugehen, offen und ausdrucksstark zu sein. Programmieren Sie Frieden und Freiheit beim Aussprechen Ihrer Wahrheit ein.

Worte des Zorns

Das letzte Reaktionsmuster ist das Gegenteil des Verschließens, hat aber auf andere Weise häufig dieselbe Wirkung. Auch wenn ein feindseliger Ausdruck, wozu Wut und Zorn gehören, weniger verbreitet zu sein scheint, gibt es doch viele Menschen, die mit dieser aggressiven Energie leben. Sie sind häufig laut, aggressiv, arrogant oder oft wütend. Sie schockieren gern und versuchen sich immer durchzusetzen.

Obwohl es gesund ist, seine Wut angemessen zum Ausdruck zu bringen, kann diese ständige aggressive Energie Ihren authentischen Selbstausdruck sogar blockieren. Hinter chronischer Wut verbirgt sich ein tiefer Code der Unzufriedenheit, der wie ein starker negativer Filter in Ihrem Leben ist. Die Wut erzeugt eine zersplitterte Energie, welche die Schwingung aufwühlt, die Sie in die Welt hinausprojizieren. Hüten Sie sich vor diesem Trugschluss: Manche Menschen glauben, Wut würde Macht erzeugen, tatsächlich aber verringert sie Ihre Macht. Sie erschafft persönliche Probleme, die Ihnen das Universum dann widerspiegelt.

Obwohl es nicht leicht ist, sich selbst einzugestehen, dass man diese Angewohnheit hat, ist es doch ein wichtiger Teil des Prozesses. Wahrhaft glückliche und selbstsichere Menschen haben es nicht nötig, verletzend zu sein oder andere herabzuwürdigen. Sowohl die Energien des feindseligen Ausdrucks als auch die der Abwesenheit von Ausdruck (dicht machen) beruhen auf Angst. Und der Mangel an echtem Glücksgefühl macht es nahezu unmöglich, die gegenwärtigen chronischen Probleme zu durchbrechen.

Seien Sie also sehr ehrlich mit sich selbst. Woher kommt Ihre Wut tatsächlich? Und was möchten Sie mit ihr tun? Möchten Sie weiterhin mit diesem aggressiven Code leben, oder möchten Sie ihn loslassen? Erforschen Sie diese Fragen mithilfe Ihres Tagebuchs, und notieren Sie sich alle Emotionen und Energien, die Ihnen dazu einfallen. Sie können Muster exzessiven Zorns und gemeinen Verhaltens löschen. Programmieren Sie die Fähigkeit ein, ruhig zu bleiben und sich auf friedliche Weise auszudrücken. Hören Sie mit dem Macho-Gehabe auf, und betrachten Sie die Welt als sicheren Ort, an dem Sie sich entspannen und Spaß haben können. Ganz gleich, welche Schwierigkeiten Sie mit dem Thema Kommunikation auch haben mögen, programmieren Sie immer auch Spaß ein. Verspieltheit ist ein einfacher, aber sehr machtvoller Ausdruck Ihrer Lebensfreude.

Codierungspunkte

Wenn Sie feststellen, dass Sie sich nicht ehrlich und respektvoll ausdrücken, werden Sie vermutlich viele festgefahrene Muster in Ihrem Leben entdecken. Wenn diese Kraft blockiert wird, kann sich das auf alle Bereiche des Lebens auswirken: von Karriere und Erfolg bis hin zu Liebe und Beziehungen. Verwenden Sie die folgenden Sätze, um alle negativen Muster zu löschen, und lassen Sie zu, dass Ihre Lebenskraft mit Ihrer Umwelt in Einklang kommt.

Decodieren

Ich lösche die Sorge, was andere Leute von mir denken.

Ich lösche jede Angst vor Konfrontation.

*Ich lösche das Verlangen, Verantwortung für die Gefühle anderer
Menschen zu übernehmen.*

Ich lösche Reizbarkeit und wütende Reaktionen.

*Ich lösche die Gewohnheit, mich zu verschließen (auf der Arbeit,
bei meinen Eltern und so weiter).*

Ich lösche Angst und Zögerlichkeit.

Codieren

*Ich programmiere Entspanntheit und inneren Frieden, wenn ich
den Mund aufmache (gegenüber meiner Mutter, meinem Vater,
meinem Chef und so weiter).*

*Ich programmiere den Mut ein, in jeder Situation etwas zu sagen.
Das ist mein Recht.*

*Ich programmiere die Fähigkeit ein, mein Selbstwertgefühl zum
Ausdruck zu bringen.*

*Ich programmiere die Fähigkeit ein, einen friedvollen, liebevollen
inneren Dialog zu führen.*

Ich programmiere Entspanntheit ein, wenn ich mich ausdrücke.

Kellys Karriere

Die Angst, vor Publikum zu sprechen, ist heute eine der am
weitesten verbreiteten Phobien in Amerika. Gleichzeitig ist
sie auch das Reaktionsmuster, das mit dem Quantum-Breakthrough-Code am leichtesten zu transformieren ist. Ich habe
von so vielen Menschen gehört, dass sie einst voller Angst
waren und dann mithilfe dieses Prozesses Entspannung und

innere Ruhe gefunden haben. Kelly gehört zu diesen Menschen, und ihre Geschichte ist in vielerlei Hinsicht inspirierend.

Kelly wollte sich beruflich umorientieren, was für sie eine große Herausforderung darstellte, aber dennoch ihre Begeisterung geweckt hatte. Sie machte eine Ausbildung zum Medium, also zu einer Person, die Botschaften aus der geistigen Welt empfängt und diese Einzelpersonen oder Gruppenteilnehmern übermittelt. Das erfordert inneren Frieden und Vertrauen in sich selbst und den Prozess. Kelly war immer sehr glücklich, wenn sie erfolgreich Botschaften empfing. Aber es gab ein schwerwiegendes Problem: Sie wusste, dass sie das, was sie tat, bald auf eine neue Stufe heben und öffentliche Demonstrationen abhalten musste.

Allein schon der Gedanke daran machte sie krank. Als sie früher versucht hatte, in der Öffentlichkeit zu arbeiten, hatte sie alle möglichen Symptome bekommen, darunter auch den Drang, sofort den Raum verlassen zu müssen. Jetzt aber hatte sie sich fest vorgenommen, diesen alten Code ein für alle Mal zu löschen. Sie löschte die Angst, vor Publikum zu sprechen, und die Sorge, was andere Leute von ihr denken würden. Dann programmierte sie Selbstsicherheit bei öffentlichen Auftritten ein. Außerdem programmierte sie Selbstvertrauen, Liebe und Selbstakzeptanz ein – und Frieden in jeder Situation.

Als der Abend der öffentlichen Vorführung näher rückte, war Kelly so entspannt wie noch nie. Sie war zwar ein bisschen nervös, aber der Kloß im Hals war verschwunden. Sie wunderte sich sogar, warum sie nicht das geringste Verlangen verspürte, den Raum zu verlassen. Als sie an der Reihe war, stand sie mit absolutem Selbstvertrauen in einem Raum voller Menschen. Sie übermittelte ihre Botschaften, und ihre

Lehrerin sagte ihr, dass sie es ganz wunderbar gemacht hatte und nichts zu ändern brauchte.

Kelly war glücklich und ganz aufgeregt. Eine Klassenkameradin sagte ihr, sie hätte ausgesehen, als ob es ihr richtig Spaß gemacht hätte. Kelly wusste, dass sie das alte unangenehme Muster besiegt hatte. Aber der eigentliche Test kam erst zwei Wochen später, als sie eine E-Mail von ihrer Lehrerin bekam, in der sie gebeten wurde, noch einmal vor Publikum Botschaften zu übermitteln – was sie auch machte.

Kelly weiß heute, dass sie diese Aufgabe jederzeit erfüllen kann. Sie ist frei vom alten Code der Angst, der so stark war, dass er ihren größten Wunsch blockierte. Heute kann sie sich völlig frei ausdrücken, und ihr neuer Code des Friedens und des Selbstvertrauens bringt ihr Erfüllung und Erfolg.

Auch Sie können löschen, was Ihren freien Selbstausdruck behindert. Auch wenn Sie nicht vorhaben, in der Öffentlichkeit zu sprechen, so ist dieses Thema doch Ihrer Aufmerksamkeit wert. Löschen Sie die alten Muster, die verhindern, dass Sie Ihre Wahrheit aussprechen und Ihre Bedürfnisse zum Ausdruck bringen. Programmieren Sie stattdessen Entspannung und Selbstvertrauen ein, wenn Sie etwas sagen.

Ihre Worte bewegen sich mit einer klaren Botschaft in das Universum hinaus. Wenn Sie sie schlucken oder verändern, um es anderen Menschen recht zu machen, sabotieren Sie Ihr eigenes Bedürfnis nach wahrem Glück und Erfolg. Es ist an der Zeit, dass Sie bei allem, was Sie sagen und tun, ganz Sie selbst sind. Sie sind frei, etwas Neues zu sich selbst zu sagen und die Liebe und Freude zum Ausdruck zu bringen, die so lange darauf gewartet haben, ausgedrückt zu werden. Leben Sie in der Wahrheit, dass Sie es verdient haben, der Welt von Ihrem Wert zu erzählen. Sie sind Teil der großen Symphonie des Lebens, lassen Sie die Musik Ihrer Seele erklingen!

KAPITEL 13

Die Breakthrough-Kraft der Liebe

»Was ist das Leben ohne Liebesglanz?«

Friedrich Schiller, Wallensteins Tod,
4. Akt, 12. Szene

Liebe ist das Thema unzähliger Lieder und Gedichte, Romane und Filme. Liebe ist die Quelle großer Freude und gleichermaßen alles verzehrender Angst. Aber darüber hinaus ist Liebe eine der einflussreichsten Energien, die es überhaupt gibt.

Für viele Menschen ist das nichts als ein Klischee. Sie sprechen vom Gefühl der Liebe und über das Bewusstseinsfeld der Liebe. Es wird so viel über die Energie der Liebe geredet, dass dadurch ihre Glaubwürdigkeit und Macht in den Augen vieler Menschen beschädigt worden ist. Aber es ist wichtig zu erkennen, dass Liebe eine sich ständig bewegende, fließende und ganz und gar wirksame Macht des Universums ist. Liebe ist eine der stärksten und kreativsten Mächte, die die schöpferische Macht der universellen Intention mit der Macht Ihres persönlichen Gefühls der Liebe verbindet.

Wird reine Liebe anhand eines Muskeltests gemessen, einem Werkzeug der Kinesiologie, zeigt sich, dass sie zu den höchsten Schwingungen gehört. Daher kann sie auch die besten Dinge anziehen. Wird reine Liebe ausgestrahlt, schwingt sie in Resonanz mit Ihrem eigenen göttlichen Bewusstsein –

nicht nur mit dem Gottesbewusstsein im Außen, sondern auch mit dem göttlichen Bewusstsein im Innern. Alle Breakthrough-Kräfte und positiven Energien, die Sie einsetzen, werden durch die Macht der Liebe verstärkt. Beginnend mit dem Geist über die Kräfte der Vision, Aktion und Verantwortung, werden die Gegenwart oder der Mangel der Liebe jede Ihrer Erfahrungen färben.

Brennende Liebe

Es gibt viele Möglichkeiten, die Kraft der Liebe zu entfachen. So können Sie beispielsweise regelmäßig Affirmationen aussprechen, um sich selbst mehr Liebe zu schenken. Sie können sich selbst besser behandeln und an Aktivitäten teilnehmen, die Ihnen Freude machen, oder sich mit Menschen und Dingen umgeben, die Ihnen etwas bedeuten. Das sind für den Anfang einmal alles gute Möglichkeiten, aber wie bei den letzten beiden Breakthrough-Kräften, so liegt auch die Quelle echter Liebe in Ihnen selbst. Wie schon bei Ausdruck und Vision wird diese Kraft aktiviert, wenn Sie sich bewusst dafür entscheiden, sich selbst zu lieben.

Selbstliebe aktivieren

Der erste Zünder der Liebe ist Selbstliebe, die allen anderen Formen der Liebe zugrunde liegt. Diese universelle Kraft wird erweckt und verstärkt, wenn Sie Ihre ewige Identität akzeptieren und mit deren heiligen Augen Ihren eigenen Wert erkennen. Wenn Sie in dieser Schwingung leben, gibt Ihnen das vielfältige Möglichkeiten, Ihr Leben zu gestalten. Wirklich glücklich zu sein wird hingegen unmöglich, wenn Sie in der Energie des Selbstzweifels und Selbsthasses leben.

Es ist wichtig einzusehen, dass Sie es wert sind, sich selbst zu lieben und liebevoll mit sich umzugehen. Viele Menschen würden dem vom Intellekt her schon zustimmen, es mit ihrem Herzen zu fühlen fällt ihnen jedoch schwer. Es ist aber so – Sie haben Liebe in allen Spielarten verdient: Ihre eigene, die der anderen und auch die göttliche Liebe.

Unglücklicherweise haben die wenigsten gelernt, wie sich diese Erkenntnis umsetzen lässt. Es geht darum, diese Energie wie ein Magnet anzuziehen. Wenn auch Ihnen das schwerfällt, sollten Sie es ganz oben auf Ihre Prioritätenliste setzen. Sich selbst zu lieben ist weder ein Zeichen von Egoismus noch von Arroganz. Es ist eine klare Entscheidung, die wunderschöne Seele in sich selbst zu sehen und anzuerkennen, und jenen Teil in sich wertzuschätzen, der die Zeit und gewöhnliche Erfahrungen transzendiert.

Wenn Selbstliebe für Sie ein Thema ist, wird es notwendig sein, eine Einstellung der Selbstakzeptanz und Selbstvergebung zu verinnerlichen. Das setzt allerdings voraus, dass Sie sich selbst bedingungslos akzeptieren und uneingeschränkt wertschätzen. Falls Sie glauben, etwas getan zu haben, auf das Sie nicht stolz sein können, ist es wichtig, diese Gedanken loszulassen und Vergebung einzuprogrammieren. Ganz gleich, weswegen Sie sich schuldig fühlen oder schämen, Sie sind es wert, sich selbst zu vergeben und sich bedingungslos anzunehmen. Solange Sie dazu nicht in der Lage sind, ist es unwahrscheinlich, dass die Kraft der Liebe in Ihrem Leben ungehindert fließen kann. Und es ist auch unwahrscheinlich, dass Sie das bekommen und annehmen können, was Sie sich von anderen ersehnen.

Ohne Selbstliebe und Selbstakzeptanz werden Sie immer irgendwelche Fehler an sich finden. Dadurch wird die Welt aber zu einem feindseligen und abweisenden Ort. Da Sie Angst davor haben, be- und verurteilt zu werden, streben Sie immer nach der Anerkennung durch andere Menschen, weil Sie sich diese selbst nicht geben können. Um die Macht der Liebe zu entfachen, ist es wichtig, alle alten Muster der Selbstkritik und Selbstbeurteilung zu löschen und die Überzeugung einzuprogrammieren, dass Sie würdig, gleichwertig und wertvoll sind und alles Gute dieser Welt verdient haben.

Dieser Kern der Selbstakzeptanz ist es, der Sie wirklich entspannt, glücklich und anziehend macht. Durch Selbstakzeptanz entsteht eine energetische Schwingung, die die universelle Liebe so freisetzt, dass alles, was Sie erleben, grundlegend verändert wird. Ganz gleich, wofür Sie diese Technik auch einsetzen mögen, denken Sie immer daran, wahre Selbstliebe und echtes Mitgefühl für die Person einzuprogrammieren, die Sie im Innern sind. Das wird Veränderungen auf allen Ebenen beschleunigen und helfen, den nächsten Zünder der Liebe zu aktivieren.

Liebe zu anderen aktivieren

Die Ausdehnung Ihres harmonischen Energiefeldes zeigt sich in der Aktivierung der nächsten Kraft: Liebe und Mitgefühl für andere. Von Frieden erfüllte Verbindungen erzeugen größere Synchronizität in Ihrem Leben, wodurch ein ganzes Netz aus magischen Ereignissen aktiviert wird. Selbstliebe in Kombination mit Liebe zu anderen Menschen strahlt eine starke Energie des Vertrauens und der frohen Erwartung aus. Es kommt zu einer Verstärkung der gemeinsamen Intention, wenn Menschen ihre Urteile aufgeben, sich gegenseitig akzeptieren und Geduld und Verständnis füreinander aufbringen. Wie man sich selbst behandelt ist untrennbar damit verbunden, wie man andere behandelt. Wenn Sie Güte gegenüber anderen Menschen mit Mitgefühl für sich selbst kombinieren, entsteht daraus eine harmonische Resonanz, von der alle profitieren.

Natürlich müssen Sie immer noch klar unterscheiden, mit wem Sie Ihre Zeit verbringen und wie Sie mit anderen Menschen umgehen wollen. Dabei steht Selbstrespekt immer an erster Stelle und sollte daher Priorität haben. Aber daneben können Sie auch allem und allen in Ihrer Umgebung größere Anerkennung entgegenbringen. Diese Form respektvoller Liebe hat die Macht, jede Blockade zu durchbrechen.

Codierungspunkte

Ganz gleich, wie es Ihnen jetzt auch gehen mag, Sie können tiefe, dauerhafte Selbstliebe einprogrammieren. Einen noch stärkeren Zugang zu dieser Energie finden Sie, wenn Sie zusätzlich Toleranz und Akzeptanz anderen gegenüber einprogrammieren. Verwenden Sie die folgenden Sätze im Rahmen Ihres Codierungsprozesses. Wenn Ihnen andere liebevolle Muster einfallen, die Sie in Ihrem Leben verankern möchten, schreiben Sie diese in Ihr Tagebuch.

Decodieren

Ich lösche Selbstnegierung.
Ich lösche alle Gefühle der Wertlosigkeit.
Ich lösche Ungeduld mit mir selbst oder anderen.

Codieren

Ich programmiere eine liebevolle, akzeptierende Einstellung mir
selbst gegenüber ein.
Ich programmiere zärtliche Gefühle mir selbst gegenüber ein.
Ich programmiere große Wertschätzung für mich selbst ein.
Ich programmiere ein klares Gefühl für meinen wahren ewigen
Wert ein.
Ich programmiere liebevolle Selbstvergebung ein.
Ich programmiere ein tiefes Gefühl dafür ein, alles Gute verdient
zu haben.
Ich programmiere bedingungslose Selbstliebe und Selbstakzeptanz
ein.
Ich programmiere Toleranz und Geduld gegenüber anderen ein.
Ich programmiere Liebe zu mir selbst und zu anderen ein.
Ich programmiere Liebe für mein Leben und die Welt ein.

Stop – in the name of love! –
Der Liebe zuliebe – Halt!

Wenn der erste Zünder dieser machtvollen Kraft Selbstliebe
ist, dann ist das erste Reaktionsmuster, das sie blockiert, die
Selbstverachtung oder Selbstablehnung. Derartige Unzu-
länglichkeitsgefühle sind gewaltige Blockaden, die jede
Weiterentwicklung verhindern, und zwar nicht nur, weil
sie negativ sind, sondern vor allem, weil sie einfach nicht
der Wahrheit entsprechen. Ich habe dies im Laufe meiner
psychologischen Praxis immer und immer wieder beobachtet. Viele Menschen übernehmen bereitwillig die Negativität
ihrer Eltern und stellen diese niemals in Frage, obwohl sie
ihnen in ihrem ganzen Leben nichts als Elend und Frustration gebracht hat.

Diese einprogrammierten Gefühle beruhen aber auf falschen Überzeugungen und müssen unbedingt gelöscht werden. Nur weil Sie sich für unzulänglich halten, sind Sie noch lange nicht unzulänglich. Sie haben vielleicht Ihr ganzes Leben lang mit einer Lüge gelebt, die Ihnen jemand anders eingetrichtert hat. Aber jetzt ist es an der Zeit, diese Lüge der Unzulänglichkeit zusammen mit Selbstverurteilung und Selbsthass zu löschen. Öffnen Sie sich der Wahrheit Ihrer Seele, dass Sie unsterblich, stark und es wert sind, sich selbst zu akzeptieren und zu lieben.

Gefühle, wertlos zu sein und nichts verdient zu haben, erzeugen eine niedrige, sehr dichte Schwingung, die nicht nur dazu führt, dass Sie sich elend fühlen, sondern auch Ihre Energie extrem verfinstern kann. Aber selbst Codes des Selbsthasses können verändert werden. Es liegt in Ihren Händen, die Gewissheit einzuprogrammieren, dass Sie wertvoll sind und Liebe und alle Schätze dieser Welt verdient haben.

Sie können sich dafür entscheiden, sich selbst ein liebevoller Vater, eine liebevolle Mutter oder ein liebevoller Freund zu sein. Programmieren Sie mehrmals am Tag Selbstermutigung und Selbstliebe ein. Wenn Sie von anderen wertgeschätzt und geliebt werden wollen, müssen Sie dieses Geschenk sich erst einmal selber machen.

Einsam kommt von eins

Die wunderbare Kraft der Liebe wird häufig durch Isolierung und Trennung blockiert. Unsere Trennung von anderen beruht oft auf Angst oder Neid und kann uns wirklich unglücklich machen. Hinter der Angst vor anderen kann sich die Angst verbergen, verletzt zu werden, oder die Sorge darüber, was die anderen wohl von uns denken. Vielleicht urteilen Sie ja auch so über sich, wie Sie annehmen, dass andere über Sie denken. Möglicherweise versuchen Sie auch, andere zu beeindrucken, damit sie sich Ihnen unterlegen fühlen und Sie sich selbst besser fühlen können.

All dies entspringt einer alles durchdringenden Gewinner-Verlierer-Mentalität, die Sie um Ihren inneren Frieden und Ihre Harmonie bringt, weil Sie ständig der Beste sein müssen. Dieser toxische und selbstsabotierende Code ist weitverbreitet. Um wahren Frieden zu erlangen, müssen Sie die Muster des Neides, der Angst und der Konkurrenz löschen. Entscheiden Sie sich stattdessen dafür, sich mit anderen Menschen von Herz zu Herz zu verbinden. Das Universum in seinem Reichtum hat genug für alle, und alle haben es verdient, an diesem Reichtum teilzuhaben – auch Sie! Ihre alten Codes der Konkurrenz trennen Sie nur von anderen Menschen und blockieren die Kraft der Liebe. Das reißt Sie aus dem Fluss der universellen Synchronizität heraus, erfüllt Sie mit Neid und lässt die Segnungen und die Akzeptanz anderer Menschen in unerreichbare Ferne rücken.

Codierungspunkte
Die Muster in unserem Leben erzeugen eine eigene Dynamik und die Angewohnheit der Selbstnegierung ist eine der größten Blockaden auf dem Weg zum Glück. Verwenden Sie die folgenden Codierungssätze, um in diesem Bereich einen Durchbruch zu erzielen. Löschen Sie auch Gefühle, denen zufolge die Welt ein gefährlicher Ort ist, an dem Ihr Wert mit dem anderer Menschen verglichen wird. Programmieren Sie stattdessen Gleichheit, Gleichwertigkeit und friedvolle Gefühle ein.

Decodieren

Ich lösche Selbstablehnung.

Ich lösche Einschränkungen und Urteile.

Ich lösche Angst vor anderen Menschen.

Ich lösche jedes Gefühl der Ungleichheit.

Ich lösche Neid.

Ich lösche Vergleiche und Konkurrenzdenken.

Ich lösche Unzulänglichkeit.

Ich lösche Ehrgeiz.

Codieren

Ich programmiere Freiheit und Selbstrespekt ein.

Ich programmiere ein tiefes Gefühl für meinen eigenen Wert ein.

Ich programmiere tiefe Liebe zu mir selbst ein – heute und für immer.

Ich programmiere die Bereitschaft ein, die unendlichen Wunder, die unbegrenzte Macht und den unbegrenzten Wert in mir zu spüren.

Ich programmiere die Macht ein, an mich selbst zu glauben.

Ich programmiere das Wissen ein, dass ich würdig bin.

Ich programmiere ein tiefes Gefühl der Gleichheit mit allen anderen ein.

Ich programmiere Toleranz und Geduld mit mir und anderen ein.

Ich programmiere liebevolle Verbundenheit.

Ich programmiere Gnade und Frieden.

Ich programmiere Liebe.

Anhaftungen löschen: Melanys Vergebung

Es gibt verschiedene Arten von Beziehungen, und wir können unendlich viele Codes in Bezug auf unsere Verbindungen zu anderen Menschen erschaffen. Einer der hinderlichsten ist die Anhaftung, die uns jahrelang fest im Griff haben kann. Anhaftung an andere drückt sich nicht nur als Sehnsucht aus, sondern auch als Verletztheit, Wut und Zurückweisung.

Genau das traf auf eine Klientin namens Melany zu, die während ihrer Kindheit und Jugend von Mitgliedern ihrer großen Familie furchtbar missbraucht worden war, indem sie von ihnen verletzt, gefühllos behandelt und permanent eingeschüchtert worden war. Immer wieder war ihr klar gemacht worden, dass sie nichts wert sei, und immer wieder war sie aufs Brutalste zurückgewiesen worden. Jahrzehntelang trug Melany den Schmerz, die Wut und die Angst vor ihrer Familie in sich. Da sie in ihrer Nähe stets unter extremen Angstzuständen litt, brach sie schließlich den Kontakt ab.

Als Melany die Decodierungs- und Codierungstechnik kennenlernte, nahm sie sich vor, sich diesem Thema zu stellen. Sie benutzte kurze, einfache Sätze und programmierte Selbstliebe ein, aber vor allem konzentrierte sie sich auf Vergebung: Vergebung für die, die ihr so wehgetan hatten, aber auch Vergebung für sich selbst. Sobald sie mit dem Prozess begonnen hatte, fühlte sie sich bereits leichter und angenehm optimistisch.

Sie codierte zwar regelmäßig, aber nicht jeden Tag. Dann traf sie unvermittelt auf die Menschen, die sie seit Jahren nicht mehr gesehen hatte. Es geschah anlässlich des Besuchs einer kranken Verwandten und kam für Melany vollkommen unerwartet.

Als sie das Zimmer betrat, war die Energie ganz ungewohnt und anders. Melany war nicht mehr so eingeschüchtert wie früher. Sie fühlte sich selbstsicher und frei, spürte also genau das Gegenteil jener Emotionen, die sie gehabt hatte, als sie ihrer Familie noch negativ verhaftet gewesen war. Sie verspürte sogar Mitgefühl gegenüber den älteren Menschen, die sie so lange verletzt hatten.

Aber nicht nur Melany reagierte anders, auch ihre Familienmitglieder reagierten anders auf sie. Zum ersten Mal waren sie tatsächlich froh sie zu sehen. Ein Angehöriger bat sie um eine Umarmung, eine andere Angehörige sagte Melany, dass sie sie lieben würde. Melany hatte in diesen wenigen Minuten mehr Güte und Zuneigung erfahren, als während ihrer gesamten Kindheit und Jugend.

Vor Kurzem sah sie ihre Familie wieder, und ausgerechnet die Verwandte, die sie am schlechtesten behandelt hatte, sah ihr direkt in die Augen und sagte ihr, wie sehr sie sie liebte. Für Melany ist diese totale Umkehr in Bezug auf Ihre eigenen entspannten, freien Gefühle und die Art, wie sie nun von den anderen behandelt wurde, ein Wunder. Aber genauso wichtig ist, dass sich ihr Verständnis davon, was Vergebung eigentlich ist, radikal verändert hat. Früher war sie davon ausgegangen, dass sie dadurch ihre Misshandlung billigen würde. Heute weiß sie, dass Vergebung sie selbst und die Übeltäter von der negativen Verbindung befreit. Wenn man sich selbst genug liebt, ist man frei, um sich aus der Opferrolle und der Angst zu befreien. Das gibt einem die Freiheit, im Leben voranzuschreiten und eine vollkommen neue Perspektive einnehmen zu können. Wenn Sie Vergebung einprogrammieren, nimmt das dem Täter die Macht und gibt sie Ihnen zurück.

Melany hatte ihr ganzes Leben lang auf diese Freiheit gewartet. Sie hatte nicht gewusst, dass sie ihrer Familie nach wie vor verhaftet war, obwohl sie ihre Angehörigen seit Jahren nicht mehr gesehen hatte. Aber ihr neuer Code der Vergebung schuf einen neuen Rahmen für ihre Beziehung zu ihnen und zu sich selbst. Endlich hatte sie die Freiheit gefunden, nach der sie sich so lange gesehnt hatte.

Hin zur Liebe

Sehnsucht kann eine andere Form einer starken Anhaftung sein. Bei unerwiderter oder verloren gegangener Liebe kann es vorkommen, dass Sie sich vor Sehnsucht und verzweifelter Anhaftung verzehren. Es ist aber genau diese Energie, die dafür sorgt, dass Sie isoliert und allein bleiben.

Wenn Sie auf diese Weise verhaftet sind, ist es besonders wichtig, die Sehnsucht zu löschen und die Fähigkeit zum Loslassen einzuprogrammieren. Ihre Anhaftung an eine alte verlorene Liebe bindet Sie energetisch an die betreffende Person und schickt eindeutige Signale an das Universum, dass Sie keine neue Liebe brauchen, da Sie ja noch immer verbunden sind. Obwohl diese Verbindung vermutlich sehr einseitig und eingeschränkt ist und Sie entehrt, wird sie aufgrund Ihrer Sehnsucht alles sein, was Sie bekommen.

Falls Sie es mit alten Übergriffen zu tun haben, versuchen Sie, Vergebung für den anderen und sich selbst einzuprogrammieren. Es mag Sie überraschen, aber erst wenn Sie die Anhaftung losgelassen haben, sind Sie endlich frei, um sich wieder an jemanden zu binden, und zwar authentisch und auf gesunde Weise.

Jede Trennung zwischen Ihnen und anderen Menschen (selbst Trennung durch übermäßiges Anhaften) entspringt unserem Ego. Tatsächlich entstehen jegliche Codes der

Unzulänglichkeit, Wertlosigkeit, der Angst und des Neids aufgrund der Maßstäbe des Egos. Um solche Codes loslassen zu können, müssen Sie sich neu definieren, und zwar nach den Maßstäben Ihres unverletzlichen, wahrhaft wertvollen und alles liebenden Geistes. Diese Definition muss aber auf einer sehr realen und erfahrbaren Ebene verinnerlicht werden und nicht einfach nur im Kopf. Sie muss in Ihrer emotionalen Resonanz, dem liebevollen Kern Ihrer Lebenskraft, sanft vibrieren. Programmieren Sie deshalb die Fähigkeit ein, diese wunderbare Verbindung zu spüren. Meditieren Sie über Ihr Herzzentrum, und öffnen Sie sich der Macht und Wahrheit, die in Ihnen liegt und die Ihr ganzes Leben verändern wird.

Sie können ein Gewahrsein dieses dauerhaften Friedens einprogrammieren, wann immer Sie in eine Situation geraten, in der Sie sich getrennt fühlen, oder wenn irgendetwas Neid oder Unzufriedenheit in Ihnen auslöst. Programmieren Sie Liebe und Frieden ein, und lassen Sie dann Ihr Bewusstsein in Ihr Herzzentrum wandern. Geben Sie sich diesem ruhigen Gefühl hin, das nichts mehr anstrebt. Aus dem Herzen heraus zu leben löst Konflikte auf und erlaubt es Ihnen, die Gegenwart des Friedens zu spüren. Dies ist einer der größten Codes, den Sie überhaupt verwirklichen können.

Sich die Zeit zum Innehalten zu nehmen und sich mit Ihrem ewigen Herzen zu verbinden ist ein wichtiger Teil der universellen Kraft der Liebe. Hier wohnt das Bewusstsein des göttlichen Lichts. Wenn Sie sich mit ihm verbinden, finden Sie den wahren Ursprung aller Formen der Liebe. Diese vitale Kraft ist eine machtvolle Energie, die vom Atem der Ewigkeit gespeist wird. Sie beginnt in Ihrer eigenen Seele und erzeugt ununterbrochen Liebe im Überfluss: Liebe zu sich selbst, zum Leben, zur Welt und zu allen anderen Seelen.

Denken Sie bitte immer daran, dass der Ursprung dieser wunderschönen Schwingung in Ihrem Innern liegt. Meditieren Sie über die Kraft der Liebe, die in Ihrem Herzzentrum wächst, und vergessen Sie nie die folgende Wahrheit: Sich selbst als wertvoll zu sehen, ist einer der größten Wünsche Ihrer Seele. Wenn Sie nach diesem neuen, gesunden und harmonischen Code der Selbstliebe leben, wird Ihnen die unbegrenzte Macht der universellen Liebe frei zur Verfügung stehen.

KAPITEL 14

Die Breakthrough-Kraft der Freude

»Ganz gewiss ist Freude die
Grundbedingung des Lebens.«

Henry David Thoreau

Geist und Liebe sind die natürlichen, aktivierenden Kräfte im Universum, das leuchtet schnell ein. Der Geist verbindet, hilft und inspiriert, und wir sind alle eins im Herzen dieser schöpferischen Kraft. Liebe ist eine Erweiterung und ein Ausdruck davon. Sie gleicht einem Fluss der Energie, der sich machtvoll und doch sanft durch das Universum bewegt.

Aber was ist mit der Freude? Ist sie wirklich eine Grundbedingung des Lebens, wie es Thoreaus Worte nahelegen? Vielen Menschen geht es zu schlecht, oder sie sind zu gelangweilt, um auch nur auf die Idee zu kommen, dass Freude der natürliche Seinszustand des Menschen sein könnte. Aber auch Freude ist eine energetische Kraft, die wie Geist und Liebe weitreichenden Einfluss auf Ihre persönlichen Erfahrungen und die Welt an sich hat. Getrieben von Elementen wie Verlangen und Erregung ist Freude sowohl Motivation als auch Ergebnis. Sie gleicht einer immer gegenwärtigen Strömung, einem Fluss, der immer da ist. Und es ist an uns, jederzeit in diesen süßen Strom des Glücks einzutauchen. Warum aber scheint sie sich uns nur immer wieder zu entziehen?

Obwohl viele sich alles andere als glücklich bezeichnen würden, ist doch alles, was sie tun, von dem Wunsch nach Freude beseelt. Wir arbeiten, um Geld zu verdienen, um uns die Dinge kaufen zu können, die uns vermeintlich glücklich machen. Wir gehen Liebesabenteuer ein, weil wir uns davon Liebe und Glückseligkeit erhoffen. Wir reisen in ferne Länder, um uns dort genussvoll zu erholen. Generell betrachten wir Glück als ein besonderes – und aus irgendeinem Grund seltenes – Ereignis. Aber wenn wir wollen, können wir selbst in den gewöhnlichsten Situationen Freude und Glück empfinden.

Freude für dich und mich

Wenn Freude sich ausdehnt, überschüttet sie die Welt mit einer stark geladenen Energie, die allen, die daran teilhaben, Licht bringt. Das erzeugt ein hohes Maß an kreativen Aktionen. Menschen, denen Freude zu einer Lebenseinstellung geworden ist, belegen es überall auf der Welt: Sie erzeugt auch ein großes Maß an magnetischer Anziehung. Nicht zuletzt deshalb ist es so wichtig und sinnvoll, diese sich ausdehnende Kraft in Ihrem Leben zu aktivieren.

Begeisterung entfachen

Der erste Zünder dieser machtvollen Strömung ist Begeisterung. Unglücklicherweise wird diese unglaublich starke Energie nur zu leicht in die falschen Kanäle geleitet. Ohne Begeisterung erschöpft sich Ihre Lebenskraft, so dass Sie sich nur noch durch den Tag schleppen. Geschieht das, macht es Ihr elender Zustand schwierig, in Harmonie mit dem universellen Fluss zu sein. Grundsätzlich verhindert es ein freudloses Leben, irgendetwas Positives anzuziehen und zu empfangen. Ihre Lebenskraft verdichtet sich um Sie herum zu einer dunklen, dichten Energiewolke, die den Zustrom des Glücks blockiert. Daher ist es so wichtig, Begeisterung für Ihr Leben, Ihre großen und Ihre alltäglichen Ziele bewusst zu erzeugen und einzuprogrammieren.

Begeisterung kombiniert die Energien positiver Erregung in der Gegenwart und des Optimismus in Bezug auf die Zukunft. Mit Begeisterung sind Sie glücklich über das, was jetzt in Ihrem Leben vor sich geht, und schauen zugleich hoffnungsvoll in die Zukunft. Wenn Sie diesen Zustand aufrechterhalten können, erhellt sich Ihre Schwingung so sehr, dass sich dadurch Ihre Absichten schneller erfüllen.

Um Begeisterung zu erzeugen, muss allem, was Sie in Ihrem Leben tun, eine positive Einstellung zugrunde liegen. Aus diesem Grund ist der Codierungsprozess so nützlich. Sie können nämlich ständig die Fähigkeit programmieren, Glück zu erzeugen und auf Ihren Einfallsreichtum zu vertrauen. Programmieren Sie Freude für heute und Optimismus für die Zukunft ein. Denken Sie aber auch daran, diese Codes durch Ihre alltäglichen Entscheidungen zu unterstützen. Erschaffen Sie auf diese Weise so viele kleine Glücksmomente, wie Sie nur können. Erkennen Sie den Wert all Ihrer freudvollen Erlebnisse an, und seien Sie dankbar dafür.

Wertschätzung und Dankbarkeit aktivieren

Der nächste Zünder der Freude ist ein Bewusstsein der Dankbarkeit. Unsere nie endenden Gedanken sind meistens rein zufällig. Einige leugnen den Wert der Freude, mit anderen erkennen wir sie bewusst an. Unglücklicherweise verfallen wir oft in alte Reaktionsmuster und konzentrieren uns auf das, was schiefgeht, ohne zu realisieren, wie viel in unserem Leben eigentlich gut läuft.

Wahre Wertschätzung bedeutet, Ihren eigenen Wert, den Ihrer Beziehungen, Ihrer Karriere, Ihrer Besitztümer und Ihres Lebens im Allgemeinen zu erkennen. Wenn Sie Dankbarkeit für Ihr tägliches Leben empfinden, entsteht daraus ein ständiger Fluss der Freude. Aber ohne Dankbarkeit in der Gegenwart macht es der Code der Hoffnungslosigkeit schwierig, eine optimistische Einstellung gegenüber der Zukunft zu entwickeln.

Wertschätzung kann und sollte einprogrammiert werden, aber Sie müssen sich auch bewusst dafür entscheiden und sie einüben. Für unglückliche Menschen mag dies nach einer außergewöhnlich schwierigen Aufgabe aussssehen. Aber die Erzeugung dieses einen Codes kann bereits alles sein, was Sie tun müssen, um nicht mehr unglücklich zu sein. Bewusste Wertschätzung und Selbstliebe sind zwei der freudvollsten, hochgradig positiv aufgeladenen, magnetischen Schwingungen. Wenn Sie Wertschätzung und Begeisterung miteinander kombinieren, erzeugen Sie die Emotion der freudvollen Erregung, die ein weiteres Element bei der Aktivierung der Kraft der Freude ist.

Freudvolle Erregung aktivieren

Das Leben ist ein Abenteuer, das uns jeden Tag neue Möglichkeiten präsentiert. Aber wie oft sind Sie wirklich vor Freude erregt? Viele Menschen bewahren sich ihre Begeisterung für große Ereignisse und besondere Anlässe auf, dabei kann

Begeisterung zu einer echten Haltung dem Leben gegenüber werden. Sie haben die Wahl, nicht nur wegen großer Dinge, sondern auch wegen kleiner Dinge begeistert und erregt zu sein und diese emotionale Grundhaltung den ganzen Tag über aufrechtzuerhalten. Und wenn Sie die Gewohnheit einprogrammieren, nach Dingen Ausschau zu halten, für die Sie sich begeistern können, werden Sie immer mehr davon finden.

Es hat eine Zeitlang gedauert, bis ich diese Angewohnheit kultiviert hatte, aber heute ist Begeisterung und freudige Erregung über kleine, alberne Dinge zu einem festen Bestandteil meines Lebens geworden. Tatsächlich macht es einfach Spaß! Wenn ich einen Vogel oder ein Eichhörnchen sehe, muss ich lächeln. Und wenn mir beim Autofahren blühende Büsche oder Bäume ins Auge fallen, fühlt es sich an, als würde mir das Universum einen Blumenstrauß schenken.

Die Ironie des Lebens besteht darin, dass wir häufig die Bedeutung des wahrhaft Wertvollen übersehen, weil wir zu sehr damit beschäftigt sind, anderswo etwas Wertvolles zu erschaffen oder danach zu suchen. Mit der Zeit sind diese wunderbaren Dinge so selbstverständlich für uns geworden, dass wir sie überhaupt nicht mehr wahrnehmen. Wir müssen uns bewusst dafür entscheiden, die Wunder um uns herum wahrzunehmen und die wahre freudige Erregung wieder zu aktivieren, die wir in unserem Bemühen, das Leben aufregender zu machen, verloren haben.

Codierungspunkte

Die Zeit ist gekommen, mehr Freude in Ihr Leben zu bringen. Sie können die folgenden Sätze verwenden, um Begeisterung, Wertschätzung und freudige Erregung zu aktivieren und mehr Freude in Ihren Alltag zu bringen. Notieren Sie Ihre Erfahrungen in Ihrem Tagebuch, und fügen Sie wie immer weitere Sätze hinzu, die Ihnen einfallen.

Decodieren

Ich lösche die Angewohnheit, gleichgültig und desinteressiert zu sein.

Ich lösche alle Muster, zu beschäftigt zu sein, um mein Leben zu genießen und es wertzuschätzen.

Ich lösche Unglücklichsein.

Ich lösche Langeweile.

Codieren

Ich programmiere die Fähigkeit ein, alles, was ich habe, jetzt wertzuschätzen.

Ich programmiere die Fähigkeit ein, mich selbst und mein Leben als Wunder zu betrachten.

Ich programmiere Begeisterung und Spaß in der Gegenwart und Optimismus für die Zukunft ein.

Ich programmiere Freude, Frieden, Glaube und Glückseligkeit.

Ich programmiere Lächeln ein.

Ich programmiere die Fähigkeit ein, jeden Tag glücklich zu sein.

Ich programmiere jetzt und für immer eine freudige Perspektive ein.

Es reicht aber nicht, sich nur für die kleinen Dinge begeistern zu können, sie müssen auch in Bezug auf Ihre großen Ziele Begeisterung empfinden – und zwar nicht erst beim Erreichen dieser Ziele, sondern schon während des Prozesses. Suchen Sie nach irgendetwas, das Sie begeistert, und genießen Sie es.

Sie sind ein Wunder, und auch Ihr Leben ist ein Wunder. Wenn Sie Begeisterung für sich selbst und Ihre Erfahrungen empfinden, aktiviert diese den Generator der Freude im Universum.

Langeweile durchbrechen

Das erste Reaktionsmuster, das die Kraft der Freude blockiert, ist Langeweile oder Monotonie. Diese glanzlose Energie ist weitverbreitet, sogar bei sehr beschäftigten Leuten, die immer etwas vorhaben. Wenn Sie immer wieder dieselben Tätigkeiten ausführen, können die ständige Wiederholung und Eintönigkeit zu einer sehr trägen Dynamik der Lebenskraft führen, was dazu führt, dass Sie dumpf werden und Ihre Ziele nur noch sehr langsam erreichen.

Wenn Ihnen das bekannt vorkommt, müssen Sie die Dinge wieder ins Rollen bringen. Steigern Sie Ihren Optimismus, und kurbeln Sie Ihre Energie an, indem Sie sich ununterbrochen vornehmen, Ihr Leben interessanter zu gestalten. Dadurch entsteht freudige Erregung, und zwar unabhängig davon, ob nun gerade etwas läuft oder nicht.

Viele denken, dass nichts Erwähnenswertes geschieht, es sei denn, sie planen ihren nächsten Urlaub oder den Umbau des Hauses. Wir können unser Leben aber jeden einzelnen Tag interessant gestalten. Programmieren Sie eine klare Wahrnehmung Ihrer Lebensqualität ein, und löschen Sie Langeweile und Eintönigkeit. Lockern Sie Ihre Routine auf. Tun Sie einmal etwas anderes, und nehmen Sie sich vor, jeden Tag Spaß zu haben. Beginnen Sie, sich wieder für Ihr Leben zu interessieren.

Entspannen Sie sich!

Ein weiteres Reaktionsmuster, das Freude und Begeisterung förmlich blockiert, ist das Gefühl, die Last der Welt auf den Schultern tragen zu müssen. Dies ist sehr problematisch und weitverbreitet. Für viele ist es aus dem täglichen Kampf entstanden, zu viel erledigen zu müssen, während andere einfach unter dem emotionalen Stress zu großer Verantwortung leiden. Beide Herausforderungen scheinen niemals zu enden und sind viel zu viel für einen Menschen.

Wir müssen unsere exzessive Zielorientierung reduzieren und unser Leben wieder ins Gleichgewicht bringen, indem wir angenehme Aktivitäten in unseren Alltag einplanen. Auch das Verlangen, alles so schnell wie möglich erledigen zu müssen und auf alles sofort eine Antwort zu haben, können wir getrost loslassen.

Löschen Sie Dringlichkeit, Stress und zwanghaftes Streben. Verändern Sie Ihre Wahrnehmung, und überlegen Sie sich, was Ihr Leben wirklich bereichert. Projizieren Sie dann Freude in diese Aktivitäten hinein. Machen Sie Ihr Leben und Ihre Schwingung leichter. Heben Sie sie auf eine höhere Ebene, und erschaffen Sie sich ein neues Muster der Freude und Entspannung – und zwar unabhängig von den äußeren Umständen.

Schleppen Sie sich nicht durchs Leben, tanzen Sie durchs Leben! Finden Sie Freude an allem, was Sie tun, und bekräftigen Sie, dass jeder Tag ein Segen ist. Tun Sie das in dem Wissen, dass sich Ihr Leben in jeder Aufgabe und Entscheidung ausdrückt. Erkennen Sie die darin enthaltene Macht und den innewohnenden Zweck. Begreifen Sie Freude als immerwährende Möglichkeit.

Fix und fertig

Depression ist das wahrscheinlich schwierigste Reaktionsmuster, das die Kraft der Freude blockiert. Manchmal hängt Depression von der Situation ab und ist eine emotionale Reaktion auf die schwierigen Umstände, in denen Sie sich befinden. Ein Gefühl der Hoffnungslosigkeit kann in traumatischen oder besonders traurigen Situationen entstehen. Aber andere Formen der Depression gehen tiefer. Sie sind unabhängig von Ereignissen, werden chronisch und erzeugen großes emotionales Leid in Ihrem Leben. Aber alle Formen sind kräftezehrende Erfahrungen, an denen Körper und Geist beteiligt sind.

Depression kann für manche Menschen zu einem »natürlichen« Zustand werden. Chronische Depression wird auch als Anhedonie bezeichnet, als die Unfähigkeit glücklich zu sein. Dies mag als unumkehrbar erscheinen, aber ganz gleich, wie tief verwurzelt dieses Reaktionsmuster auch sein mag, können Sie diese Angewohnheit löschen und die Fähigkeit einprogrammieren, wahrhaft glücklich zu sein.

Suchen Sie sich professionelle Hilfe. Drücken Sie Ihre Gefühle aus, und programmieren Sie die Fähigkeit, im Interesse Ihres eigenen höchsten Wohles zu reagieren. Langsam werden Sie ein stärkeres Gefühl für Ihre Möglichkeiten und Ihren eigenen Wert bekommen. Nach und nach können Sie eine leichtere emotionale Schwingung erzeugen. Wenn Sie die Depression löschen, befreien Sie sich von der alten, festgefahrenen, unglücklichen Energie. Wenn Sie Frieden, Selbstermächtigung und Begeisterung für das Leben einprogrammieren, werden in Ihnen immer mehr echte Gefühle der Freude wach werden.

Die Qual der Sorgen

Übermäßige Besorgnis gehört auch zu den Reaktionsmustern, die Ihre Fähigkeit blockieren, inneren Frieden und Glück zu erleben. Die Energie der Begeisterung beruht aufgrund ihres Wesens auf einer optimistischen Deutung der Dinge. Daher sollten Sie Besorgnis und Weltverneinung bei jeder Gelegenheit löschen. Um Ihre Freude wiederzufinden, müssen Sie zuerst erkennen, welches Muster Ihre Besorgnis hat. Setzen Sie dazu Affirmationen wie diese ein: *Ich habe die Fähigkeit, meine Reaktionen zu verändern. Ich kann Sorgen immer loslassen.* Löschen Sie Ihre Verhaftung gegenüber dieser Angewohnheit, und programmieren Sie die Entscheidung ein, stattdessen in Frieden, Macht, Hoffnung und Freude zu leben.

Codierungspunkte

Verwenden Sie während der Codierungstechnik die folgenden Sätze, um Ihre Blockaden gegenüber der machtvollen Kraft der Freude zu beseitigen. Notieren Sie Ihre Fortschritte in Ihrem Tagebuch. Aktivieren Sie jeden Tag die Begeisterung und den Enthusiasmus, die Sie verdient haben.

Decodieren

Ich lösche Langeweile und Unzufriedenheit.
Ich lösche die Angewohnheit, mein Leben gering zu schätzen.
Ich lösche die Angewohnheit, mein Leben als Last zu betrachten.
Ich lösche Besorgnis und Unglücklichsein.
Ich lösche Groll gegenüber meinem Leben.
Ich lösche die Gewohnheiten der Depression und Angst.

Codieren

Ich programmiere Glück und Freude ein.

Ich programmiere Reaktionen des Friedens und Vertrauens ein.

Ich programmiere Dankbarkeit für alles, was ich habe und bin.

Ich programmiere die Fähigkeit ein, Frieden und Freude in jedem Augenblick zu finden.

Ich programmiere Interesse an mir selbst und meinem Leben.

Ich programmiere Gewohnheiten ein, die mir Spaß machen und Freude bereiten.

Ich programmiere die Freiheit ein, jederzeit glücklich zu sein.

Karens Geschichte – mit ihren eigenen Worten

Eine Klientin namens Karen hatte unmerklich die Freude am Leben verloren. Es dauerte eine Weile, aber im Laufe der Zeit hatte sie eine langweilige Routine etabliert, um gerade so über die Runden zu kommen. Sie war emotional leer und kam schließlich an einen Punkt, an dem sie etwas ändern wollte. Sie erzählte mir Folgendes:

»Ich hatte gar nicht gemerkt, in was für einen Trott ich da geraten war. Mein Leben bestand nur noch aus immer derselben Routine. Aber nicht nur das, es gab auch praktisch nichts, auf das ich mich freute. Mein Leben bestand nur noch aus demselben alten eintönigen Kram. Ich lebte nicht, ich existierte nur noch. Ich nehme an, viele Leute erwarten nicht, glücklich sein zu können, und ich bin einer davon. Mein Leben war entweder langweilig oder schwer, und es gab nichts, was ich anders machen konnte – oder wollte. Eine Freundin meinte, ich leide sich sicher unter einer nicht diagnostizierten Depression. Aber es gab eigentlich nichts, das mich deprimieren konnte, wenn man mal von der Tatsache absieht, dass mir überhaupt nichts wichtig war.

Als ich die Decodierungs- und Codierungstechnik lernte, sah sie so einfach aus und schien so wenig Zeit in Anspruch zu nehmen, dass ich beschloss, sie einfach einmal auszuprobieren. Ich dachte sogar, dass ich unter Umständen wieder zu dem lebensfrohen, sorglosen Mädchen werden könnte, das ich in meinen Zwanzigern einmal gewesen war. Ehrlicherweise muss ich aber zugeben, dass dieses Mädchen so anders als mein gegenwärtiges Selbst zu sein schien, dass ich nicht wirklich daran glaubte. Trotzdem habe ich es versucht.

Jeden Morgen löschte ich Depression und Unglücklichsein. Ich löschte auch Stress und Langeweile. Dann programmierte ich die Fähigkeit ein, mein Leben als aufregend zu sehen und es voller Spaß zu betrachten. Ich programmierte Begeisterung für meine Arbeit ein und sogar größere Liebe und mehr Wertschätzung gegenüber meinen Kindern. Während des Tages führte ich die Technik häufig aus. Immer wenn ich merkte, dass ich deprimiert wurde, nahm ich mir einige Augenblicke Zeit dafür.

Es dauerte eine Weile, aber schließlich merkte ich, dass ich öfter lächelte. Auch anderen Leuten fiel meine veränderte Stimmung auf. Es kamen mehr Menschen auf mich zu, vermutlich weil sie dachten, es würde Spaß machen, mit mir zusammen zu sein. Ich fing an, Freude an Dingen zu haben, an denen ich jahrelang keine Freude gehabt hatte. Ich ging leichtfüßig und lächelnd durch den Tag.

Heute ist alles anders. Das Zusammensein mit meinen Kindern macht mir wieder Spaß. Sogar Hausarbeit macht Spaß! Und wenn es schwierig wird oder ich in alte Muster zurückfalle, weiß ich, dass das kein Problem ist und dass ich meine Sichtweise neu programmieren kann. Es ist schon komisch: Früher fand ich nichts, das mich glücklich machte oder auf das ich mich freuen konnte, und heute habe ich Freude an allem Möglichen. Mein Leben ist leichter, und auch ich fühle mich leichter. Meine Familie ist wieder näher zusammengerückt, unternimmt mehr gemeinsam und hat mehr Spaß zusammen. Die Leute sagen, ich sei ein anderer Mensch geworden, aber tatsächlich bin ich dieselbe: dieselbe glückliche Person, die ich vor zwanzig Jahren einmal war. Diese junge Frau ist zu mir zurückgekehrt!«

Aus dem Dunkel

Viele Menschen sind deprimierter, als sie selbst ahnen, und erledigen einfach ohne Freude im Herzen ihre täglichen Aufgaben. Das scheint mit zunehmendem Alter noch schlimmer zu werden, aber es ist keine Sache des Alters. Ganz gleich, wie alt wir auch sein oder in welcher Situation wir uns auch befinden mögen, es ist Zeit, uns für eine Wahrnehmung der Freude zu entscheiden, Lächeln und Glück einzuprogrammieren und uns zum Spaß verdonnern.

Ihr Geist ist hierher gekommen, um sich am Leben zu erfreuen. Sie müssen nichts Besonderes planen, um Freude zu empfinden. Halten Sie an. Schätzen Sie das, was Sie haben. Erfreuen Sie sich an kleinen Dingen: an einem tollen Nachtisch, einem liebevollen Lächeln, einem Ihrer Lieblingslieder. Programmieren Sie in diese Momente Freude ein. Ihr Glück wird sich ausdehnen, und Sie werden gesegnet sein.

KAPITEL 15

Die Breakthrough-Kraft der Aktion

»Und es kam der Tag, da das Risiko, in der Knospe zu
verharren, schmerzlicher wurde als das Risiko, zu blühen.«

Anaïs Nin zugeschrieben

Das Wort Aktion impliziert Bewegung, Absicht und Richtung.
Man kann die Energie im Wort förmlich spüren, und Sie werden die Macht dieser Breakthrough-Kraft erleben, wenn Sie
sie zum Leben erwecken.

Die meisten Menschen denken, aktiv zu werden und zu
handeln, würde bedeuten, sich auf ein bestimmtes Ziel zu
konzentrieren. Aber es gibt viele verschiedene Arten der
Aktion, die uns oft gar nicht in den Sinn kommen. Aber jede
einzelne ist gleichermaßen wichtig, wenn Sie glücklich sein
und vorankommen wollen. Jede Form der Aktion kann einprogrammiert werden.

Vielleicht müssen Sie die Fähigkeit einprogrammieren,
Risiken einzugehen, um sich auf diesen Weg begeben zu können. Viele Menschen meinen, es wäre zu riskant zu handeln,
aber es auch nicht annähernd so riskant wie *nicht* in Ihrem
eigenen Interesse zu handeln. Die Aufrechterhaltung des Sta-
tus quo mag Ihnen ein Gefühl von Behaglichkeit und Ruhe
vermitteln. Dadurch ist es aber auch ziemlich sicher, dass Ihr
Leben immer gleich bleiben wird. Die Codierungstechnik

ist eine zuverlässige Methode, die Sie auf alle Bereiche Ihres Lebens anwenden können.

Da jede Ihrer Handlungen untrennbar mit der nächsten Breakthrough-Kraft der Verantwortlichkeit verbunden ist, werden Sie bald feststellen, dass diese beiden Kapitel einander in vielerlei Hinsicht ergänzen. Natürlich ist es notwendig, die Verantwortung für das eigene Leben zu übernehmen, damit Sie aktiv handeln können, um voranzukommen. Damit diese beiden Kräfte wirksam werden, müssen Sie sich Ihrer Möglichkeiten in der Gegenwart viel mehr bewusst werden und Ihre Entscheidungen an Ihrer eigenen Wahrheit ausrichten.

Bewusstheit aktivieren

Jede Aktion wird bewusst ausgeführt. Eine Reaktion hingegen ist eher unbewusst. Und leider verbringen wir den größten Teil unseres Lebens damit zu reagieren statt zu agieren. Bewusstheit, die Kunst im erwachten Zustand zu leben, ist der erste Zünder der Aktion. Dazu gehören auch alle Wahlmöglichkeiten, die wir in unserem täglichen Leben haben: kognitive, praktische, logistische, energetische und Verhaltensoptionen. Wenn wir wirklich bewusst sind, agieren wir in all diesen Bereichen.

Wir segeln durchs Leben und reiten auf der Strömung der Notwendigkeiten, ohne uns der Vielzahl an Optionen bewusst zu sein, die wir haben. Das Problem ist nur, dass ein unbewusst gelebtes Leben zu unbewussten Schöpfungen führt. Bewusst zu werden erfordert, dass wir unser Leben betrachten und sagen: *Ich bin frei, auf jede Weise zu agieren, die mich selbst ehrt. Jede Handlung ist eine Entscheidung, die Konsequenzen für mich und mein Leben hat.*

Denn warum tun wir das hier eigentlich alles? Das Leben muss doch einen höheren Sinn haben, als nur die Miete zu bezahlen. Unsere Seele sehnt sich danach, dass wir unser Leben genauer betrachten, dass wir bewusst werden und auf eine Weise agieren, die zu Selbstmeisterung und größerer Anerkennung unseres wahren Wertes führt. Wir sollten es uns wert sein, bewusst und zielgerichtet zu handeln, und deshalb sollten wir mehrmals am Tag innehalten und eine kurze Bestandsaufnahme vornehmen. Es mag für Sie nützlich sein, Ihre Erkenntnisse in Ihr Tagebuch zu schreiben oder darin zu lesen, um Ihren Fokus aufrechtzuerhalten. Programmieren Sie ein klareres Verständnis der Dinge ein. Wenn Sie dann den nächsten Schritt vor Ihrem inneren Auge sehen können, sorgen Sie dafür, angemessen zu agieren.

Wahre Prioritäten aktivieren

Höherrangige Aktionen erfordern Disziplin. Sie sind keine Akte der Selbstaufopferung, sondern beruhen auf bewussten, disziplinierten Entscheidungen in Bezug auf die eigenen Prioritäten, die dann in die entsprechenden Handlungen umgesetzt werden. Diese wiederum erzeugen eine emotionale und gewohnheitsmäßige Dynamik, welche die Entscheidungen unterstützt.

Aber was sind Ihre Prioritäten? Programmieren Sie die Weisheit ein zu wissen, was in Ihrem besten Interesse ist und Ihrem höchsten Wohl dient. Programmieren Sie anschließend den Mut ein, fokussiert und zweckgerichtet zu handeln. Wenn es für Sie oberste Priorität hat, bestimmte Ziele zu erreichen, dann müssen Sie wahrscheinlich extra Zeit aufwenden, um an den dafür notwendigen Schritten zu arbeiten.

Wenn es beispielsweise Ihr Ziel ist abzunehmen, dann sollten Sie wissen, dass die dafür notwendige bewusste Handlung darin besteht, weniger zu essen und sich mehr zu bewegen. Diese und andere Handlungen erfordern Disziplin und Mut. Sie können aber nicht nur die neuen Gewohnheiten einprogrammieren, sondern auch die dafür notwendige Disziplin und den erforderlichen Mut. Tatsächlich ist das Codieren eine Form der Aktion, die Sie auf alle Lebensbereiche anwenden können.

Viele Menschen haben ihre Ziele nicht nach Prioritäten geordnet. Viele verschieben ihre Träume so oft auf später, dass sie sich gar nicht mehr bewusst sind, was ihnen eigentlich wichtig ist. Andere wissen sowieso nicht, was ihnen im Leben wichtig ist. Sie wissen nicht einmal, dass es vollkommen in Ordnung ist, Vorlieben zu haben. Wenn es Ihnen auch so geht, müssen Sie dieses Muster der Selbstverleugnung löschen. Tun Sie das nicht, werden Sie Ihr Leben immer auf Sparflamme leben, und Ihre Energie wird dichter und starrer werden, weil Sie immer nur im Interesse anderer Menschen handeln. Nehmen Sie Ihr Leben endlich wieder selbst in die Hand. Löschen Sie die alten Muster der Passivität und Tatenlosigkeit, und programmieren Sie stattdessen bewusste Prioritätensetzung ein.

Präsenz aktivieren

Die Aktion ist eine machtvolle Breakthrough-Kraft, aber Sie müssen Ihr Bewusstsein in die Gegenwart bringen und ganz präsent sein, um sie aktivieren zu können. In der Vergangenheit können Sie nicht handeln. Und obwohl es möglich ist, für die Zukunft zu planen, können Sie jetzt nicht garantieren, was Sie tun werden, wenn die Zeit dann tatsächlich gekommen ist.

Aber Präsentsein gibt Ihnen die Macht, Ihre Energie *jetzt* zu verändern, neue Muster einzuprogrammieren und Ihre Emotionen augenblicklich zu verwandeln. Dies sind wichtige Handlungen, die Ihre Lebensqualität verändern werden, obwohl sie meistens überhaupt nicht als Handlungen wahrgenommen werden. Vergessen Sie bitte nicht, dass in jedem Augenblick energetische Aktionen stattfinden, ob wir diese nun bewusst ausführen oder nicht.

Die Gegenwart ist die einzige Zeit, in der wir handeln können, daher sollten wir uns fragen: *Was kann ich jetzt tun? Was kann ich jetzt ändern? Wie kann ich diesen Augenblick nutzen, um meine Lebensqualität zu verbessern und die emotionale Erfahrung, die ich jetzt mache, in die richtige Richtung zu lenken?*

Programmieren Sie die Bereitschaft ein, etwas zu tun, um Ihre Gedankenmuster und Verhaltensweisen zu verändern. Wenn Sie Bewusstheit und Stärke in jedem gegenwärtigen Moment einprogrammieren, können und werden Sie alles verändern.

Codierungspunkte

Verwenden Sie während des Codierungsprozesses die folgenden Sätze, um Präsenz, Priorität und Bewusstheit in Ihrem Leben zu aktivieren, damit Ihr Handeln wieder in die richtigen Bahnen gelenkt wird.

Codieren

Ich programmiere eine stärkere Wahrnehmung meiner Möglichkeiten ein.

Ich programmiere Bewusstheit bei all meinen Entscheidungen ein.

Ich programmiere die Bereitschaft ein, mir selbst Priorität einzuräumen.

Ich programmiere Disziplin und Stärke.

Ich programmiere die Fähigkeit ein, Risiken einzugehen und in meinem eigenen Interesse zu handeln.

Ich programmiere gegenwärtiges Handeln ein.

Ich programmiere Selbstbestimmung ein.

Ich programmiere Handeln in mein Denken ein.

Ich programmiere den Mut ein, immer richtig zu agieren.

Proaktiv oder nichtaktiv?

Es gibt viele verborgene Codes, die uns ständig davon abhalten zu handeln und gewaltige Hindernisse auf dem Weg zum Glück und zur Erfüllung unserer Wünsche sein können. Diese Reaktionsmuster sind meist tief verwurzelt und bewirken, dass wir wichtige Gelegenheiten verpassen, bei denen wir selbstständig agieren und endlich den Durchbruch schaffen können. Ein Code, der uns am stärksten lähmt, ist die Hoffnungslosigkeit.

Dieses dichte, düstere emotionale Muster verursacht eine Lähmung des Geistes und der Handlungsfähigkeit. Hoffnungslosigkeit ist tief in der Erwartung verwurzelt, dass alle Handlungen sowieso zu nichts führen werden. Warum sollte man sich dann überhaupt bemühen? Dieses Muster steht häufig in enger Verbindung zu Mustern der Machtlosigkeit, einer inneren Wahrnehmung der Schwäche und Ineffizienz. Wenn Sie derartige Gedanken hegen, müssen Sie unbedingt alte Fehlinformationen bezüglich Ihrer eigenen Stärke löschen. Programmieren Sie innere Stärke ein und die Fähigkeit, diese

Stärke der Welt zu zeigen und zwar unabhängig davon, welches Thema Ihnen hoffnungslos erscheinen mag.

Lassen Sie sich durch die Verlierermentalität nicht davon abhalten zu handeln. Öffnen Sie der machtvollen Kraft des hoffnungsvollen Handelns in jeder Situation Ihr Herz. Löschen Sie ängstliche Annahmen. Programmieren Sie stattdessen eine optimistische Grundhaltung ein. Denken Sie bitte daran, dass es in Ihrer Verantwortung liegt, Ihren eigenen Code einer hoffnungsfrohen Erwartungshaltung zu programmieren. Sie können es!

Flucht ist keine Lösung

Es ist eine natürliche Neigung des Menschen, vor Schmerz, Unglück, Wut oder problematischen Emotionen flüchten zu wollen. Das Fluchtverhalten ist tief in uns verwurzelt. Wir alle haben Gewohnheiten, mit denen wir uns von unangenehmen Gefühlen oder emotionalen Erfahrungen ablenken wollen, die auf den ersten Blick vielleicht erst einmal gar nicht so schlimm zu sein scheinen, wie etwa Langeweile. Chronische Realitätsflucht hat eine große Anziehungskraft, gleich ob sie nun als permanentes Sich-Ablenken-Wollen oder lähmendes Suchtverhalten daherkommt. Dazu gehören übermäßiger Fernsehkonsum, Internetspiele, Fressattacken oder Alkoholsucht. Die Liste könnte endlos fortgesetzt werden. Viele Menschen sind ungesunden Vermeidungsmustern praktisch täglich ausgesetzt. Sie wissen selbst, ob Sie solche Angewohnheiten haben und wann Sie sie benutzen, um vor etwas zu flüchten.

Viele Menschen essen oder trinken zu viel, wenn sie wütend sind oder auch nur müde und gelangweilt. Sie tun es, wenn sie verletzt sind und das Bedürfnis haben, ihre Gefühle hinunterzustopfen. Auch dies ist eine Fluchtreaktion. Niemand muss mit diesem falschen Code der Ablenkung weiter leben.

Das Problem mit Süchten oder auch nur Ablenkungen, die uns betäuben, liegt darin, dass sie uns vom Erreichen unserer Ziele abhalten und uns nie glücklich werden lassen. Jede Sucht fühlt sich erst mal toll an, weil sie uns ein falsches Gefühl des Trostes und der Unterstützung gibt und es uns ermöglicht, vor unseren Emotionen zu flüchten. Letztendlich werden aber alle Süchte toxisch und erzeugen weitere Reaktionsmuster und noch stärkere Codes als die, vor denen wir zu flüchten versuchen.

Gegen ein bisschen Zerstreuung ist nichts einzuwenden, schließlich müssen wir alle einmal vom Stress des Tages abschalten. Aber unsere Fähigkeit zu handeln wird eingeschränkt, wenn unsere Realitätsflucht einen großen Teil des Alltags bestimmt. Ungesunde Gewohnheiten führen dazu, dass unsere guten Absichten zu nichts Gutem führen. Alte Ablenkungen lähmen uns und halten uns in den Mustern fest, für die wir uns selbst hassen. In was für einem Netzwerk aus selbstzerstörerischen Verhaltensweisen wir uns doch oft selbst gefangen halten!

Bevor Sie jetzt anfangen, diese ungesunden Gewohnheiten zu löschen, sollten Sie sich Ihre Verhaltensweisen und Muster ehrlich anschauen. Notieren Sie Ihre Beobachtungen und Codierungssätze in Ihrem Tagebuch. Da Süchte am schwersten zu ändern sind, sollten Sie alle notwendigen Schritte unternehmen, um sie zu löschen. Dazu gehört auch, professionelle Hilfe in Anspruch zu nehmen. Löschen Sie Tag für Tag ganz allmählich ein Fluchtverhaltensmuster nach dem anderen.

Programmieren Sie die Fähigkeit ein, zentriert und konzentriert zu bleiben und die Kontrolle zu behalten. Löschen Sie nicht nur die Gewohnheit, sondern auch die ihr zugrunde liegenden Emotionen. Auf diese Weise können Sie nicht nur das Muster loslassen, sondern auch dessen Ursache. Programmieren Sie gesunde neue Gewohnheiten, neue Handlungen und von Frieden erfüllte, selbstermächtigende Verhaltensweisen ein. Und denken Sie immer daran, dass Ihnen jeder Augenblick eine neue Gelegenheit bietet und dass Sie immer die Macht haben, sich für etwas Neues zu entscheiden, ganz gleich, was Sie einen Augenblick vorher auch getan haben mögen.

Scherbenhaufen

Fragmentierte, diffuse Energie ist ein weitverbreitetes Resonanzmuster, das aufgrund zu vieler Emotionen, Multitasking, Dringlichkeit oder Ablenkung entsteht. Ihr Fokus, Ihr Leben und Ihre Energie sind ein einziger Scherbenhaufen, denn was auch immer um Sie herum vorgehen mag, es ist einfach zu viel!

Aufgrund dieser schädlichen Schwingung befinden Sie sich nie im Gleichgewicht, sind ständig gereizt und oft unzufrieden. Um wirkliches Glück und eine hohe Lebensqualität haben zu können, muss diese Schwingung auf jeden Fall gelöscht werden, da eine derart fragmentierte Energie jedes zielgerichtete Handeln blockiert und Sie nur zu leicht vom Weg abkommen lässt.

So ist es beispielsweise nicht unüblich, so viele alltägliche Aufgaben erledigen zu müssen, dass Sie gar nicht dazu kommen, sich selbst etwas Gutes zu tun. Sie können sich kein

Schaumbad gönnen, weil Sie ja noch Wäsche waschen müssen. Sie können nicht an Ihren Zielen arbeiten, weil Sie das Abendessen zubereiten müssen. Aber das sind keine Dinge, die Ihnen wirklich Erfüllung bringen. Ihr innerer Wunsch wird beiseitegeschoben, weil die äußeren Anforderungen in ein Dutzend verschiedene Richtungen gehen.

Fragmentierte Energie kann aber auch durch Selbstzweifel verursacht werden. Wenn Sie nicht an sich selbst glauben, spaltet das Ihre Energie, weil Sie so sehr nach äußerer Anerkennung streben, die Meinung anderer Menschen über Ihre eigene stellen und sich immer fragen, wie Sie sich wohl verhalten und was Sie wohl denken sollten. Dadurch fängt Ihr Verstand an Achterbahn zu fahren, fragmentiert jedes Gefühl dafür, wer Sie eigentlich sind, und verwirrt Sie, so dass Sie nicht mehr wissen, was Sie eigentlich vom Leben wollen und wie Sie eigentlich agieren sollen.

Eine weitere Ursache zersplitterter Energie kann in zu vielen Interessen oder Wahlmöglichkeiten liegen. Ein Teil von Ihnen sehnt sich danach, Musiker zu sein, während ein anderer Teil malen oder schreiben möchte. So springen Sie von einer Sehnsucht zur anderen und finden nie heraus, welches Ihre wahre Berufung ist. Sollten Sie sich darin wiederfinden, ist es wichtig herauszufinden, was Sie wirklich antreibt, um zu entscheiden, welches Gebiet Ihnen am meisten entspricht.

Aber ganz gleich, ob die Fragmentierung nun dadurch hervorgerufen wurde, dass Sie zu viele Sehnsüchte haben, an sich selbst zweifeln oder einfach zu viel zu tun haben – Sie müssen nicht jede mögliche Ursache identifizieren, um das Problem in den Griff zu bekommen. Löschen Sie einfach die Muster der zersplitterten Energie. Und dann programmieren Sie klare, ruhige Entscheidungen ein. Meditieren Sie darüber,

Ihre Energie zu zentrieren. Programmieren Sie konzentrierte Aufmerksamkeit ein und die Absicht, auf selbstbestimmte Weise zu handeln.

Reduzieren Sie Ihre Verpflichtungen, und fangen Sie an, sich selbst an die erste Stelle zu setzen. Überlegen Sie sich in aller Ruhe, was Sie wirklich ruft und Ihr Herz berührt, und gehen Sie dann in diese Richtung. Entscheiden Sie sich geduldig und in Ruhe für die Aktion, die Sie Ihren inneren und äußeren Zielen näherbringt.

Codierungspunkte

Viele Menschen sind von morgens bis abends beschäftigt, agieren aber nie in ihrem eigenen persönlichen Interesse. Wenn das auf Sie zutrifft, verwenden Sie bitte die folgenden Sätze, um die Blockaden zu löschen und die erstaunliche Kraft der Aktion zu aktivieren, damit Sie Erfüllung und Glück finden.

Decodieren

Ich lösche Hoffnungslosigkeit.
Ich lösche mangelnde Energie und fehlenden Fokus.
Ich lösche die Angewohnheit, mir zu viel zuzumuten.
Ich lösche die Angewohnheit, mich von meinen Prioritäten
   ablenken zu lassen.
Ich lösche das Bedürfnis zu flüchten. Ich lösche die Gefühle,
   die mich dazu verleiten, flüchten zu wollen.
Ich lösche die Angewohnheit, meine Energie zu zersplittern.

Codieren

*Ich programmiere persönliche Macht und die Fähigkeit, präsent
und ruhig zu bleiben.*

Ich programmiere Gleichgewicht und inneren Frieden ein.

Ich programmiere Freiheit, Zielgerichtetheit und Glück.

Ich programmiere Energie und Aktion.

*Ich programmiere gesunde Gewohnheiten, neue Handlungen und
Entscheidungen, die mich ehren.*

*Ich programmiere die Fähigkeit ein, mich für die richtige Aktion
zu entscheiden.*

Ich programmiere Freiheit.

Ich programmiere Gleichgewicht.

Ich programmiere Kontrolle.

Thomas: Endlich frei vom Nikotin!

Rauchen ist eine Sucht, die nur sehr schwer aufzugeben ist.
Wie bei Drogen- und Alkoholabhängigkeit sind auch hier
alle möglichen chemischen Substanzen involviert, die unsere
negativen Reaktionsmuster speisen und den alten Code verstärken.

Suchtgewohnheiten blockieren unser Glück, unser Handeln und unsere echte Freiheit auf vielerlei Weise. So lenken
sie zum Beispiel unsere Energie in falsche Bahnen, verringern
unsere Ausdauer und unsere Fähigkeit, Energie in die von
uns gewünschten Aktivitäten zu investieren. Die im Tabak
enthaltenen Chemikalien erregen uns und verringern so Frieden und Entspanntheit bei der Ausführung unserer täglichen
Aufgaben und bei der Verfolgung unserer Ziele. Aber nicht
nur das – das Rauchen ist selbst zeitraubend und isoliert
uns, weil es eine energetische Mauer zwischen uns und den

Menschen errichtet, mit denen wir sonst in Kontakt treten könnten. Das sind viele Blockaden für eine Gewohnheit, die meistens mit dem einfachen Wunsch beginnt, sich nicht von seinen Freunden zu unterscheiden.

Natürlich hatte Thomas nicht auf diese Weise über sein Nikotinproblem nachgedacht, aber eines war sicher: Er wollte aufhören zu rauchen! Er benutzte den Quantum-Breakthrough-Code, um mit dem Rauchen aufzuhören, Ängste abzubauen und sein Verlangen nach Nikotin in den Griff zu bekommen. Zudem programmierte er einige wunderbare neue Gewohnheiten ein, darunter das vollständige Akzeptieren seiner Freiheit und die vollständige Teilnahme am Leben. Diese und andere Absichten offenbaren sich in seinen Decodierungs- und Codierungssätzen.

Decodieren

Ich lösche die toxische Gewohnheit des Rauchens.
Ich lösche das ungesunde Verlangen nach einer Zigarette.
Ich lösche Machtlosigkeit über den Tabak.
Ich lösche unbewusste Entscheidungen.
Ich lösche Reaktionsmuster des Stresses und der Angst.
Ich lösche Gedanken, die sich nicht mit der Gegenwart befassen.
Ich lösche Sucht und Selbstmissbrauch.
Ich lösche das Bedürfnis zu rauchen.

Codieren

Ich programmiere gesunde Gewohnheiten für meinen Körper und
mein Wohlbefinden ein.
Ich programmiere Frieden im gegenwärtigen Moment ein.
Ich programmiere Macht über das Rauchen und den Tabak.

Ich programmiere die Bereitschaft ein, voll am Leben teil-
  zunehmen.
Ich programmiere Freiheit.
Ich programmiere Atem.
Ich programmiere eine bewusste Wahrnehmung meines Geistes.

Endlich war es Thomas gelungen, mit dem Rauchen aufzuhören. Ich muss wohl nicht betonen, dass dies eine gewaltige
Leistung war, oder? Sein alter Code der Realitätsflucht war
vorher schwer zu durchbrechen gewesen, aber nun konnte
er ihn vollständig löschen und seiner Lebenskraft einen Weg
bahnen, auf dem sie ungehindert fließen konnte. Es kam ein
paar Mal vor, dass sein Verlangen zurückkehrte, aber wie mir
Thomas sagte, konnte er es mit ein paar schnellen Codierungssätzen immer in den Griff bekommen. Sein Handeln
hatte eine völlig neue Richtung genommen. Er erlangte Freiheit, Selbstvertrauen und persönliche Macht, deren Energien
sich auf viele andere Bereiche seines Lebens ausdehnten.

Von welcher Gewohnheit möchten Sie sich befreien? Was
bringt Sie vom Weg ab und hindert Sie daran, zielgerichtet
und selbstbestimmt zu agieren, damit Sie größere Freude
und Erfüllung im Leben finden? Es mag dabei nicht um ein
körperliches Muster wie bei Thomas gehen, aber ganz gleich,
was es auch sein mag, Sie haben die Macht, es zu durchbrechen. Thomas erlebte, dass zielgerichtetes, selbstbestimmtes
Handeln zu einer wahrhaft aufregenden Freiheit und der
Gewissheit führt, dass alles möglich ist.

KAPITEL 16

Die Breakthrough-Kraft der Verantwortlichkeit

»Sie müssen Verantwortung übernehmen. Sie können
die Umstände, die Jahreszeiten oder den Wind nicht ändern,
aber Sie können sich selbst ändern. Das ist etwas, das in
Ihrer Macht liegt.«

Jim Rohn

Wir alle sind in der Lage, die Energien des Glücks und Erfolgs
zu nutzen. Wenn wir das tun, werden sie in unserem Leben
zu realen Kräften. Die letzte, aber besonders fundamentale
Breakthrough-Kraft, die ich hier behandeln werde, ist die
der Verantwortlichkeit. Jene Menschen, die nach dem Code
persönlicher Verantwortlichkeit leben, wissen sehr genau,
dass sie es sind, die einen Wandel bewirken können – sowohl
in ihrem eigenen Leben als auch in der Welt. Diese Einstellung ist es, die wirklicher Veränderung den Boden bereitet.

Die treibende Kraft hierbei ist es, selbst über die emotionale Qualität des Lebens bestimmen zu können. Man schaut
sich also an, welche Möglichkeiten man hat, und schätzt
die Konsequenzen des eigenen Handelns ab. Man trifft also
die bewusste Entscheidung, die Richtung zu bestimmen, die
das Lebens nehmen soll, und handelt aus sich selbst heraus.
Das ist eine der wichtigsten Entscheidungen, die man treffen
kann.

Die meisten Menschen meinen, Verantwortung für Ihr Leben zu übernehmen, und haben keine Ahnung davon, wie oft sie diese aus der Hand geben. Sie erlauben es anderen, viele ihrer Entscheidungen zu beeinflussen – entweder aus Angst, dem Bedürfnis zu gefallen oder einfach nur aus Passivität. Aber das ist ein Code der Unterwerfung, der nicht nur ein nagendes Gefühl der Leere in uns hinterlässt, sondern auch zu unbefriedigenden Ergebnissen führt.

Die andere Seite der Medaille ist, dass selbstverantwortliche Entscheidungen Erfüllung bringen und uns Erfahrungen bescheren, die Freude machen und uns selbst ehren. Echte Selbstbestimmung entspringt einem inneren Bewusstsein des eigenen Wertes. Diese Wahrheit anzuerkennen führt zu immer mehr Glück und immer segensreicherer Bestätigung durch das Universum.

Verantwortung zu übernehmen bedeutet aber nicht, sich selbst die Schuld an irgendetwas zu geben – weder für gegenwärtige Probleme noch für angebliche »Missetaten« in der Vergangenheit. Das ist ganz wichtig. Schuldzuweisung und Verantwortlichkeit sind zwei völlig verschiedene Dinge, was energetisch von großer Bedeutung ist. Sich selbst die Schuld an irgendetwas zu geben, bedeutet, dass mit einem selbst etwas nicht stimmt und dass man falsch gehandelt hat. Dadurch wertet man sich ab. Verantwortlichkeit hingegen äußert sich in der bewussten Entscheidung, jetzt das Ruder in die Hand zu nehmen und zu bestimmen, wie man von diesem Augenblick an leben will. In der Gegenwart legen wir den Grundstein für unsere Zukunft.

Sie können aber aus der Vergangenheit lernen und einschätzen, was Sie von jetzt an anders machen möchten. Nehmen Sie die Gegenwart und jeden kommenden Augenblick selbst in die Hand. Achten Sie aber darauf, dabei schonend mit sich selbst umzugehen. Wenn Sie einmal aus dem Takt geraten, in alte Muster zurückfallen oder ungesunde Entscheidungen treffen, können Sie das immer korrigieren und weitermachen. Wahre Verantwortlichkeit erfordert jeden Tag diese bewusste, liebevolle und flexible Haltung. Ihr Tagebuch wird bei diesem Prozess besonders nützlich sein, da Sie in ihm nachlesen und Ihre Verpflichtung für eine neue Lebensweise erneuern können.

Es ist klar, dass die Aktivierung der anderen Breakthrough-Kräfte bereits bedeutet, dass Sie eigenverantwortliche Entscheidungen treffen. Aber Ihr Fokus kann sogar noch tiefer reichen. Es gibt einiges, was Sie tun können, um die lenkende Kraft der Verantwortlichkeit als stete Unterströmung in Ihrem Leben zu aktivieren. Die Elemente der Wahl und Bewusstheit werden ein tiefes Gefühl der Selbstermächtigung verstärken und Klarheit und Ruhe in Ihre fortlaufenden kleinen wie großen Entscheidungen bringen.

Bewusste Reaktionen aktivieren

Sie haben unaufhörlich die Fähigkeit, sich für neue Reaktionen zu entscheiden. Diese Fähigkeit, auf wahrhaft überlegte Weise zu reagieren, aktiviert Ihre Selbstverwirklichung und erweitert Ihren gegenwärtigen Einflussbereich.

Unbewusste Reaktionen sind das Kennzeichen aller Reaktionsmuster. Statt spontan zu reagieren, haben Sie immer die Möglichkeit, innezuhalten und nachzudenken, bevor Sie irgendetwas tun. Sie können sich bewusst entscheiden, auf Ereignisse, Emotionen, Menschen und Situationen – auf alles in Ihrem Leben – auf wohlüberlegte Weise zu reagieren. Sie haben schließlich das Recht und die Macht zu wählen, wie

Sie in jedem Augenblick reagieren wollen – ob Sie sich dessen nun bewusst sind oder nicht.

Das Problem der meisten Menschen ist, dass sie einfach reagieren. Deshalb gebrauche ich ja auch den Ausdruck *Reaktionsmuster*. Wenn wir uns in einem negativen Reaktionsmuster befinden, übernehmen wir keine Verantwortung und setzen weder unsere volle Kraft noch unser ganzes Potenzial ein. Spontane Reaktionen aus dem Bauch heraus erzeugen in gewissen Situationen oder bei bestimmten Leuten negative Codes. Und dann wiederholen sich unsere Muster immer und immer wieder.

Aber ganz gleich, in welcher Situation wir uns auch befinden, wir sollten innehalten und bewusst darüber nachdenken, wie wir reagieren möchten. Dann können wir diese gesunde Gewohnheit einprogrammieren. Wir müssen uns selbst an unsere eigene Macht erinnern und über die anstehenden Konsequenzen nachdenken, wenn wir zulassen, dass unsere Reaktionsmuster weiterhin unser Verhalten bestimmen. Bedenken Sie bitte, dass es der Wunsch der Seele ist, auf authentische, sich selbst respektierende Weise zu handeln. Das stellt das höchste Maß der Verantwortlichkeit dar.

Selbstrespekt aktivieren

Das volle Ausmaß der Verantwortlichkeit wird durch bewussten Selbstrespekt und bewusste Selbstverwirklichung aktiviert. Hier geht es um die Bereitschaft, für Ihr körperliches Wohlbefinden, Ihre Verhaltensweisen und auch für die energetischen Konsequenzen Ihrer Entscheidungen die Verantwortung zu übernehmen.

Aber was ist bewusste Selbstverwirklichung? Sich selbst zu verwirklichen bedeutet, dass man authentisch agiert und sich bewusst darüber ist, wenn man Fluchttendenzen hat, alte Muster lebt oder den Weg des geringsten Widerstandes gehen möchte. Dann geht es darum, diese Muster zu durchbrechen und neue Wege zu gehen. Es bedeutet auch, zu wissen, dass man seine alltäglichen Gewohnheiten zielgerichtet und gesund umstrukturieren kann – so dass die eigenen Prioritäten respektiert und der eigene Wert anerkannt wird. Ob Sie nun eine große Entscheidung treffen oder scheinbar kleine alltägliche hinsichtlich ihrer Ess-, Trink- oder Freizeitgewohnheiten: Sie müssen nicht wie immer darauf reagieren. Greifen Sie ein, indem Sie sagen: *Ich werde meine alten Reaktionsmuster aufgeben!* Halten Sie dann inne, und überlegen Sie sich, welche Wahlmöglichkeiten Sie haben.

Es ist so, dass wir alle jeden Tag Tausende von Entscheidungen treffen, und jede einzelne von ihnen kann bewusst getroffen werden. Programmieren Sie Codes, die das Element des Selbstrespekts in Ihre tägliche Routine einfließen lassen. Programmieren Sie auch Selbstbewusstsein für alle Entscheidungen ein.

In so mancher Hinsicht habe ich von Louise Hay viel über darüber gelernt, welches Maß an Verantwortung es mit sich bringt, wenn man wahrhaft bewusst und selbstverwirklicht ist: Weil ich ihre Bücher gelesen und ihre Entscheidungen nachvollziehen und verstehen konnte, aber auch, weil ich das große Glück hatte, Zeit mit ihr zu verbringen. Sie verficht vehement, dass man tun sollte, was man tun möchte, was man vorzieht und was einen selbst wertschätzt. Wenn jemand sich dagegen ausspricht, widerspricht sie und verteidigt das Recht jedes Menschen, seine eigenen Entscheidungen zu fällen.

Ich erinnere mich an ein Telefongespräch, das ich eines Tages im April mit Louise führte. Sie lebt in Kalifornien und war gerade aus dem Garten ins Haus gekommen. Ich sagte ihr, dass bei uns zehn Zentimeter Schnee liegen würden. Sie erwiderte, dass ich mich dafür entschieden hätte. Ich war vierzig Jahre und hatte noch nie darüber nachgedacht, meine Heimatstadt zu verlassen und in einen Staat mit einem angenehmeren Klima überzusiedeln. Es war mir nicht einmal in den Sinn gekommen, mich selbst zu fragen, ob ich umziehen wollte oder wo ich gerne leben würde. Ich hatte nie daran gedacht, dass ich jemals in einen anderen Teil des Landes oder sogar in ein anderes Land ziehen könnte.

Erst nach Louises Bemerkung beschloss ich, darüber nachzudenken, warum ich eigentlich immer noch in Ohio lebte und was mich dort eigentlich hielt. Vermutlich wollte ich in der Nähe meiner Familie sein. Aber es war typisch für mich, dass ich noch nie über andere Möglichkeiten nachgedacht hatte. Ich hatte die Erwartungen anderer akzeptiert, ohne mir dessen überhaupt bewusst zu sein. Tatsächlich hatte ich unwissentlich ein Reaktionsmuster aus Verpflichtung und unbewusster Selbstverleugnung entwickelt und bereitwillig meine eigenen Möglichkeiten eingeschränkt.

Die darin enthaltene Lektion lautet, in der Kraft der Verantwortlichkeit zu leben, selbstverwirklicht zu sein und sich selbst gegenüber in den alltäglichen Gewohnheiten respektvoll zu sein, innezuhalten und sich zu überlegen, was sich das Herz wohl bei den wichtigen Entscheidungen wünschen würde, die oftmals scheinbar so automatisch getroffen werden. Permanent Ihr Selbst und Ihr Leben zu verwirklichen, bedeutet, in der Energie der Verantwortlichkeit zu leben und nichts zu bedauern.

Ihre emotionale Macht aktivieren

Der dritte Zünder der Verantwortlichkeit ist emotionale Selbst-ermächtigung, was nichts anderes bedeutet, als bewusst die Entscheidung zu treffen, permanent die Verantwortung für die emotionale Qualität des eigenen Lebens zu übernehmen. Es ist eben Fakt, dass nur Sie die Macht besitzen zu bestim-men, wie Sie sich fühlen.

Obwohl wir gerne anderen die Verantwortung dafür zu-schieben, ist niemand anders für die Gefühle verantwortlich, die wir fühlen. Natürlich gibt es viele Menschen, die Einfluss auf unsere emotionalen Höhen und Tiefen haben. Kritische oder negativ eingestellte Personen lösen leicht unangenehme Emotionen aus und uns gegenüber feindselig eingestellte Menschen machen Angst. Aber es liegt an uns, ob wir in die-sen Gefühlen verharren wollen oder nicht. Wir können wie ein Tennisball reagieren, der hin und her geschlagen wird, oder wir können die Verantwortung übernehmen, entspre-chend handeln und den Ball der Negativität übers Netz auf die andere Seite schlagen. Wir können bewusst agieren und die Verantwortung für das Glück übernehmen, nach dem wir uns sehnen.

Dies ist eine große Lebenslektion und ein zwingendes Gebot: Wir können unsere emotionale Erleuchtung selbst entfachen. Wir können in Freude leben statt in Desinteresse, in Frieden statt im Zorn, und wir können vertrauen, statt uns zu fürchten. Wir können uns frei entscheiden, unsere Gefühle zum Ausdruck bringen und dann überlegen, wie wir mit den Emotionen, die wir fühlen, und den Situatio-nen, in denen wir uns befinden, umgehen wollen. Wir haben immer die Möglichkeit, unerwünschte emotionale Muster zu löschen und neben starken persönlichen, selbstfürsorglichen

Reaktionen auch die friedvollen, frohen Gefühle einzuprogrammieren, mit denen wir leben wollen.

Es ist allerdings wichtig, flexibel zu sein und sich selbst zu vergeben, da gewisse Emotionen spontan auftreten und extrem stark sind. Sie werden sich mit diesen schwierigen Themen immer wieder befassen, Ihre Gefühle permanent zum Ausdruck bringen und falls nötig sogar Hilfe in Anspruch nehmen müssen. Aber denken Sie daran, dass Sie dazu in der Lage sind, sich nicht mehr auf die negativen Schlussfolgerungen zu konzentrieren und stattdessen Frieden, Vertrauen und Selbstliebe einzuprogrammieren.

Dies ist eine emotionale Entscheidung, die Sie ständig treffen müssen. Es sind ja nicht die großen Momente, die Sie definieren. Es ist vielmehr die Anhäufung all der vielen kleinen Momente, die Sie energetisch zu dem machen, was Sie sind. Und wenn Sie nicht bereit sind, die Verantwortung für das Glück Ihrer besseren Momente zu übernehmen, werden Sie auch nicht fähig oder bereit sein, Verantwortung für Ihr Glück in den wichtigsten Bereichen Ihres Lebens zu übernehmen.

Verantwortlichkeit ist eine der stärksten Kräfte, die Sie mithilfe des Codierungsprozesses aktivieren können. Emotionale Verantwortung zu übernehmen ermöglicht es Ihnen, über Ihre emotionalen Reaktionen und die energetische Ausstrahlung Ihrer vorherrschenden Gefühle zu bestimmen. Wenn Sie höherfrequente Emotionen und friedvollere Gefühle einprogrammieren, besteht die Möglichkeit, dass äußere Ereignisse und Beziehungen diese tiefgreifenden inneren Veränderungen widerspiegeln. Die Macht eines wahrhaft glücklichen und selbstbestimmten Bewusstseins zieht nämlich Menschen an, die ihr eigenes Leben genau wie Sie bereichern wollen. Und Sie ziehen zudem auch Situationen an, die dieselbe Schwingung wie Ihre innere Freude haben.

Codierungspunkte

Um wohlüberlegte Reaktionen in Ihr tägliches Leben zu integrieren, verwenden Sie während des Codierungsprozesses bitte die folgenden Sätze. Gleich ob eine Situation nun physischer, kognitiver oder emotionaler Natur ist, Sie können jede Situation, jede Person und jede Reaktion neu definieren. Programmieren Sie Entscheidungen ein, die Sie selbst ehren. Vergessen Sie auch nicht, eine höhere emotionale Lebensqualität einzuprogrammieren. Wenn Sie wie Millionen anderer Menschen auch ein Problem damit haben, sich an die erste Stelle zu setzen, beachten Sie bitte besonders die folgenden Sätze.

Decodieren

Ich lösche die alten Muster unbewusster Entscheidungen.

Ich lösche unüberlegte Reaktionen.

Ich lösche die Gewohnheit, mich selbst zu negieren und herabzusetzen.

Ich lösche die Angst davor, Risiken einzugehen.

Ich lösche Selbstverleugnung.

Codieren

Ich programmiere ein stärkeres Gewahrsein meiner alltäglichen Entscheidungen ein.

Ich programmiere ruhige und wohlüberlegte Reaktionen ein.

Ich programmiere Macht über alle meine Entscheidungen ein.

Ich programmiere Freiheit von der Verantwortung für andere ein.

Ich programmiere Verantwortung für mich selbst.

Ich programmiere Priorität für mich selbst.

Ich programmiere Entspanntheit und Frieden, wenn ich mich selbst an die erste Stelle setze.

Ich programmiere freudvolle Selbstbewusstheit. Die von mir getroffenen Entscheidungen ehren mich.

Ich programmiere Selbstliebe und wahre Selbstfürsorge ein.

Ich programmiere Frieden und Entspanntheit bei allem, was ich tue.

Ich programmiere Glücklichsein und eine neue Sichtweise.

Ich programmiere Freiheit in meinen Reaktionen. Ich bin frei, mein Leben zu genießen.

Ich programmiere die Fähigkeit ein, mich an den kleinen Dingen zu erfreuen.

Ich programmiere eine fröhliche Einstellung und Lächeln ein.

Das Opfer befreien

Die Kraft der Verantwortlichkeit kann mit dem Feuer in einer Schmiede verglichen werden, in der die Macht der Selbstbestimmung eine unzerstörbare Lebenskraft schmieden kann. Zwar gibt es viele weitverbreitete Reaktionsmuster, die diese dynamische Kraft blockieren können, aber das größte Hindernis ist die Opferhaltung. Denken Sie daran, dass diese negativen Muster selbst sehr starke Codes sind. Und auch wenn sie tief im Innern verborgen sind, haben sie dennoch sehr starken Einfluss auf unser Leben. Die durch die Opferhaltung hervorgerufene Blockade zeigt sich in einer beherrschenden, oft unerkannten Einstellung dem Leben gegenüber, durch die wir im Grunde unsere Macht abgeben.

Diese Einstellung mag ihre Ursachen in einer problematischen Vergangenheit haben und aus einer Zeit stammen, in der uns andere Menschen leicht unserer Macht berauben konnten. Aber im Laufe der Zeit wurde aus dieser Erfahrung eine generelle Wahrnehmung, und wir sind immer mehr davon überzeugt, dass andere Menschen immer noch Macht über unser gegenwärtiges Leben haben. Diese Annahme macht uns passiv, was ein weiterer Beweis dafür zu sein scheint, dass wir tatsächlich Opfer sind. Als Folge davon glauben wir auch, dass wir gar nicht in der Lage sind, uns unsere Macht zurückzuholen. Das lähmt uns, verdammt uns zur Untätigkeit und macht es schier unmöglich, Verantwortung für uns selbst zu übernehmen. Und all das aufgrund der falschen Annahme, dass wir absolut nichts an den Umständen ändern können ... Da dies ein sehr wichtiges Thema ist, sollten Sie sich sehr ehrlich überlegen, wie viel Macht Sie anderen Menschen einfach dadurch geben, dass Sie sich als Opfer fühlen. Sie werden wahrscheinlich überrascht sein, was Sie dabei herausfinden.

Ich war einmal sehr verletzt und wütend, weil ich von jemandem auf sehr gefühllose Weise abgelehnt worden war, und schien nicht in der Lage zu sein, darüber hinwegzukommen. Ich grübelte und grübelte und war sehr aufgebracht. Schließlich realisierte ich, dass ich unbewusst meine emotionale Macht abgegeben und mich selbst in eine Opferrolle manövriert hatte. Meine Wut band mich nun an die Erfahrung und gab den Emotionen ständig neue Nahrung.

Also löschte ich die Anhaftung an die betreffende Person und programmierte Freiheit und Glück ein. Das Thema hatte mich seit Wochen beschäftigt. Erst als ich die Decodierungs- und Codierungstechnik einsetzte, erkannte ich, wie ich mich durch meine negative Reaktion selbst in einer Falle gefangen hielt. Innerhalb weniger Minuten begann ich, darüber zu lachen, dass ich es der betreffenden Person ermöglicht hatte, mein Glück in Elend zu verwandeln. Endlich war ich fähig, alles loszulassen, und fühlte mich wieder glücklich und frei. Wenn seither ein Gedanke an den Betreffenden auftauchte, investierte ich einfach einige Augenblicke in die Technik und bekam jedes Mal dieselben positiven Ergebnisse. Ich hatte die Verantwortung für meine emotionale Erfahrung übernommen und meine Gefühle vollkommen verwandelt. Das war das Ziel. Interessanterweise ist die betreffende Person seither viel netter zu mir.

Passiv und machtlos

Viele Menschen gewöhnen sich daran, machtlos zu sein. Sie tun, was sie tun *müssen*, ohne je darüber nachzudenken, was sie tun *möchten*. Sie erfüllen die Erwartungen anderer bereitwilliger als ihre eigenen. Sie lassen sich kritisieren, misshandeln oder herabsetzen, ohne auch nur den Versuch zu machern, sich dagegen zu wehren und etwas zu verändern. Und wenn sie es dann doch einmal versuchen, geben sie bereits beim ersten Anzeichen von Widerstand auf.

Das ist eine passive und entmächtigende Art zu leben. Für viele bringt es einen gewissen Trost mit sich, keine Initiative ergreifen zu müssen. Schließlich scheint der Weg des geringsten Widerstands und keiner Verantwortung doch immer noch der einfachste Weg zu sein. Keine Verantwortung zu übernehmen, bedeutet doch auch, nichts falsch zu machen. Es bedeutet wenig Anstrengung und weniger Risiko – zumindest scheint es so.

Aber diese Ansicht ist vollkommen falsch. Durch sie entsteht noch größeres Unbehagen, und es ist weitaus anstrengender, das Elend, das aus dieser passiven Einstellung erwächst, ständig mit sich herumzuschleppen. Zudem stellt es ein viel größeres Risiko dar, ständig mit dem unterschwelligen Gefühl der Machtlosigkeit zu leben und alle Hoffnung aufzugeben. Man kann ohne Macht in der Gegenwart und Hoffnung für die Zukunft einfach nicht glücklich sein.

Ihre Seele sehnt sich danach, dass Sie diese absolute Wahrheit erkennen: Sie können etwas bewirken in der Welt. Ganz gleich, was Sie in der Vergangenheit auch durchgemacht haben, ganz gleich, wie oft und für wie lang Sie Ihre Macht abgegeben haben, Sie sind fähig, sich diese Macht wieder anzueignen. Programmieren Sie die Fähigkeit ein, Nein zu sagen, Respekt zu verlangen und entsprechend zu handeln. Programmieren Sie auch neue Muster ein, mit deren Hilfe Sie bewusste Entscheidungen treffen, die Sie ermächtigen. Tatsächlich liegt es in Ihrer Verantwortung, genau das zu tun.

Unsicherheit bietet keinen Trost

Das Muster, die eigene Macht abzugeben, legt sich über Ängste, die mit dem Glauben an die Unsicherheit verwoben sind. Zunächst einmal sind Sie sich selbst nicht sicher. Dann fühlen Sie sich in der Welt nicht mehr sicher, alles erscheint Ihnen ungewiss. Sie fühlen sich finanziell, persönlich oder sogar körperlich unsicher. Es ist nicht ungewöhnlich, dass sich emotionale Unsicherheit in Beziehungsproblemen und chronischer Besorgnis niederschlägt.

Diese alldurchdringende Angst verleitet Sie zu dem Gedanken, dass Sie nicht über die nötigen Ressourcen verfügen, um mit den Wechselfällen des Lebens fertigzuwerden. Außerdem führt sie zu Widerstand und Isolierung. Warum Isolierung? Weil Sie die Welt als nicht sicher betrachten, besteht Ihre natürliche Reaktion darin, sich zurückzuziehen und sich aus allem herauszuhalten. Das ist eine Entscheidung, die auf Angst beruht, Sie einsam und unglücklich macht und Sie noch mehr von allem abschneidet.

Unglücklicherweise isolieren Sie sich nicht nur emotional und sozial, sondern auch energetisch. Diese Form der Entmächtigung reißt Sie aus dem Fluss der Synchronizität heraus und entfernt Sie von der Strömung der Energie, die Sie auf harmonische Weise mit anderen Menschen verbindet, so dass es Ihnen unmöglich wird, Lösungen zu finden.

Marys Elend

Einer der am weitesten verbreiteten Codes der Unsicherheit manifestiert sich als dringliches Verlangen nach Anerkennung. Diese Sehnsucht danach, akzeptiert zu werden, zeigt sich häufig bei Kindern, deren Eltern sich nicht um sie gekümmert oder gar vernachlässigt haben. Das war auch bei einer jungen Frau namens Mary der Fall, deren Vater ihr gegenüber kritisch bis zum Punkt des Missbrauchs war.

Als wir ihr Verlangen nach Anerkennung untersuchten, entdeckten wir, dass sich dieses nicht nur auf ihren Vater bezog, sondern auf praktisch alles in ihrem Leben. Aber als sie sich die Situation im Licht ihrer Seelenwahrheit ansah, konnte sie erkennen, dass sich ihr Vater verzweifelt nach Macht gesehnt und sich diese von einem hilflosen, vertrauensvollen Kind geholt hatte. Mary veränderte ihren alten Code und war endlich in der Lage, ihren Vater vollkommen anders zu sehen. Dadurch konnte sie neue und befreite Reaktionen auf ihn und alle anderen Menschen in ihrer Welt programmieren.

Mary war erstaunt, dass ihr Vater nun keine Macht mehr über sie hatte. Das schien ihr eine gute Gelegenheit, ihre Reaktionen auf alle Menschen in ihrer Umgebung zu verändern und das Streben nach Anerkennung zu löschen, das zu einem integralen Bestandteil ihres Lebens geworden war. Sie programmierte Gleichwertigkeit ein und erteilte sich selbst die Erlaubnis, von niemandem Anerkennung zu brauchen. Endlich fühlte sie sich sicher und geborgen. Sie war erleichtert, dass sie diese Sehnsucht aufgeben konnte, die sie so lange unglücklich gemacht hatte. Genau darum geht es bei der Übernahme von Verantwortlichkeit: seine Wahrnehmung zu verändern, sich die eigene Macht zurückzuholen und neue gesunde Reaktionsmuster einzuprogrammieren.

Codierungspunkte

Wenn Unsicherheit, Opferhaltung oder Passivität Themen für Sie sind, fügen Sie diese Muster der Liste jener Dinge zu, die Sie löschen wollen. Tragen Sie sie in Ihr Tagebuch ein, um sicherzustellen, dass Sie sie nicht vergessen. Verantwortlichkeit ist deshalb ein so wichtiges Teil im energetischen Puzzle, weil sie alle anderen Breakthrough-Kräfte stark beeinflusst.

Sie werden noch feststellen, dass viele der negativen Codes einander überlagern und miteinander verbunden sind. Dieses ganze Netzwerk aus Gewohnheiten und Glaubensmustern hält Sie gefangen, blockiert Ihre Energiezentren und Ihre Absichten. Programmieren Sie Entspanntheit und Einfallsreichtum ein. Holen Sie sich Ihre emotionale Macht zurück, und verwenden Sie die folgenden Codierungssätze, um Ihre Reaktionen zu verändern. Wenn sich Ihre Reaktion auf Ihr Leben verändert, ändert sich auch Ihr Leben.

Decodieren

Ich lösche Unsicherheit und Angst.

Ich lösche alle Muster der Passivität.

Ich lösche alle Muster des Selbstzweifels.

Ich lösche alle alten Muster, meine Macht abzugeben.

Ich lösche jede Form von Opferhaltung, selbst die, derer ich mir nicht bewusst bin.

Ich lösche das Verhaftetsein an andere Menschen und an das, was sie denken.

Codieren

Ich programmiere das Wissen ein, dass ich über viele Ressourcen verfüge.

Ich programmiere die Fähigkeit ein, die Initiative zu ergreifen, und ich tue dies bei jeder sich bietenden Gelegenheit.

Ich programmiere Freiheit und Glück in und aus mir selbst heraus ein.

Ich programmiere Macht und Frieden in jeder Situation ein.

Ich programmiere die Einstellung ein, dass ich in meinem Leben Regie führe.

Ich programmiere die Entspanntheit und Freiheit ein, die ich brauche, um mir selbst Priorität einzuräumen.

Ich programmiere Stärke und Glück jetzt und für immer ein.

Um Ihrem Leben neuen Schwung mit der Breakthrough-Kraft der Verantwortlichkeit zu geben, müssen Sie sich Ihre Macht zurückholen. Setzen Sie die Technik ein, um alle Muster zu löschen, die Sie passiv und machtlos machen. Programmieren Sie eine neue Sichtweise ein – eine, in der Sie im Mittelpunkt stehen und Verantwortung dafür übernehmen, in welche Richtung sich Ihr Leben bewegen soll. Neben der

Codierungstechnik halten Sie sich in Ihrem Alltag bitte auch an die folgenden Richtlinien:

- Seien Sie sich bewusst, dass Sie sich Ihre Macht in Bezug auf Ihre Entscheidungen, Ihr Verhalten und Ihre Lebensweise wieder aneignen können.
- Reagieren Sie voller Selbstbewusstsein. Fragen Sie sich, was Sie anders tun können, was gesünder und machtvoller ist.
- Agieren Sie mehr in Ihrem eigenen Interesse.
- Setzen Sie anderen Menschen Grenzen, und geben Sie sich selbst Priorität.
- Affirmieren Sie: Ich weiß, dass nur ich die Macht habe, mein Leben zu lenken. Ich fordere meine Macht jetzt und für immer zurück.

Sie müssen nicht mehr machtlos und unsicher sein oder sich als Opfer fühlen. All diese Reaktionsmuster können durchbrochen werden. Sie können die auf Angst beruhenden, einschränkenden Reaktionen löschen und gesündere, machtvollere Alternativen einprogrammieren. Selbst wenn die alten Muster bisher Ihr Leben bestimmt haben und Teil Ihres Wesens zu sein scheinen, können sie doch verändert werden.

Verantwortlichkeit ist der Schlüssel, und wenn Sie ihn umdrehen, bleiben Sie nicht länger in Selbstzweifeln und Widerstand stecken, sondern können zielgerichtet und voller Freude voranschreiten. Machen Sie sich bereit, Ihrem Leben wie nie zuvor neuen Schwung zu verleihen. Machen Sie sich die Codierungstechnik zu eigen und erleben Sie, wie Ihnen die beglückende Macht der Breakthrough-Kräfte zur zweiten Natur wird und Ihnen ein vollkommen neues Leben beschert.

TEIL V

Eine Reise
durch die Welt der Codes

»Würden die Pforten der Wahrnehmung gereinigt,
erschiene den Menschen alles, wie es ist: unendlich.«

William Blake

KAPITEL 17

Programmieren Sie eine neue Lebensweise

»Es geht im Leben nicht darum, sich zu finden.
Es geht im Leben darum, sich selbst zu erschaffen.«

Wahlweise George Bernard Shaw oder
Mary McCarthy zugeschrieben

Jeden Tag – ja, jeden Moment – entwickelt sich Ihr Leben, und es bewegt sich in die eine oder andere Richtung. Die Samen für die Ernte von morgen säen Sie immer gerade jetzt. Die Entscheidungen, die Sie heute treffen, bestimmen, ob aus diesen Samen wunderschöne Blumen und köstliche Früchte werden oder stacheliges Dornengestrüpp und schädliches Unkraut. In jedem Augenblick haben Sie die Möglichkeit, sich anders zu entscheiden, und jetzt haben Sie auch noch das nötige Werkzeug dazu.

Manchmal frage ich mich, warum ausgerechnet mir die Informationen über den Quantum-Breakthrough-Code gegeben wurden. Dieses Buch ist das persönlichste, das ich bisher geschrieben habe, und in vielerlei Hinsicht das aufregendste. Es ist deshalb so persönlich, weil ich es als Botschaft aus der geistigen Welt empfing, die ich mit Ihnen teilen sollte. Deshalb ist es auch so spannend, denn es kann bisher unerkanntes Potenzial aktivieren. Aber: No risk – no fun. Dieses Buch ist voller Mysterien, erstaunlicher Wunder und endloser

Fragen. Das hat es mir nicht gerade leicht gemacht, es zu schreiben.

Für mich ist der Codierungsprozess genau das: ein Prozess. Es gab Zeiten, in denen ich nicht den Erfolg hatte, den ich mir wünschte, zum Beispiel als ich versuchte, meine Probleme mit der Schlaflosigkeit zu löschen. Ich wünschte mir so verzweifelt einzuschlafen, dass ich immer aufgeregter wurde und mich natürlich nicht entspannen und schon gar nicht schlafen konnte. Aber dann gab es wieder Zeiten, in denen eine einfache Neuprogrammierung meine Stimmung vollkommen veränderte oder mir augenblicklich Ausdauer, Energie und Begeisterung schenkte, wenn ich müde oder unmotiviert war.

Ich muss sagen, dass die Codierungstechnik in den letzten beiden Jahren Tausende Augenblicke meines Lebens verändert hat. Ich bin überzeugt, dass wir so unser Leben ändern: indem wir Moment für Moment klare und bewusste Entscheidungen treffen und unsere Energie in eine neue Richtung lenken. Wir müssen uns nicht einfach mit irgendetwas abfinden und uns mit Langeweile oder Leiden zufriedengeben. Stattdessen können wir mit einer neuen Stimme, einer neuen Vision und einer neuen Lebensweise voranschreiten.

Jeden Tag codieren

Obwohl mir viele Menschen berichtet haben, dass sie sofortige emotionale Ergebnisse und große Veränderungen innerhalb weniger Wochen erlebt haben, so liegt der Schlüssel zum Erfolg für mich doch darin, den Prozess immer und immer wieder mit verschiedenen Sätzen auszuführen, die ein ganzes Spektrum an Themen abdecken. Wiederholung, Wiederholung – und nochmals Wiederholung! Da wir unser komplexes Netzwerk aus Ängsten, Zweifeln, Bedenken, Süchten und anderen Reaktionsmustern ja nicht über Nacht erschaffen haben, braucht es auch seine Zeit, bis wir es wieder losgeworden sind. Ihr Tagebuch ist ein Werkzeug von unschätzbarem Wert, weil Sie sich darin die Stationen Ihrer Reise notieren können.

Vielleicht sind Sie aber auch einer jener Menschen, die sehr schnell radikale Veränderungen durchmachen. Dann können Sie die Codierungstechnik anwenden, um das Erreichen Ihrer Ziele noch zu beschleunigen. Lassen Sie sich aber nicht entmutigen, wenn Ihre Absichten große Konzentration und Ausdauer erfordern. Wiederholung ist bereits eine Kraft, die in Ihrem Leben wirkt. Aus diesem Grund sind die Reaktionsmuster ja so beherrschend, weil sie immer wieder auftauchen. Tatsächlich ist es ja die Macht der unbewussten Wiederholung, die verhindert, dass Sie vorankommen.

Was ist die Lösung? Wenn die Macht der unbewussten Wiederholung dafür verantwortlich ist, dass Sie feststecken, dann ist es die bewusste und umfassende Neuprogrammierung, die dafür sorgt, dass Sie weiterkommen. Aber diese Form der Wiederholung muss keine Belastung für Sie sein. Schließlich geht es nur um einige Augenblick absichtsvollen Handelns, die Sie mehrmals am Tag reservieren müssen. Machen Sie die Codierungstechnik ebenso wie Affirmationen, Entspannung und Atmung zu einem festen Bestandteil Ihres Lebens.

Hier sind einige Tipps, die Ihnen dabei helfen können:
– Wiederholen Sie das Decodieren und Codieren in regelmäßigen Abständen, und führen Sie in verschiedenen Situationen schnell ein paar Wiederholungen aus.

– Selbst wenn Sie mehrere Reaktionsmuster haben, die Sie löschen möchten, versuchen Sie nicht, alle auf einmal zu löschen. Suchen Sie sich eines aus, und wiederholen Sie verschiedene Sätze für dieses eine Thema.

– Programmieren Sie heilsame Zustände wie Freiheit, Loslassen, persönliche Macht und Frieden ein, indem Sie mehrmals am Tag kurze Sätze oder einzelne Worte gebrauchen.

– Ganz gleich, ob Sie einen leicht unangenehmen Zustand verändern wollen oder an einem wichtigen Thema wie Angst oder Sucht arbeiten, versuchen Sie nichts zu erzwingen, und seien Sie bitte nicht verzweifelt. Gehen Sie ruhig und entspannt vor, ohne dem Ergebnis verhaftet zu sein.

– Haben Sie Spaß an der Technik, und programmieren Sie Verspieltheit ein.

– Lassen Sie sich Zeit. Es ist in Ordnung, wenn Sie die neuen Codes eine ganze Weile lang wiederholen müssen. Gewisse Codes, wie Glück, sollen ja schließlich Ihr ganzes restliches Leben lang ein Teil von Ihnen sein.

Verschiedene Menschen reagieren auf unterschiedliche Weise. Die meisten bemerken sofort ein Gefühl des Friedens und Glücks oder können augenblicklich etwas loslassen. Bei manchen stellen sich sogar sofort größere Veränderungen ein, besonders wenn das Problem nur vorübergehend auftritt.

Ich habe einmal am Telefon mit einer Frau gearbeitet, die sich in einer sehr schwierigen wirtschaftlichen Situation befand. Sie wollte in einen anderen Staat umziehen und sich dort um eine Stelle bewerben, von der sie gehört hatte. Unglücklicherweise war es ihr aber bisher nicht gelungen, ihr Haus zu verkaufen oder zu einem Vorstellungsgespräch eingeladen zu werden. Nachdem ich eine Weile mit ihr gesprochen hatte, wurde klar, dass sie große Angst vor Armut hatte und eigentlich fest damit rechnete. Ich brachte ihr bei, diese Dinge zu löschen, und empfahl ihr, zusätzlich noch Verzweiflung zu löschen.

Dann programmierte sie Selbstvertrauen, inneren Frieden, Geduld und ruhige Entschlossenheit ein. Sie konnte die wunderbare Energie spüren, als wir diese und einige andere positive, optimistische Codes einprogrammierten. Bevor ich auflegte, empfahl ich ihr noch, den ganzen Prozess zwei bis drei Mal am Tag zu wiederholen und zusätzlich noch ein paar schnelle Codes des Glücks, Vertrauens und Friedens einzuprogrammieren. Zwei Wochen später erhielt ich eine Nachricht von ihr, in der sie mir mitteilte, dass sie ihr Haus verkauft hatte und zu einem Vorstellungsgespräch für die Stelle eingeladen worden war. Sie sagte weiter, sie würde bald umziehen und die Technik für den Rest ihres Lebens anwenden.

Das war eine ungewöhnlich schnelle Veränderung. Andere Menschen wie Emma, die daran arbeitet abzunehmen, müssen mehr Zeit investieren. Sie hat zwar ein bisschen abgenommen, aber sie arbeitet immer noch daran. Selbst wenn dies noch mehrere Monate so weitergehen sollte, ist es für sie in Ordnung. Wichtig ist nur, dass sich ihre Beziehung zum Essen verändert hat. Heute hat sie ein vollkommen anderes Verhältnis zum Essen und zur Bewegung.

Manche Menschen werden sich zunächst dagegen wehren, den Prozess regelmäßig auszuführen. Aber Sie können ihn zu einem Element machen, das regelmäßig »Ihre Batterien auflädt« und Licht und Energie in alle Bereiche Ihres Lebens bringt. Die Technik kann einen so beständigen Einfluss auf Ihr Leben haben, dass ich Sie bitte, sie als etwas ganz Natürliches zu betrachten, wie Essen, Trinken und Atmen. Wir alle tun das jeden Tag, und viele treiben mehrmals die Woche Sport. Genau so kann auch die Codierungstechnik ein gesunder Teil Ihres Lebens werden – ein Teil, der Ihnen Kraft und Energie gibt, Sie nährt und erneuert. Geben Sie also allen Widerstand auf, und praktizieren Sie die Technik mit einer fröhlichen, verspielten und begeisterten Einstellung.

Widerstände löschen

Manche Menschen mögen große Widerstände dagegen haben, diesen Prozess durchzuführen. Vielleicht liegt das daran, dass sie noch nicht bereit sind, Altvertrautes loszulassen, denn ganz gleich, wie ungesund etwas auch sein mag, kann es sich doch sehr vertraut und angenehm anfühlen – und zwar selbst dann, wenn es genau das Gegenteil von dem ist, was wir für ein glückliches Leben brauchen.

Es ist sehr verführerisch, in den vertrauten Mustern stecken zu bleiben. Sie mögen sich zwar verzweifelt nach Veränderungen sehnen, aber Ihre Dynamik lässt Sie in Selbstgefälligkeit und Vertrautheit erstarren. In solchen Fällen wird alles Neue nur zu leicht abgelehnt, besonders wenn es sich um eine so ungewöhnliche Technik handelt. Ich möchte daher an dieser Stelle einige häufig gebrauchte Argumente entkräften, die Sie haben könnten, um sich selbst zu überlisten, so dass Sie diesen Prozess gar nicht erst beginnen müssen oder gleich wieder damit aufhören können.

– *Es ist einfach zu leicht.* Manche Leute glauben, dass etwas so Einfaches keinen nutzbringenden Effekt haben kann. Aber alle Fälle, die ich in diesem Buch beschrieben habe, sind wahr, und sie stellen nur einige wenige der großartigen Reaktionen dar, die mir berichtet wurden.

– *Es ist zu kompliziert.* Interessanterweise höre ich auch, dass der Prozess zu kompliziert sei, um ihn zu lernen oder regelmäßig anzuwenden. Das mag am Anfang zwar so scheinen, aber sobald Sie einmal begriffen haben, worum es geht, wird er spontan, natürlich und schnell.

– *Ich habe zu viel zu tun.* Wenn jemand eine Aufgabe nach der anderen erledigt, möchte er sich häufig nicht noch etwas Neues aufladen. Ja, Sie müssen anfangs etwas Zeit investieren, wenn Sie Ihre Reaktionsmuster erforschen und sich Decodierungs- und Codierungssätze überlegen. Aber danach benötigen Sie pro Tag nur noch ein paar Minuten. Ganz gleich, wie viel Sie auch um die Ohren haben, Sie werden entdecken, dass Ihre kurzen, schnellen Codierungssitzungen Ihnen ein glückliches, selbstermächtigtes Leben ermöglichen und es aufrechterhalten werden.

– *Ich glaube nicht daran* oder: *Ich traue dem nicht.* Zweifel und Misstrauen sind für viele Menschen zu einer normalen Lebensweise geworden. Einige probieren die Technik ein oder zwei Mal aus und geben dann auf, andere versuchen es nicht einmal. Aber die Wirksamkeit des Prozesses kann nicht geleugnet werden, besonders weil er auf so viele verschiedene Probleme angewendet werden kann. Versuchen Sie es einfach einmal, und bleiben Sie dran. Geben Sie nicht auf! Immer wenn Sie Ihre Energie verändern, lenken Sie Ihr Schicksal in eine andere Richtung.

Wenn Ihnen irgendeines dieser Argumente in den Sinn gekommen ist, sollten Sie sich frei von Ihren Zweifeln machen. Löschen Sie Zweifel und Widerstände, und programmieren Sie Offenheit für und Bereitschaft zum Wandel ein. Im Laufe der Zeit werden Sie sich immer öfter bewusst werden, wann Sie die Technik anwenden sollten und dies zu Ihrer Priorität machen.

Wenn Sie es mit tief verwurzelten Sehnsüchten, Anhaftungen und negativen Gedankenmustern zu tun haben, ist es besonders notwendig, den Prozess häufig zu wiederholen. Aber aus irgendeinem Grund wehren sich die Menschen gerade in schwierigen Zeiten am stärksten dagegen. Trotzen Sie diesen Widerständen, und falls Sie sich überfordert fühlen sollten, nehmen Sie sich etwas Zeit, um die neue Energie und die Veränderungen Ihres Denkens in Schwung zu bringen. Immer wenn Sie Widerstand verspüren oder sich entmutigt fühlen, atmen Sie tief durch, nehmen die Position ein und sagen Sie: *Ich lösche Widerstand, ich lösche Zweifel und lasse sie los. Ich programmiere Frieden in diesen Prozess ein. Ich bin frei.*

Was Sie auch durchleben, Sie können Veränderung zu einem Teil Ihres Lebens machen und sich Ihre Macht jederzeit wieder aneignen. Es mögen einige Wiederholungen nötig sein, aber wenn Sie sich daran erinnern, den Prozess auszuführen, wird das einen großen Unterschied machen. Tatsächlich gibt es viele schnelle, einfache Dinge, die Sie tun können, um Ihre Muster in strahlende neue Codes zu verwandeln. Nutzen Sie zum Beispiel in der Codierungsposition Affirmationen, Visualisierungen oder etwas, das ich *Mini-Codierung* nenne.

Mini-Codierungen

Es gibt viele kleine, einfach durchzuführende Aktivitäten, die die Codierungstechnik in Ihr Leben integrieren können. Eine davon nenne ich Mini-Codierung. Das heißt: Wenn Sie ein einfaches Problem haben, das Sie ändern möchten, wenden Sie die Technik einfach ein paar Sekunden lang während der entsprechenden Aktivität an. Dazu gehört meist, dass Sie in eine Erfahrung eine emotionale Qualität einprogrammieren. Häufig programmieren Sie einfach Entspanntheit oder Begeisterung, wenn Sie etwas unangenehm oder unbefriedigend finden. Das gilt auch für Aktivitäten, die Sie zwar ständig ausführen, bei denen Sie aber nie daran gedacht haben, dass diese ja auch mit mehr Freude ausgeführt werden könnten. Schauen wir uns ein Beispiel dafür an.

Emma, die Frau, die Gewicht verlieren wollte, löschte ihr Fluchtverhalten und ihre Esssucht, unterstützte aber ihren Wunsch abzunehmen noch auf verschiedenen Ebenen. So wurde sie zum Beispiel Mitglied in einem örtlichen Fitnesszentrum und ließ sich persönlich von einem Trainer betreuen. Sie machte das meiste, was der Trainer vorschlug, ohne zu zögern, aber sie hasste es regelrecht, Ausfallschritte zu machen. Ich schlug ihr vor, vor dem nächsten Besuch im Fitnesszentrum schnell Spaß an dieser Übung einzuprogrammieren. Das dauerte nur ein paar Sekunden, hatte aber den gewünschten Effekt.

Als ich einige Tage später mit ihr sprach, sagte sie, dass sich die Übung für sie vollkommen verwandelt hätte. Sie mochte diesen Teil ihres Trainings zwar immer noch nicht besonders, aber sie hasste ihn nicht mehr. Die Zeit verging nun schneller, sie spürte größere Befriedigung, und sie war stolz auf sich. Sie war hochmotiviert, weiterhin ins Fitnesszentrum zu gehen und den ganzen Trainingsablauf zu absolvieren. Und endlich hatte sie das Plateau hinter sich gelassen und weiter abgenommen.

Ich benutze Mini-Codierungen, wenn ich müde bin oder etwas tun muss, auf das ich keine große Lust habe. Ich nehme mir dann ein paar Augenblicke, um Befriedigung oder Begeisterung in diese Aktivität einzuprogrammieren.

Es ist erstaunlich, wie schnell sich meine Stimmung von Grauen in Frieden verwandelt. Häufig freue ich mich dann sogar darauf!

Probieren Sie diese Mini-Codierungen aus, wenn Sie etwas tun – oder noch vor sich haben –, was Sie nicht gerade begeistert. Sie können dies auch während des Tages immer wieder tun und in der Codierungsposition Freude an jeder Tätigkeit visualisieren, die Sie gerade ausführen. Das wird Ihre Energie erneuern und Ihnen ein größeres Gefühl der Befriedigung oder sogar Begeisterung bei der Ausführung der kleinen Dinge verschaffen, die mehr Macht über Ihre Stimmung haben, als Sie sich vorstellen können.

Affirmationen einen Energieschub geben

Die Codierungsposition eignet sich auch gut dazu, Ihren Affirmationen mehr Energie zu verleihen. Suchen Sie sich eine oder zwei aus, die Sie schnell aussprechen können, atmen Sie tief durch, und nehmen Sie die Codierungsposition einige Sekunden lang ein. Selbstverständlich sind die Codierungssätze ebenfalls Affirmationen, daher können Sie Ihre Lieblingssätze mehrmals am Tag aussprechen.

Die emotionalen Codes und einzelne Worte der Macht wie Glück oder Frieden sind ebenfalls sehr gut für schnelles Affirmieren in der Codierungsposition geeignet. Wenn Sie sie mehrmals am Tag ausführen, erzeugt das eine wunderbare energetische Dynamik und eine machtvolle Intention. Sie können sich einzelne Worte oder kurze Sätze aussuchen, auf die Sie sich während des Tages konzentrieren möchten, oder Ihre Intuition benutzen, um auf alles, was gerade hochkommt, zu reagieren. Denken Sie nur daran, es auch zu tun und es voller Freude zu wiederholen. Ihr Tag wird sich mit angenehmen Synchronizitäten füllen, und Ihre Energie wird unwiderstehlich sein.

Schnelle Visualisierungen

Wie Sie noch aus dem Kapitel über die zweite Breakthrough-Kraft der Vision wissen, können Visualisierungen wirksame Instrumente bei der Veränderung Ihres Bewusstseins und der von Ihnen erzielten Resultate sein. Die Codierungsposition kann benutzt werden, um die Energie aller Visualisierungen zu verstärken, selbst wenn Sie sie nur einen Augenblick lang einnehmen. Hier sind einige Szenarien, die Sie visualisieren können:

- Das Endergebnis, wenn Sie das von Ihnen gewünschte Ziel erreicht haben.
- Sehen Sie, wie man Ihnen zu einem persönlichen Erfolg gratuliert.
- Szenen eines wunderbaren Urlaubs oder eines Ereignisses, das Sie sich wünschen.
- Visionen, die zeigen, wie Sie frohen Herzens an freudvollen Aktivitäten teilnehmen.

Dies sind Visualisierungen, die mit Ihren emotionalen oder finanziellen Wünschen und Zielen in Beziehungen zu tun haben. Aber Sie können auch kleine Erinnerungsfetzen visualisieren und so Momente wachrufen, in denen Sie Schönes erlebt oder sich an einem besonderen Ort, speziellen Menschen oder Ereignissen erfreut haben. Diese Visionen erschaffen eine emotionale Oase und dynamische Veränderungen in Ihrem Bewusstsein. Nehmen Sie sich also jeden Tag ein

paar Augenblicke Zeit, um sich etwas wie das Folgende in der Codierungsposition vorzustellen:
- Ihren Lieblingsferienort.
- Eine glückliche Erinnerung an eine angenehme Aktivität.
- Eine Zeit, in der Sie glücklich und mit einem lieben Menschen verbunden waren.
- Einen Witz oder eine lustige Szene, über die Sie lachen mussten.

Suchen Sie sich ein Thema davon aus, nehmen Sie die Position ein, und atmen Sie tief durch. Berühren Sie einige Augenblicke lang mit den Zeige- und Mittelfingerspitzen der rechten Hand die Stirn, während Sie sich diese frohe Vision detailliert vorstellen. Lächeln Sie, und beenden Sie die Position dann abrupt. Lassen Sie die Hände sinken, entspannen Sie sich, und sehen Sie das Bild noch einige Minuten lang vor Ihrem geistigen Auge. Atmen Sie dann tief durch, und übergeben Sie das Bild dem Universum. Baden Sie weiterhin in der freudvollen Energie, die Sie gespürt haben, als Sie diese wunderbare Vision vor sich gesehen haben.

Sie können jeden Augenblick mit Entspanntheit, Glück, Freude, Begeisterung und Optimismus erfüllen. Energetisieren Sie jeden Tag mit einer schnellen, einfachen Codierung. Ihre Entscheidung, dies zu tun, wird die Energien der gegenwärtigen Wertschätzung mit denen der freudigen Erwartung verbinden und so einen Wirbel wunderschöner Resonanzen erzeugen, der sich von Ihrem Herzen und Geist aus in die Welt erstreckt.

KAPITEL 18

Im Herzen des Glücks

»Tief in dir liegt alles, was vollkommen ist, bereit,
durch dich hindurch und hinaus in die Welt zu strahlen.«

Ein Kurs in Wundern

Es mag so aussehen, als ob wir uns nur mit mentalen und psychischen Problemen beschäftigt haben, und tatsächlich liegt der Fokus dieses Prozesses in diesem Bereich. Aber ich bin überzeugt, dass wir durch das Decodieren vom Kopf wegkommen und dass uns das Codieren ins Herz bringt. Im Kopf wohnen alle unsere mentalen Muster, während im Herzen Gefühle der Freiheit, Liebe und des Muts geboren werden.

Es ist die Aufgabe des Verstandes, Dinge zu beurteilen, während unser Herz deren Wert direkt erfährt. Der Verstand befindet sich in einem Hamsterrad, in dem er endlos analysiert und denkt: *Ist das gut für mich? Bin ich gut genug? Was, wenn das nicht eintritt? Und was, wenn es eintritt?*

Diese und andere analytische Beurteilungen sind nur ein Teil im ganzen Netzwerk unerwünschter Reaktionsmuster. Der Decodierungsprozess hilft uns aus diesem mentalen Analysieren heraus und in die tatsächliche Erfahrung des Wertes hinein. Immer wenn wir Frieden, Vertrauen oder Freiheit einprogrammieren, verlassen wir das Hamsterrad, das uns nirgendwo hinbringt, und begeben uns in das herzzentrierte Bewusstsein gegenwärtigen Wertes und Friedens.

Es gibt eine weitere leicht zu erlernende Technik, die dies ebenfalls unterstützen kann. Ich nenne sie den Friedensprozess. Sie können sie allein ausführen oder diese kleine Übung an den Schluss des Codierungsprozesses anhängen.

Der Friedensprozess

Erinnern Sie sich noch, wie Sie als kleines Kind einen feierlichen Kleinen-Finger-Schwur geleistet haben, wenn Sie etwas hoch und heilig versprechen wollten? Dabei haben Sie Ihren kleinen Finger in den Ihres Freundes eingehakt und ihn geschüttelt. Damit war die Abmachung besiegelt. Ich weiß nicht, wann diese süße Sitte angefangen hat, aber sie zeigt auf jeden Fall die Intuition der Kinder. Die kleinen Finger sind nämlich Endpunkte des Herz-Meridians, jener Energielinie, die mit dem vierten Zentrum, dem Herzzentrum, verbunden ist, wo sich der perfekte Ort für aufrichtige Intentionen befindet.

Das Herz-Chakra ist ein sehr machtvoller Ort, an dem Sie Ihre Grundschwingung verändern können. Je mehr Sie aus der turbulenten mentalen Analyse herauskommen und Ihr Bewusstsein auf die Ebene der ruhigen und liebevollen Herzenergie bringen, desto friedvoller, produktiver und glücklicher werden Sie sein.

Es braucht ein gewisses Maß an Bewusstheit, um das Muster ständiger Besorgnis loszulassen, das nur noch mehr Dinge anzieht, über die man sich Sorgen machen kann. Aber es gibt einen einfachen Prozess, der Ihren Verstand zur Ruhe bringt und Ihnen sehr schnell zu echten Gefühlen wahren Friedens verhilft. Wie die Details der Codierungstechnik empfing ich auch die Einzelheiten dieser Technik in einem Traum, und zwar nur ein paar Tage nach dem ersten.

Der Vorgang ist so einfach, dass ich nur mit Mühe glauben konnte, dass er wirksam sein könnte. Aber nachdem ich Hunderte Menschen darin unterwiesen habe, ist mir klar geworden, wie unglaublich effektiv er tatsächlich ist. (Es scheint mir, als ob die einfachsten Dinge häufig die besten sind.) Öffnen Sie also bitte Ihr Herz, und machen Sie sich bereit, Frieden zu erfahren.

Der Friedensprozess beginnt, indem Sie die kleinen Finger beider Hände verschränken. Setzen Sie sich bequem hin, atmen Sie tief durch, und haken Sie einen kleinen Finger um den anderen (also ob Sie den Kleinen-Finger-Schwur mit sich selbst machen würden). Atmen Sie wieder tief ein, und mit der Ausatmung schließen Sie die Augen und lassen alle Gedanken los. Schauen Sie mit geschlossenen Augen nach oben. Strengen Sie sich dabei nicht an, schauen Sie einfach mit ineinander verschränkten kleinen Fingern nach oben.

Das erzeugt einen Kreis (eigentlich in Form eines Herzens), der Energie durch Ihr Herzzentrum, den einen Arm hinunter und den anderen wieder hinauf lenkt. Spüren Sie, wie Sie die Energie durchströmt und Ihr Herz-Chakra in einen perfekten, gesunden Zustand bringt.

Vielleicht spüren Sie zuerst nicht viel außer der Abwesenheit von Emotionen. Analysieren Sie nicht, was geschieht. Zwingen Sie sich nicht, irgendetwas zu denken oder zu programmieren. Lassen Sie Ihr Bewusstsein einfach in Ihr Herzzentrum sinken, wo Sie loslassen, sich entspannen und sich dem Frieden öffnen können.

Wenn Sie die Finger noch ein wenig länger verschränken, werden Sie bald spüren, dass Sie ein noch tieferes Gefühl des Friedens überkommt. Nach einigen Augenblicken entspannen Sie die Augen und lösen die kleinen Finger. Atmen Sie tief durch, und bleiben Sie noch einen Moment bei dem ruhigen, friedlichen Gefühl. Selbst wenn Sie sich ein paar Minuten vorher noch Sorgen gemacht haben sollten, werden Sie sich nun viel friedlicher, sorgenfreier und ruhiger fühlen. Viele Menschen haben mir gesagt, dass Sie sich einfach keine Sorgen machen können, wenn Sie diese Haltung einnehmen.

Die Verbindung zum Glück

Es mag schwer zu glauben sein, aber selbst wenn Sie nur zwanzig bis dreißig Sekunden in dieser Haltung verharren, haben Sie die Entscheidung getroffen, Ihr Bewusstsein zu verändern. Sie haben aufgehört zu analysieren und sind in einen Zustand herzzentrierten Friedens eingetreten. Natürlich werden nicht alle Probleme, wegen der Sie sich Sorgen gemacht haben, gelöst sein. Aber Sie erinnern sich nun eher daran, dass diese nicht über Ihr Leben bestimmen müssen und dass sie nicht dadurch gelöst werden, dass Sie sich Sorgen darüber machen.

Grundsätzlich gilt, dass Sie kreativer, spontaner und machtvoller sind, wenn Sie in Frieden sind, statt sich zu sorgen. Wenn Sie diese kleine Übung mehrmals am Tag machen, wird die Macht des Friedens ein wunderbares Gefühl des Wohlbefindens in Ihr Leben bringen.

Wenn ich diese Technik lehre, sind die Leute immer überrascht, dass etwas so Einfaches ihnen automatisch ihre Sorgen nehmen und sie zur Ruhe bringen kann. Ein Klient nutzte diese Technik immer dann, wenn er eine Frau um eine Verabredung bitten wollte – oder wenn er sich den Kopf darüber zerbrach, ob er sich mit jemand verabreden sollte. Vorher war er immer so aufgeregt und verzweifelt gewesen, dass seine aufdringliche Energie alle Frauen abgestoßen hatte. Aber durch seinen neugefundenen inneren Frieden war er viel weniger verzweifelt und machte sich überhaupt keine Gedanken mehr darüber, ob er Erfolg haben würde oder nicht. Da er ruhiger war, war sein Benehmen persönlich und energetisch viel attraktiver. Er löschte Verzweiflung, programmierte gegenwärtiges Glück und Frieden ein und fügte dem Codierungsprozess diese herzzentrierte Technik hinzu. Schon bald spürte er eine größere Selbstliebe, und die Frauen, mit denen er ausging, waren ebenfalls liebevoller und konnten ihn eher akzeptieren.

Eines Tages telefonierte ich mit einem Klienten, der sehr feindselige Kollegen hatte. Wir führten den Prozess durch, löschten ein paar Minuten lang Angst und Machtlosigkeit gegenüber den beteiligten Personen und programmierten dann Entspanntheit, Selbstvertrauen und persönliche Macht ein. Ich schlug vor, er solle doch anschließend noch den Friedensprozess ausführen. Als er es tat, war er verblüfft. Immer wieder sagte er: »Ach, du meine Güte!« Ich fragte ihn, was er fühlte, und er antwortete, dass er vollkommenen Frieden verspürte. Und darüber hinaus sah er überall um sich herum Licht, selbst wenn seine Augen geschlossen waren. Am nächsten Tag ging er mit einer vollkommen anderen Einstellung zur Arbeit. Er trat für sich selbst ein und holte sich seine Macht auf friedlichem Weg zurück.

Probieren Sie diese »allzu einfache« Technik aus, wenn Sie sich Sorgen machen oder wegen irgendetwas gestresst sind. Selbst wenn Sie nicht an bestimmten Themen arbeiten, wegen denen Sie sich sorgen, halten Sie einfach ein paar Mal am Tag inne, leisten Sie den Kleinen-Finger-Schwur, und versprechen Sie sich selbst, größeren Frieden und mehr liebevolle Energie in Ihr Leben zu bringen. Tun Sie dies nach dem Codieren nur einige Augenblicke lang, um sich einen extra Energieschub zu geben. Dies ist eine einfache Übung, die einen großen Unterschied machen wird – besonders wenn sie zu Ihren neuen Codes hinzugefügt wird.

Integrieren Sie diese herzzentrierte Gewohnheit in Ihren Alltag und bleiben Sie dran. Da die einfachsten Dinge oft am leichtesten vergessen werden, können Sie Zettel oder Bilder aufhängen, um sich selbst daran zu erinnern. Diese sind Zeichen angrenzender Möglichkeiten und Erinnerungen daran, dass Sie immer die Wahl haben, etwas anders zu machen, Ihr Bewusstsein zu verändern und Ihre Energie in eine befriedigendere Richtung zu lenken.

Läutern Sie Ihre Energie, und lassen Sie sie fließen

Das Herz-Chakra, auf das Sie sich beim Friedensprozess konzentrieren, ist nur eines der Hauptenergiezentren des Körpers, die in diesem Buch beschrieben wurden. Viele Reaktionsmuster können in den Chakras »eingelagert« sein, so dass es schwierig wird, zentriert zu bleiben, die Energie ins Gleichgewicht zu bringen und mit dem Fluss des universellen Reichtums in Harmonie zu sein.

Sie müssen nicht genau wissen, was in Ihrem Energiesystem blockiert ist, um problematische Themen zu klären und Freiheit von jedem Problem aus der Vergangenheit einzuprogrammieren. Die folgende Liste beschreibt die Lage und die Themen jedes Chakras und gibt Ihnen beispielhafte Decodierungs- und Codierungssätze, die auf verschiedene Herausforderungen anwendbar sind. Die hervorgehobenen Wörter in den Codierungssätzen können Zustände der Macht programmieren, wenn sie für sich allein in der Codierungsposition ausgesprochen werden.

Erstes Chakra: Wurzelzentrum
Lage: Wirbelsäulenbasis
Breakthrough-Kraft: Verantwortlichkeit
Themen: Überleben, Sicherheit, persönliche Verantwortung,
Stabilität (auch finanzielle)

Sätze

Ich lösche Unsicherheit.
Ich programmiere ein starkes Gefühl von *Sicherheit* ein.

Ich lösche Instabilität.
Ich programmiere *Stabilität.*

Ich lösche Winderstand gegen Verantwortlichkeit.
Ich programmiere persönliche *Verantwortlichkeit.*

Ich lösche Opferhaltung.
Ich programmiere persönliche *Macht.*

Ich lösche Depression.
Ich programmiere *Freude* und *Frieden.*

Zweites Chakra: Sakralzentrum

Lage: Über dem Wurzelzentrum, in der Nähe der Geschlechtsorgane

Breakthrough-Kraft: Aktion

Themen: Inaktivität, sexuelle Probleme, Intimität, Kreativität

Sätze

Ich lösche Hoffnungslosigkeit.
Ich programmiere *Hoffnung* und *Glück*.

Ich lösche das Verlangen nach Flucht.
Ich programmiere *Entspanntheit* und *bewusste Entscheidungen*.

Ich lösche Blockaden meiner Kreativität.
Ich programmiere *Kreativität*.

Ich lösche Angst vor Intimität.
Ich programmiere einen entspannten Umgang mit *Intimität*.

Ich lösche Angst vor Aktion.
Ich programmiere die Bereitschaft zum *Handeln*.

Ich lösche fragmentierte Energie.
Ich programmiere *Fokus* und *Zielgerichtetheit*.

Ich lösche Ablenkungen.
Ich programmiere jeden Tag *Aktion*.

Drittes Chakra: Solarplexus
Lage: Über dem Nabel, unter dem Brustbein
Breakthrough-Kraft: Freude
Themen: Emotionen, Verlangen, Lebenskraft, Selbstwert,
energetisches Gleichgewicht

Sätze

Ich lösche fehlende Zielsetzung.
    Ich programmiere *Ziel-* und *Prioritätensetzung.*

Ich lösche Desinteresse.
    Ich programmiere *Interesse an meinem Leben.*

Ich lösche Langeweile und Unzufriedenheit.
    Ich programmiere *Wertschätzung.*

Ich lösche Besorgnis und Pessimismus.
    Ich programmiere *Vertrauen* und *Optimismus.*

Ich lösche Unglücklichsein.
    Ich programmiere *Begeisterung.*

Viertes Chakra: Herzzentrum

Lage: In der Mitte der Brust, im Herzen

Breakthrough-Kraft: Liebe

Themen: Liebe, Akzeptanz, Vergebung, emotionales
Gleichgewicht, Mitgefühl

Sätze

Ich lösche Selbstverurteilung.
    Ich programmiere *Selbstliebe.*

Ich lösche Selbstverneinung.
    Ich programmiere *Priorität für mich selbst.*

Ich lösche Selbstkritik.
    Ich programmiere *Selbstakzeptanz.*

Ich lösche jedes Gefühl von Wertlosigkeit.
    Ich programmiere *Würdigkeit.*

Ich lösche Konkurrenz zu anderen.
    Ich programmiere *Mitgefühl* mit mir selbst und anderen.

Ich lösche Angst und Negativität.
    Ich programmiere *Akzeptanz* und *Liebe.*

Fünftes Chakra: Halszentrum

Lage: Mitte des Halses

Breakthrough-Kraft: Ausdruck

Themen: Kommunikation mit sich selbst und anderen, Selbstausdruck, die eigene Wahrheit aussprechen

Sätze

Ich lösche Muster negativer Selbstgespräche.
    Ich programmiere *positive Selbstgespräche.*

Ich lösche die Angst vor Konfrontation.
    Ich programmiere *Entspanntheit beim Kommunizieren.*

Ich lösche Muster, mich selbst zu verschließen.
    Ich programmiere neue Muster, *mich zu öffnen.*

Ich lösche Angst davor, mich auszudrücken.
    Ich programmiere *Entspanntheit im Ausdruck.*

Ich lösche Widerstände dagegen, für mich selbst einzutreten.
    Ich programmiere die *Fähigkeit ein, für mich selbst einzutreten.*

Ich lösche Angst und Risikoscheu.
    Ich programmiere *Freiheit* und *Offenheit.*

Sechstes Chakra: Stirnzentrum

Lage: In der Mitte der Stirn, zwischen und leicht oberhalb der Augenbrauen

Breakthrough-Kraft: Vision

Themen: Erkenntnis, persönliche Vision, Klarheit des Denkens, Selbstwahrnehmung

Sätze

Ich lösche Orientierungslosigkeit.
Ich programmiere *persönliche Orientierung.*

Ich lösche negative Selbstbilder.
Ich programmiere ein *wunderbares Selbstbild.*

Ich lösche negative Zukunftsperspektiven.
Ich programmiere eine *herrliche Zukunftsperspektive.*

Ich lösche fehlende Vision.
Ich programmiere *Zielgerichtetheit* und *Vision.*

Ich lösche eingrenzende Sichtweisen.
Ich programmiere Perspektiven des *unbegrenzten Überflusses.*

Ich lösche mangelnde Klarheit.
Ich programmiere *Klarheit* und *Erkenntnis.*

Siebtes Chakra: Kronenzentrum
Lage: am höchsten Punkt des Kopfes
Breakthrough-Kraft: Geist
Themen: Intuition, Verbindung zum Geistigen, höheres Selbst,
höhere Macht

Sätze

Ich lösche mangelnden Glauben.
Ich programmiere immer tiefer werdenden *Glauben*.

Ich lösche die Unfähigkeit, mich zu entspannen.
Ich programmiere die Fähigkeit, loszulassen und mich zu
entspannen.

Ich lösche Widerstand gegen Meditation.
Ich programmiere *Entspanntheit gegenüber Meditation*.

Ich lösche Aufregung und Konflikt.
Ich programmiere *Ruhe* und *Frieden*.

Ich lösche Angst vor spirituellen Themen.
Ich programmiere *Entspanntheit gegenüber der Präsenz des
Geistigen*.

Ich lösche Widerstand gegen das Geistige.
Ich programmiere die *Offenheit* ein zu *empfangen*.

Sie können diese Sätze so abwandeln, wie Sie wollen, um alte Codes und festgefahrene Muster aus Ihren Energiezentren zu entfernen. Benutzen Sie Ihre Intuition, um sich mit den Themen zu beschäftigen, die für Sie problematisch sind. Sie können die Codierungsposition auch nutzen, um die folgende Absichten zu verstärken:

Machtvolle, vitale Energie durchströmt mich jetzt. Meine Chakras öffnen sich in ihren perfekten, gesunden, dynamischen Zustand. Ich bin frei, ich fließe und befinde mich in Harmonie mit den Segnungen und der Schönheit des Universums.

Benennen Sie das betreffende Energiezentrum, das mit dem Problem zu tun hat, an dem Sie arbeiten. Wenn Sie zum Beispiel daran arbeiten, entspannt Ihre Meinung zu äußern, können Sie sagen:

Mein Hals-Chakra öffnet sich in seinen perfekten, gesunden und dynamischen Zustand. Ich bin frei, meine Meinung zu sagen, und drücke mich entspannt aus.

KAPITEL 19

Fragen und Antworten

Obwohl der Prozess des Decodierens und Codieren einfach ist, wenn Sie sich einmal daran gewöhnt haben, tauchen bei seiner Ausführung möglicherweise auch einige Fragen oder Sorgen auf. Nachdem ich den Prozess nun seit ein paar Jahren unterrichtet habe, ist mir aufgefallen, dass die meisten Menschen ihn »richtig machen« wollen. Diese Einstellung sollte Sie aber nicht davon abhalten, ihn einfach einmal auszuprobieren. Experimentieren Sie mit der Technik, und schauen Sie, was für Sie stimmig ist. Sollten Sie aber dennoch Fragen haben, finden Sie nun nachfolgend die mir am häufigsten gestellten Fragen aufgeführt und beantwortet:

Frage: Welches ist der wichtigste Teil der Technik?

Antwort: Die tiefe Atmung, die Fingerhaltung und die nach oben schauenden Augen scheinen zwar die wichtigsten Teile dieses Puzzles zu sein, aber Sie sollten sich wegen der genauen Einzelheiten nicht verrückt machen. Lassen Sie sich Zeit, und üben Sie. Sie werden es schon hinbekommen und dabei immer entspannter werden. Falls Sie ein Problem mit irgendeinem Teil des Prozesses haben sollten, bitte ich Sie, nicht gleich ganz aufzugeben. Verlassen Sie sich auf Ihre Intuition, und tun Sie, was Sie tun müssen, um Ihren neuen Intentionen gerecht zu werden. Machen Sie sich keine Gedanken darüber, ob es auch funktioniert, wenn Sie etwas abändern. Der beste Ansatz ist immer der, der Sie ehrt.

Frage: Was, wenn ich gar nicht nach oben schauen oder diese Position nicht aufrechterhalten kann?

Antwort: Bei manchen Leuten senken sich die Augen automatisch. Wenn das bei Ihnen der Fall ist, ist das ganz in Ordnung. Entspannen Sie die Augen einen Moment lang, sagen Sie weiterhin die Sätze auf, und schauen Sie wieder nach oben, wenn es Ihnen ohne Anstrengung möglich ist. Die Augen müssen nicht in einer extremen Position gehalten werden. Wenn es leichter ist, dann schauen Sie einfach nur leicht nach oben, während Sie die Sätze aussprechen, und entspannen Sie die Augen wieder, während Sie zwischen den Sätzen tief einatmen. Sollten sich Ihre Augen senken, ohne dass Sie etwas davon merken, machen Sie sich keine Sorgen. Machen Sie einfach weiter, und erinnern Sie sich selbst daran, nach oben zu schauen. Tun Sie, was Ihnen angenehm ist.

Frage: Was, wenn ich Kopfschmerzen bekomme?

Antwort: Sie werden vielleicht eine leichte Anspannung um die Augen herum oder auf der Stirn spüren, aber diese sollte schnell wieder verschwinden. Sollten Sie dennoch Kopfschmerzen bekommen, üben Sie einfach nicht so lange. Machen Sie längere Pausen zwischen den einzelnen Abschnitten. Bei einer solchen Reaktion sollten Sie nicht länger als ein oder zwei Minuten üben und dann mindestens ein oder zwei Stunden warten, bevor Sie es wieder versuchen. Mit der Zeit wird es Ihnen ohne Probleme möglich sein, längere Zeit zu üben. Denken Sie einfach immer daran, dass kein Grund zur Eile besteht. Wenn Sie die Technik zu oft ausführen, weil Sie verzweifelt sind, werden sich nicht nur die Muskeln um die Augen herum anspannen, Sie werden dadurch auch den ganzen energetischen Prozess blockieren.

Frage: Was, wenn ich mich während des Prozesses nicht mehr an meine Sätze erinnern kann?

Antwort: Das ist ein Problem, das viele Leute haben, und kann passieren, wenn Sie anfangen, sich mit einem neuen Thema zu beschäftigen. Formulieren Sie zunächst einfachere Sätze oder nur ein oder zwei Begriffe auf einmal. Wenn es Ihnen hilft, können Sie die Sätze aber auch aufschreiben und vor sich legen. Dann können Sie immer zwischendurch einen kurzen Blick darauf werfen. Sie können die Sätze auch aufnehmen und abspielen, wenn Ihnen das während des Prozesses hilft. Mit einiger Übung werden Sie sich immer besser daran erinnern, woran Sie gerade arbeiten. Sollte Ihr Gedächtnis Sie dennoch einmal im Stich lassen, sagen Sie einfach kurze Sätze auf, die Ihnen gerade einfallen. Lassen Sie sich von Ihrer Intuition in die richtige Richtung leiten.

Frage: Was, wenn ich ein paar Tage auslasse – oder sogar noch mehr? Funktioniert der Prozess trotzdem?

Antwort: Wenn Sie ähnlich wie ich gestrickt sind, werden Sie viele Tage auslassen. Wenn Sie zu viel um die Ohren haben oder gestresst sind, vergessen Sie diesen kleinen Prozess, der Sie zur Ruhe bringen und Ihren Fokus zurückbringen kann. Machen Sie sich deswegen keine Gedanken. Menschen, denen einmal permanente Veränderungen gelungen sind – wie mit dem Rauchen aufzuhören oder zu lernen, glücklich zu sein –, konnten diese positiven Veränderungen auch aufrechterhalten. Sie haben allerdings festgestellt, dass es nützlich ist, den Prozess zu wiederholen, wenn altes Verlangen oder negative Muster zurückkehren. Manchmal müssen Sie sich einfach daran erinnern, ihn auszuführen, selbst wenn alles gut läuft. Man kann immer noch mehr Freude und Frie-

den einprogrammieren, und schließlich ist der Codierungsprozess eine wunderbare Art zu leben!

Frage: Was, wenn ich gar nichts merke?

Antwort: Die meisten Menschen nehmen während des
Prozesses irgendwelche Körperempfindungen wie Kribbeln,
Summen oder leichte Schwindelgefühle wahr. Sollte das bei
Ihnen nicht so sein, heißt das nicht, dass der Prozess nicht
wirkt. Machen Sie einfach weiter, und warten Sie ab, was
geschieht. Vielleicht spüren Sie gar nichts, aber das ist durch-
aus in Ordnung.

Die meisten Menschen spüren gleich nach der Codierungstechnik zumindest eine kleine Verbesserung ihres Energie- oder
Gemütszustandes. Bei anderen sind die individuellen Reaktionen subtiler und brauchen mehr Zeit. Um Ihren Fortschritt zu
dokumentieren, ist es außerordentlich hilfreich, sich schnell
ein paar Notizen in Ihrem Tagebuch zu machen. Sollten Sie
keine emotionalen Veränderungen wahrnehmen, kann das
daran liegen, dass Sie zu verzweifelt sind oder sich zu sehr anstrengen. Verzweiflung und ständige Selbstbeobachtung stören
Ihren friedvollen Geist und erschweren, dass Sie etwas fühlen.
Löschen Sie Verzweiflung, und programmieren Sie stattdessen
Entspanntheit ein. Führen Sie den Prozess weiter aus, ohne
sich selbst dabei zu sehr zu beobachten. Die Auswirkungen
werden im Laufe der Zeit immer sichtbarer werden.

Frage: Was, wenn ich körperliche Einschränkungen habe
und meine Hände nicht zur Stirn bringen oder meine Augen
nicht nach oben richten kann?

Antwort: Respektieren Sie immer das, was für Sie am
bequemsten ist. Sollten Sie den physischen Teil des Prozesses
nicht ausführen können, machen Sie einfach den Rest der

Technik zusammen mit der Tiefenatmung. Sie können sich auch nur vorstellen, die Stirn zu berühren oder nach oben zu schauen. Lenken Sie Ihr Unterbewusstsein so, dass die Technik auch im Rahmen Ihrer Möglichkeiten effektiv ist. Vertrauen Sie darauf, dass sie es ist.

Frage: Kann die Technik auch eingesetzt werden, um körperliche Probleme zu heilen?

Antwort: Der Fokus des Prozesses liegt darauf, mentale, emotionale und energetische Muster aufzulösen und umzukehren. Natürlich haben Probleme wie Gewichtsreduktion oder Nikotinsucht große physische Komponenten, aber ich habe noch nie versucht, körperliche Krankheiten wie Arthritis oder Diabetes zu verändern. Aber Sie können es ja versuchen, und ich bin sehr daran interessiert zu erfahren, welche Erfahrungen Sie damit machen.

Marinas offenes Herz

Vor Kurzem erhielt ich eine E–Mail von einer wunderbaren Frau namens Marina, die mir von ihren Erfahrungen berichten wollte. Sie hatte bereits die Decodierungs- und Codierungstechnik ausgeführt und wollte nun eine Pause einlegen, um den Herz-Chakra-Friedensprozess sieben Mal am Tag auszuführen. Sie arbeitete daran, ihre selbstkritische Haltung zu löschen und Selbstwertgefühl und Selbstliebe einzuprogrammieren. Aufgrund des negativen Einflusses ihres Exmannes hatte sie um diese Themen herum Reaktionsmuster aufgebaut.

Während der sieben Wiederholungen des Friedensprozesses gewann Marina viele Einsichten. Sie spürte, dass eine Löschung und Neuprogrammierung stattfand und, dass sie viel mehr Mitgefühl für sich selbst entwickelte. Sie wusste nun, dass das, was sie in ihrer eigenen Stimme hörte, tatsächlich ihre eigene Wahrheit war.

An jenem Tag, an dem sich ihr Herz öffnete, ereignete sich etwas Interessantes. Vor mehreren Monaten war sie in einen Autounfall verwickelt gewesen, an dem ihr die Schuld gegeben worden war. An jenem Tag erhielt sie mit der Post einen Scheck und ein Schreiben, in dem die Schuld des anderen Fahrers anerkannt wurde. Marina war natürlich unglaublich erleichtert und sehr glücklich darüber, welche Wendung die Dinge genommen hatten.

Dies ist kein Einzelfall. Wenn Sie einen neuen Code der Selbstliebe erschaffen, reagiert die äußere Welt dementsprechend.

Ein Wort zum Schluss

Verlieren Sie sich nicht in Einzelheiten. Denken Sie daran, dass alles zuerst im Bewusstsein existiert und dass Sie ständig im Prozess der Bewusstseinsschöpfung involviert sind. Ihre Gedanken und Gefühle erzeugen eine Dynamik der Lebenskraft, die Sie Ihrer Bestimmung entgegenträgt.

Sie sollten sich daher fragen: *Wie fühle ich mich jetzt? Wähle ich meine emotionale Erfahrung, oder lasse ich sie einfach so geschehen?* Nehmen Sie sich vor, bewusster im Umgang mit sich selbst zu werden. Sie haben immer die Möglichkeit innezuhalten, sich anders zu entscheiden, etwas zu verändern oder zu visualisieren, den Frieden zu wählen, zu programmieren und zu handeln.

Sie können jeden einzelnen Moment dazu benutzen, um Ihre alten Muster zu löschen und einen neuen Code echter

Selbstermächtigung und wahren Glücks zu formulieren. Denken Sie daran, mehr zu lächeln und Lachen und eine spirituelle Sichtweise als automatische Reaktion auf alle Lebensumstände einzuprogrammieren. All das sind Änderungen Ihrer Lebensweise, die klare und ruhige Energien in Ihr Leben bringen werden.

Lassen Sie sich Zeit. Manchmal stellen sich die größten Veränderungen ganz unmerklich ein, und Sie erkennen erst, wie weit Sie gekommen sind, wenn Sie zurückschauen und sehen, wie sehr sich die Dinge verändert haben. Führen Sie diesen Prozess also so oft und so lange aus wie nötig. Es ist erstaunlich, wie sehr einige wenige Momente, die mehrmals am Tag zur rechten Zeit ausgeführt werden, ändern können, wie Sie sich in Bezug auf sich selbst, Ihr Leben und Ihre Umgebung fühlen. Das ist so bedeutsam, dass es Ihnen wert sein sollte, sich fest vorzunehmen, diesen Prozess für den Rest Ihres Lebens zu einem festen Bestandteil Ihres Alltags zu machen. Der Prozess ist wie eine spirituelle Vitaminpille, die Sie nehmen, um Ihr Immunsystem gegen Schwierigkeiten zu stärken und Ihren Grad an Lebensfreude zu erhöhen.

Wenn Sie den Prozess jeden Tag ausführen, werden Sie spüren, wie die Resonanz Ihres wahren, authentischen Wertes in Ihnen anwächst und Sie nicht nur mit Glück und Hoffnung erfüllt, sondern auch mit Vertrauen in sich selbst und Ihre Fähigkeit, die Zukunft zu schmieden, die Sie sich wünschen. Und wenn Ihre frohe Resonanz dann nach außen dringt, reagiert das Universum entsprechend. Ihr neuer Code wird automatisch Freude und Begeisterung in Ihnen entfachen. Und schon bald werden Sie staunend erleben, welche wunderbaren Erfahrungen das Leben für Sie bereithält.

Ihr Leben wird voller Synchronizitäten sein und voll mit jenen magischen Mustern, bei denen einfach alles zu klappen scheint. Dies ist aber nichts als eine energetische Verschränkung mit den Abläufen der Welt. Sie befinden sich in Harmonie mit den wunderbaren Segnungen, die das Universum zu bieten hat. Und wenn Sie weiterhin die Liebe, Freude und Dankbarkeit einprogrammieren, die Sie so sehr verdient haben, wird Ihre immer heller strahlende Energie immer strahlendere Ergebnisse anziehen.

Wir sind alle etwas Werdendes, und wenn wir an uns selbst arbeiten, entwickeln wir uns weiter. Integrieren Sie also bitte diese neuen selbstlenkenden Momente in Ihre täglichen Aktivitäten. Die Zukunft kommt so oder so, aber Sie können stecken bleiben und dieselben alten Muster immer und immer wieder erleben. Oder Sie können einen neuen Code erschaffen und eine strahlende neue Schwingungsidentität, die Selbstliebe, Glück und alles Gute ausstrahlt.

Ihr Leben wird immer Ihre Entscheidung widerspiegeln, ob Sie Ihre wahre Macht gebrauchen und nach ihr leben. Die Zeit ist gekommen, sich selbst und dem Universum zu erklären, dass Sie das Ruder Ihres Lebens in die Hand genommen haben. Gebrauchen Sie den Quantum-Breakthrough-Code, um die Kontrolle zu übernehmen. Löschen Sie, was immer Sie blockiert, und hören Sie niemals auf, Frieden, Loslassen, persönliche Macht und Freude einzuprogrammieren. Erinnern Sie sich stets daran, dass Sie immer die Wahl haben, Ihrer Zukunft in jedem gegenwärtigen Augenblick eine andere Richtung zu geben.

Jede Breakthrough-Kraft schwingt bereits in Ihnen und wartet nur darauf, von Ihnen aktiviert zu werden. Übernehmen Sie die Verantwortung für die Qualität Ihres Lebens und handeln Sie stets in Ihrem eigenen besten Interesse. Sehen Sie sich selbst als das wunderbare, wertvolle Wesen, das Sie tatsächlich sind, und zögern Sie nicht, diese Wahrheit auch anderen gegenüber auszudrücken. Die Energien der Liebe und Freude sind Teil Ihres wahren Wesens, Ihres inneren Seins. Programmieren Sie diese und alle anderen positiven Emotionen, die Sie zu verkörpern wünschen.

Ein neues Leben wartet auf Sie, und Ihr Geist erhellt Ihnen den Weg.

DANKSAGUNG

Meine Dankbarkeit gilt meiner lieben Freundin Candace Pert, die mir immer sagte, wir seien auf Glückseligkeit programmiert. Es ist wahr, Candy!

Meine Liebe gilt meiner Familie: Sarah Marie Klingler, Benjamin Earl Taylor Jr., Sharon Klingler, Vica Taylor, Jenyaa Taylor, Ethan Taylor, Devin Staurbringer, Yvonne Taylor, Kevin und Kathryn Klingler.

Meine nie endende Dankbarkeit gilt den unglaublichen Menschen von Hay House: Louise Hay, Reid Tracy, Margarete Nielsen, Christy Salinas, Jessica Kelley, Nancy Levin, Donna Abate, Shannon Godwin, Anna Almanza, Richelle Zizian, Laurel Weber, Molly Langer, Tricia Breidenthal, Wioleta Giramek, Shay Lawry, Erin Dupree und all den anderen großartigen Männern und Frauen dieses wunderbaren Verlagshauses.

Großer Dank geht auch an das phänomenale Team von Hay-HouseRadio.com®, darunter Diane Ray, Kyle Thompson, Mitch Wilson, Joe Bartlett und Rocky George III. Ihr seid die Besten!

Für Ihre unermüdliche Unterstützung und Mühe danke ich Rhonda Lamvermeyer, Melissa Matousek, Lucy Dunlap und Andrea Loushine. Danke!

Für die Zeichnungen in den Kapiteln 8 und 9 danke ich voller Liebe und Wertschätzung Joanna Van Rensselaer.

Meine Wertschätzung gilt auch meinen inspirierenden Kollegen: Gregg Braden, Bruce Lipton, Darren Weissman, Denise Linn, Lisa Williams, Donna Eden, David Feinstein, Peggy Rometo, John Holland, Colette Baron-Reid und Peggy McColl.

Voller Liebe danke ich der Familie meines Herzens: Marilyn Verbus, Barbara Van Rensselaer, Ed Conghanor, Linda Smigel, Julianne Stein, Carmine und Marie Romany, Melissa

Matousek, Tom und Ellie Cratsley, Karen Petcak, Valerie Darville, Esther Jalylatie, Delores, Donna und Kathy Maroon.

Ich danke meiner Familie im Geiste: Anna und Charles Salvaggio, Ron Klingler, Rudy Staurbringer, Earl Taylor, Chris Cary, Pat Davidson, Flo Bolton, Flo Becker, Tony, Raphael, Jude und natürlich dem göttlichen Bewusstsein, das allen Dingen innewohnt und uns auf jede nur erdenkliche Weise liebt.

Schließlich möchte ich *Ihnen* von Herzen danken und all jenen Menschen, die ihre wunderschöne Energie mit mir geteilt, mich auf vielerlei Weise unterstützt und meinem Leben einen so hohen Wert verliehen haben. Ich wünsche mir, dass Ihnen die in diesem Buch vorgestellten Techniken die Art von Glück und Ermächtigung bescheren mögen, die sie meinen Klienten und mir gebracht haben. Ich würde mich freuen, von Ihnen zu hören, welche Erfahrungen Sie gemacht haben.

Möge Ihr Leben mit niemals endender Freude gesegnet sein.

Sandra Anne Taylor
P. O. Box 362
Avon, OH 44011
www.sandrataylor.com
facebook.com/sandraannetaylor

oder

Starbringer Associates
871 Canterbury Rd., Unit B
Westlake, OH 44145
Telefon 001-440-871-5448
www.starbringerassociates.com